中国三七产业年度发展报告

（2015）

主　编　辛文锋
副主编　郭旭初　张文生　李保能
　　　　王成标　崔秀明

中国医药科技出版社

内 容 提 要

《中国三七产业年度发展报告（2015）》是一部由三七产业管理部门、协会、龙头企业、科研机构共同编写，反映我国三七产业发展现状、解析产业发展趋势的年度报告。本书从三七的植物学特性、历史起源、现代研究与应用等方面系统地普及了三七的基本知识；从三七的农业、工业、科技等领域研究了三七产业发展现状；从发展环境、政策、金融等视角剖析了三七产业所面临的挑战和机遇，并提出了发展建议。旨在与业界分享我们对三七产业的调研成果，交流探讨我们对三七产业发展的初步见解。本书是三七产业第一次公开出版发布年度报告，对于加快推进三七产业跨越式发展，实现三七产业千亿梦想具有一定的现实意义。

图书在版编目（CIP）数据

中国三七产业年度发展报告. 2015 / 辛文锋主编. —北京：中国医药科技出版社，2017.12

ISBN 978-7-5067-6862-7

Ⅰ. ①中… Ⅱ. ①辛… Ⅲ. ①三七–中成药–制药工业–研究报告–中国–2015 Ⅳ. ①F426.77

中国版本图书馆 CIP 数据核字（2017）第 311854 号

美术编辑　陈君杞

版式设计　易维鑫

出版　中国医药科技出版社

地址　北京市海淀区文慧园北路甲 22 号

邮编　100082

电话　发行：010-62227427　邮购：010-62236938

网址　www.cmstp.com

规格　787×1092mm　$\frac{1}{16}$

印张　17 $\frac{1}{2}$

字数　311 千字

版次　2017 年 12 月第 1 版

印次　2017 年 12 月第 1 次印刷

印刷　北京九天众诚印刷有限公司

经销　全国各地新华书店

书号　ISBN 978-7-5067-6862-7

定价　**43.00 元**

编委会名单

序言一

　　三七是我国享誉海内外的传统名贵中药材，卓有"益气、活血、化瘀、定痛"之功效，广为应用。云南文山是三七的原产地和主产区，2013 年"文山三七"被列为"中国 100 个最具综合价值地理标志产品"。但 2014 年在三七供求失衡的影响下，三七价格大幅下降，三七农业损失严重，三七工业经济增长乏力。2015 年作为"十二五"收官之年，也是云南三七产业发展充满挑战的一年，面对诸多的困难和问题，政府、协会、企业、民众携手同行，加大产业扶持力度、促进产业政策引导、寻求产业技术创新、推动产业结构调整、拉动产业内需，为云南三七产业可持续发展做出了巨大努力。

　　在这一年里，文山三七产、学、研协同创新，一、二、三产融合发展，产业复苏迹象明显，产业变革不断深入。我们看到三七种植朝向现代工厂化、生态化、机械化、信息化的现代智慧农业方向发展；我们看到三七工业化自动清洗生产线带来的三七产地加工水平的提升；我们看到三七饮片产业面对消费者信任，率先引进与应用三七产品全过程质量控制与质量溯源体系；我们看到三七饮片云南省质量标准明确三七防治高血压、高脂血症、糖尿病血管病变、免疫功能低下等功效，极大增加三七在慢病防治方面的市场需求；我们看到三七药食同源、地方特色食品工作中全行业万众一心的团结与努力。凡此种种，作为文山三七产业的主管部门，我们期待在州生物三七局、州政府政策研究室、三七产业协会、三七领军企业的共同努力下，利用三七年度报告编著，客观公正地将产业发展存在的问题与成绩及时收集整理，以供行业交流，促进行业发展。

　　面对"十三五"三七产业千亿目标，我们相信随着文山三七的药用价值逐步被认识、消费认可逐步提升，在全行业的共同努力下，一定能够凝聚起做大做强做优三七产业的磅礴力量。我们也希望三七产业年度报告相关工作能持续开展，对产业发展起到积极的推动作用。

　　时值著书之际，聊以数语，代之为序。

郑代卿

文山州生物资源开发和三七产业局党组书记、局长

序言二

　　中医药学是中国传统文化的精髓，是国粹。坚持中医药文化自信，弘扬中医药养生文化，创新中医药健康产品，是当代中医药人需要承担的历史使命。我是学中医药出身的，自1990年于北京中医药大学毕业来，一直从事中医药产业发展工作。1994年联合创办盘龙云海药业，在国家名老中医姜良铎教授指导下开创"排毒、解毒、调补、养生"理论，推出"排毒养颜胶囊"一个畅销20年，销售破百亿的中医药产品。2012年成立云南创立生物医药集团，以"创生命健康之源，立医药发展之本，守诚信经营之道，成国粹复兴之路"为宗旨，致力于云南中医药产业的整合发展，并成功投资了龙发制药、龙津药业、大理药业、咸门药业、汉木森生物科技、桓晨医疗、云镶（上海）网络科技等大健康企业，特别是云南三七科技有限公司，开启了"云三七"到"中国参"的战略创新之路。

　　三七是当前国内中药材第一大品种，在2012年单药材关联产业产值近800亿。但云南省作为三七的原产地和主产地，拥有95%的资源优势，却没有完全转化为经济优势，只占到全国三七产业产值的40%左右。而面对2014年三七价格又一轮断崖式下跌，以三七种植业为主的云南省承受着近百亿的损失。作为云南本土人，基于家乡产业情怀，我们团队始终以推动三七产业发展为己任，面对三七产业整体上种植业无序混乱、中下游加工产业推动乏力、下游贸易市场竞争无力、产品科技支撑不足，导致三七药材价格几十年来的大起大落以及产业小、散、弱的局面，矢志扛起振兴云南三七产业的大旗。在初入产业之际，通过广泛调研，深入了解三七产业现状、分析制约产业发展的深层次原因、研究制定了发展路径、提出了诸多政策建议，以提高行业组织管理力、资源控制力、科技创新力、品牌影响力、市场推广力、政策聚合力作为着力点，从要素驱动、投资驱动到创新驱动，探索出一条三七单药材全产业链运作独具特色和优势的发展之路。

　　当然，行业发展光靠一家企业承载不了这么多，我们需要一个平台，团结大家协同发展，方能振兴产业之梦。有幸于2014年当选为文山三七产业协会会长，肩负着各位会员的殷殷重托和振兴产业的使命，深感责任重大。两年多来，秉承"契约诚信，求同尊异，协作融通，团结共荣"精神，在产业协会的组织协调、龙头企业的牵头实施下，齐行业之力聚焦三七资源普查、产业规划编制、功能主治标准修订、重塑消费信任、文山三七文化传播、品牌塑造、科技创新等制约三七产业发展的关键问题，特别对于消费市场对三七药材农残、重金属、临床应用等安全有效性问题予以重点关注，在各方的支持和努力下，加快推进了标准与品牌建设工作，诸多云南省三七饮片质量标准、文山三七道地药栽培、加工行业标准、三七国际标准工作取得重大进展、成效卓著，一些长期性的工作还在持续推进。

2015年是三七产业发展极不平凡的一年，整个行业既面临严峻考验和挑战，又处于战略机遇期。本次由文山三七产业协会共同发起编制《中国三七产业年度发展报告（2015）》旨在剖析产业现状、梳理现阶段存在的问题、总结成功的经验和做法、探索新的发展路径和模式，以期行业交流共勉。"十三五"，三七行业将迎来跨越式发展的战略机遇，报告工作有效地摸清家底，将为行业规划布局的科学、规范产生积极的作用。我们也希望借助这么一项工作，吸引更多的有识之士，投身于三七产业，共同实现三七产业千亿梦想！

曾立品

文山三七产业协会会长

前　言

　　自古以来，三七是传统的名贵药材，有"金不换""参中之王"的美誉，也是我国近年发展十分迅速的中药大品种之一，随着中医药的大发展与现代生物技术的不断创新，三七成为国内外医药学界关注的热点之一。然而，自2014年来，云南三七药材供求严重失衡，三七价格暴跌，云南三七种植业遭受经济损失保守估计在100亿，而三七作为云南最具区域资源特色的传统名贵药材，也是我国最具有市场价值的中药品种。2015年云南省三七产业销售收入223亿元，其中，种植销售收入103亿元，产品销售收入120亿元。并据不完全统计，全国以三七为主要原料的药品品种达360余个，拥有国药准字批号3620余个，产品几乎囊括了目前医药工业中的所有剂型，涉及三七产品的医药工业企业1320余家，覆盖全国30个省市、自治区。血塞（栓）通系列产品产值2014年超150亿元，是国内销售量最高的中成药品种。三七种植产业持续性危机对文山州、云南乃至全国三七产业发展都带来极大变数，其中也给我们带来思考，规模种植与行业风险，如何调整产业相应的技术升级、结构升级等。

　　文山州作为三七的道地产区，带着产业情怀与责任使命，文山州委政策研究室、文山州生物资源开发和三七产业局、三七资源保护与利用技术国家地方联合工程研究中心、北京逸飞时代生物科技有限公司为主发起人，拟联合国内中药产业领域的众多知名学者和企业家共同对2015年度三七产业发展现状进行全面深入的梳理和分析，立足文山资源，面向全国产业，整理编撰《中国三七产业年度发展报告（2015）》，旨在与业界分享我们对云南及至全国三七产业调研的最新进展，重点探讨中国三七产业领域在2015年内比较有代表性的创新行为和商业模式，全面反映我国三七产业的发展现状和发展趋势，为政府部门规划三七产业发展提供决策依据。

　　同时，我们将会始终恪守"契约诚信、求同尊异、协作融通、团结共荣"的精神，与社会各界、三七产业同行精诚合作、携手并进，为实现三七产业"十三五"规划千亿产业目标贡献力量。当然我们深知知识有限，疏漏难免，恳请广大读者批评指正。

编　者

2016年7月

目 录

第三部分　三七产业发展的趋势分析

附　　录

三七的概述

第一章

三七与同属植物

三七（*Panax notoginseng* （Burk.）F. H. Chen）为五加科人参属植物。该属植物特征为多年生草本，地下茎年生一节，组成合轴式的根状茎；年节紧缩成直立或斜生的短根状茎，或节间粗短形成匍匐的竹鞭状根状茎，或节间细长形成横卧的串珠状根状茎。根部膨大，纤维状，或膨大成纺锤形或圆柱形的肉质根。地上茎单生，直立，基部有鳞片。叶为掌状复叶，轮生于茎顶，有叶柄，无托叶或稀有托叶。花两性或杂性，聚生为伞形花序；伞形花序单个顶生，稀有一至数个侧生小伞形花序；两性花和雌花与花梗间有关节；萼筒边缘有 5 个小齿；花瓣 5，离生，稀合生，在花芽中覆瓦状排列；雄蕊 5，花丝短，花药卵形或长圆形；子房 2 室，有时 3～4 室，稀 5 室；花柱 2，有时 3～4，稀 5，或在雄花中的不育雌蕊上退化为 1 条，离生或基部合生；花盘肉质，环形。果实扁球形，有时三角状球形或近球形。种子 2 粒或 3 粒，稀 4 粒，侧扁或三角状卵形[1]。

除三七外，其他同属植物还有人参、西洋参、姜状三七、屏边三七、竹节参、珠子参和羽叶三七等，主要分布在我国西南、西北与东北地区。现代研究发现，该属植物均具有较高的医用价值，为我国名贵中药材和中医常用药，有广阔的开发利用前景，一直受到国内外的关注，是药用植物资源中的"国际明星"[2]。因此，三七、人参、西洋参等早已形成规模化种植，而珠子参、竹节参等也开始了一定规模的野生资源引种栽培。

第一节 三七及同属植物形态特征

一、三七植株的形态特征

三七为人参属多年生草本植物，植株高 30～80cm（图 1-1）。根茎短，斜生。主根粗壮，肉质，倒圆锥形或圆柱形，常有疣状突起的分枝。侧根又叫支根，符合规格的成品被文山人称为"筋条"。须根包括支根以外的各级侧根，在文山统称为"三七根"。不定根是指生长 2 年以上植株地下茎（羊肠头）上比侧根稍细的根（图 1-2）。

图1-1 三七全植株

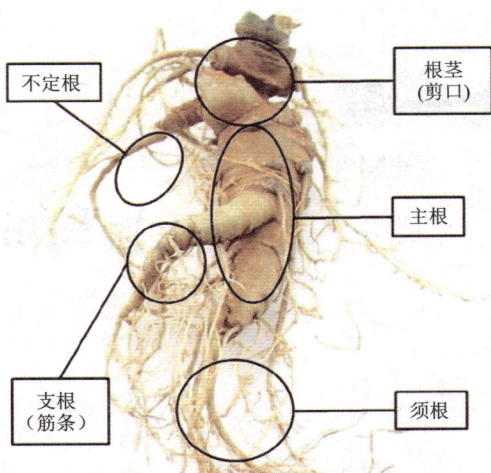

图1-2 三七根部

　　三七茎叶由三七的茎和叶两部分组成。茎表皮多呈绿色和紫绿色，其上着生叶，长25～50cm；叶为掌状复叶，3～4片轮生茎顶，叶柄长5～10cm，加工干燥后的茎叶易碎。三七的茎直立，呈圆柱形，表面光滑，有纵行条纹或呈棱状，绿色或紫色，其高度和直径随三七生长年限的增加而增大，一般二年生茎高13～16cm，三四年生茎高20～50cm。三七茎由3种基本组织组成，即皮层、维管束、基本薄壁组织。三七的叶为掌状复叶。二年生三七一般有2～3枚掌状复叶，每枚有5片小叶；三年生三七一般有3～5枚复叶，少数更多，每枚有7片小叶。掌状复叶通常轮生于茎顶，少数有二级轮生。小叶纸质、深绿色，卵形或披针形，羽状脉，叶正面沿叶脉着生有许多白色刚毛，叶缘呈锯齿状。三七叶由上表皮层、栅栏组织、海绵组织、下表皮层、中脉木质部、中脉韧皮部等组成（图1-3）。

图1-3 三七茎叶

　　三七花呈半球形、球形或伞形，直径5～25mm，总花梗长5～45mm，圆柱形，常弯曲，具细纵纹；展开后，小花柄长1～15mm；基部具鳞毛状苞片。三七花为伞形花序，单生在茎秆的顶端，花序上着生有许多小花，花朵的多少与三七的年龄有关，一般二年生的花序有小花 50～220 朵，三年生的花序有小花多达 280 朵。花序轴长 10～30cm，小花柄基部苞片狭披针形，花柄略光滑，呈绿色，通常在花序边缘的小花柄较长，越往中心的越短，一般长 1～2.5cm。三七花一般 6～7 月现蕾，8～10 月开花结实。三年生的三七由始花至结束，需 22～32 天。三七花为两性花，花萼 5 片，浅裂，略呈三角形。花瓣 5 片，白色，椭圆形，呈覆瓦状排列。雄蕊 5 个，花药内向纵裂，呈"丁"字着药，柱头 2 裂，子房下位，通常 2 室，少数 3 室。三七花由花柄、花瓣及花萼组成。在花柄的横切面上，由大小不一的 10 个维管束排列成一环，大部分在花柄上部开始膨大，维管束向外分枝，后来又形成一些小枝，在周围形成 10 个大束及一些小束，其中 5 个为花瓣束，5 个为花萼束。三七的各花部，通常有分泌道管的分布；如花柱内的两个维管束的韧皮部外，便各有 1 个显著而大的分泌道管。成熟的三七花瓣含有众多的花粉，花粉粒形状呈圆球形，外壁刺状突起，多具 1 个萌发孔，少数有 3 个萌发孔（图 1-4）。

图 1-4　三七花

　　三七果实为浆果状核果，近肾形、球形或三棱形，未成熟时呈绿色，熟时为红色，长 6～9cm，俗称"红籽"（图 1-5）。三七种子去果皮后为单粒，扁球形或卵球形，呈淡黄白色，果期 8～10 月，成熟种子通常于次年 2～3 月内即可发芽。

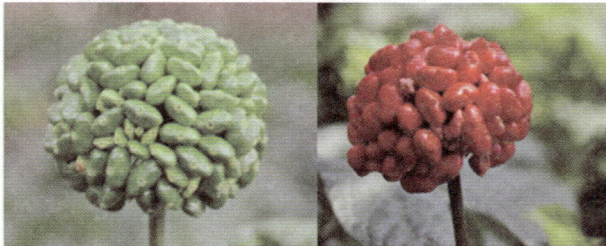

图 1-5　三七未成熟（左）和成熟（右）果实

二、三七与同属植物形态特征对比

　　《中国植物志》第五十四卷论述了人参属植物的分类，参照其植物形态特征描述，将三七、人参、西洋参、姜状三七、竹节参、狭叶竹节参、珠子参、羽叶三七、屏边三七进行对比，具体区别详见表 1-1。

表 1-1　三七与其他人参属种内种质资源植物形态特征的比较

来源	品名（别名）	主产区	形态特征比较						
			地下根状茎	主根	地上茎	叶片	总花梗及花数	果实	种子
三七 Panax notoginseng	田七、山漆、金不换、人参三七、参三七	云南、广西	根茎短，2~3年生直立，后倾斜生长	肉质、圆锥形、纺锤形或不规则状状	茎暗绿色，至茎先端变紫色，光滑无毛，具纵向粗条纹，株高30~60cm	掌状复叶，小叶7枚，有托叶，小叶倒卵状椭圆形，叶柄长4~10cm	总花梗长 15~30cm，80朵以上的花	肾形，稀有三棱形，内有种子1~3粒	卵球形
人参 P. ginseng	棒槌、血参、神草、地精	吉林、辽宁、黑龙江	短、直立、每年生1节，多年形成定根称"芦"	粗壮、肉质、纺锤形或圆柱形，下部分外皮淡黄色	直立、有纵纹、无毛，基部有宿存鳞片，株高30~60cm	掌状复叶轮生，有小叶5枚，小叶长椭圆形，边缘有细锯齿，齿有齿尖。叶柄长3~8cm	总花梗较叶柄长，有花30~50朵	扁球形，内有种子2粒	肾形，表面有不规则纵沟
西洋参 P. quinquefolius	花旗参、西洋人参、美国人参、广东人参	加拿大、美国	较短、直立	肉质、纺锤形，有时呈分枝状	直立、单生、不分枝30~60cm	掌状复叶轮生，有小叶5枚，小叶倒卵形，边缘具不规则粗锯齿，叶柄长5~7cm	总花梗与叶柄近等长	扁圆形，内有种子2粒	肾形，表面有凹点
姜状三七 P. zingiberensis	野三七、鸡蛋七	云南南部至东南部	节间缩短增厚匍匐生长	肉质根姜状块状	茎不分枝，暗绿色，有时先端紫色，具条纹，光滑无毛，株高20~60cm	长圆状倒卵形，叶柄长8~15cm	总花梗较叶柄短，花梗长12cm，花80~100朵	浆果卵圆形，内有种子1~2粒	卵圆形
竹节参 P. japonicus	竹节人参、萝卜七、白三七、竹鞭三七、罗汉三七、扣子七、大叶三七、七叶子	山东、江苏、安徽、浙江、江西、湖南、湖北、四川、广西、贵州、云南	节间短缩增厚（俗称竹节状），厚呈纺锤形，有时膨大，有时具有肉质根肥厚、匍匐、状结节	部分侧根肥厚呈纺锤形，余成线状细根	茎直立、圆柱形，有条纹，光滑无毛，株高50~100cm	倒卵状椭圆形、椭圆形至长椭圆形，少数叶片浅裂，掌状复叶3~5枚轮生与茎顶，叶柄长11~13cm	总花梗长30cm	扁球形，内有种子2~3粒	球形

来源	品名（别名）	主产区	形态特征比较						
			地下根状茎	主根	地上茎	叶片	总花梗及花数	果实	种子
狭叶竹节参 P. japonicus C. A. Mey. var. angustifolius	狭叶假人参、竹根七	四川、云南、贵州	节间短缩增厚，有时膨大，有时具有肉质根	部分侧根肥厚呈纺锤形，余呈线状细根	—	小叶为披针形，长为宽的5倍以上，叶缘具细锯齿	—	—	—
珠子参 P. Japonicus C.A. Mey. var. major	珠儿参、珠参、扭子七	河南、山西、陕西、甘肃、四川、云南、西藏	根状茎竹鞭状或串珠状	根通常不膨大，纤维状，稀侧根膨大成圆锥形肉质根	株高40～80cm，茎单一、平滑、圆柱形，具纵纹	小叶倒卵状椭圆形至椭圆形，长为宽的2～3倍，上面沿脉被刚毛，下面无毛或沿脉稍被刚毛，先端渐尖，稀长渐尖，基部楔形至圆形	总序柄细长	核果浆果状，球形	—
羽叶三七 P. pseudo-ginseng Wall. var. bipinnatifidus	疙瘩七、羽叶参、纽子三七、羽叶竹节参、黄连三七、峨三七	湖北、陕西、甘肃、四川、云南、西藏	节间细，膨大球形，呈串球状，细长横卧	根为串珠挖搭状，稀竹节状	茎圆柱状，表面有较深的纵条纹，疏生刚毛。下部近于光滑直立草本，株高达70cm	掌状复叶3～5枚，轮生茎端；叶柄扁压状，长5～13cm，上面呈纵浅槽，两侧及背面疏生刺毛	总花柄远较叶柄长，表面近于光滑无毛，有纵条纹	核果浆果状	—
屏边三七 P. stipuleanatus	野三七、香刺、土三七、竹节七、白三七	云南东南部、云南北部、越南北部	节间短缩而增厚，节部膨大，有肉质根，增粗，呈"之"字形曲折，具明显瘢痕	肉质根胡萝卜状	茎基鳞片近肉质，宿存；茎圆柱形，具条纹，绿色、无毛，株高30～75cm	椭圆形、倒卵状长圆形，不裂至羽状半裂，平均叶面积比其他野生种大，叶柄基部具有卵圆形托叶附属物，掌状复叶3～4枚，叶柄长3～9cm	总花梗与叶柄等长或稍短，有花30～80朵，花期4～5月	肾形、扁球形、卵圆形	内有种子1～2粒

第二节　三七及同属药材形态特性和功效

一、三七

【药材性状】三七头子：呈纺锤形或类圆锥形，长1～6cm，直径1～4cm，顶部有茎痕，周围有瘤状突起，侧面有支根断后的环状痕迹，表面光亮，呈灰棕绿色，带有部分残存的灰黄栓皮，有横向皮孔及不连续的纵皱纹。质坚实，碎后皮部与木质部能分离，中央木质部色较深，呈角质状，有放射性纹路，即呈菊花心状。以个大、质坚、体重、皮细、断面灰绿色或黄绿色、无裂隙有菊花心者为佳（图1-6）。

图1-6　三七头子

三七剪口：为三七根茎，鲜品三七将连接茎和主根部分剪下的干燥品。本品呈不规则皱缩状或条状，表面有数个茎基痕及环纹，断面中心灰绿色或灰白色，边缘灰色。以质坚韧，块状不规则扁球形，不带草茎者为佳（见图1-7）。

三七筋条：为三七主根上连接的粗壮支根的干燥品。本品为圆柱形，支根直径，上端不低于0.8cm，下端不低于0.5cm；身干无杂，质地坚实（图1-8）。

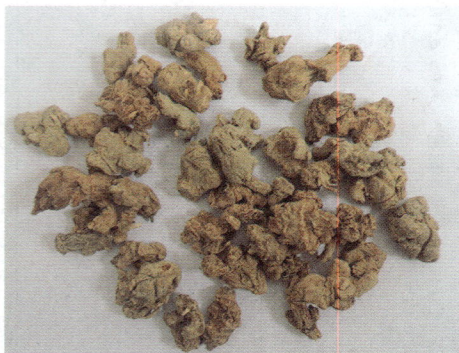

图1-7　三七剪口

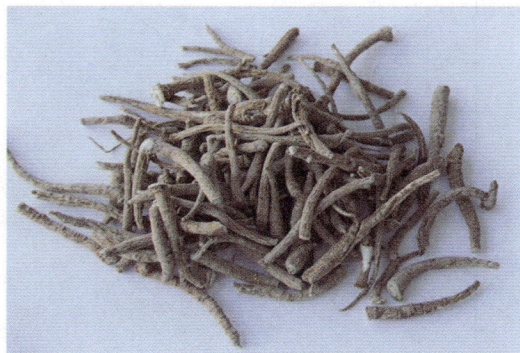

图1-8　三七筋条

三七须根：为三七根茎、主根、支根上连接的柔细须根的干燥品。本品为缠绕成疏松团块状。表面灰褐色或灰黄色，断面灰绿色、黄绿色或灰白色（图1-9）。

【功能主治】散瘀止血，消肿定痛。用于咯血，吐血，衄血，便血，崩漏，外伤出血，胸腹刺痛，跌扑肿痛[3]。

图1-9　三七须根

【归经】归肝、胃经。

二、人参

（一）生晒参

【药材性状】主根呈纺锤形或圆柱形，长 3～15cm，直径 1～2cm。表面灰黄色，上部或全体有疏浅断续的粗横纹及明显的纵皱，下部有支根 2～3 条，并着生多数细长的须根，须根上常有不明显的细小疣状突出（图 1-10）。根茎（芦头）长 1～4cm，直径 0.3～1.5cm，多拘挛而弯曲，具不定根（艼）和稀疏的凹窝状茎痕（芦碗）。质较硬，断面淡黄白色，显粉性，形成层环纹棕黄色，皮部有黄棕色的点状树脂道及放射状裂隙。香气特异，味微苦、甘。

图 1-10　生晒参

（二）生晒山参

【药材性状】主根多与根茎近等长或较短，呈圆柱形、菱角形或"人"字形，长 1～6cm。表面灰黄色，具纵皱纹，上部或中下部有环纹，支根多为 2～3 条，须根少而细长，清晰不乱，有较明显的疣状突起（图 1-11）[4]。根茎细长，少数粗短，中上部具稀疏或密集而深陷的茎痕。不定根较细，多下垂。

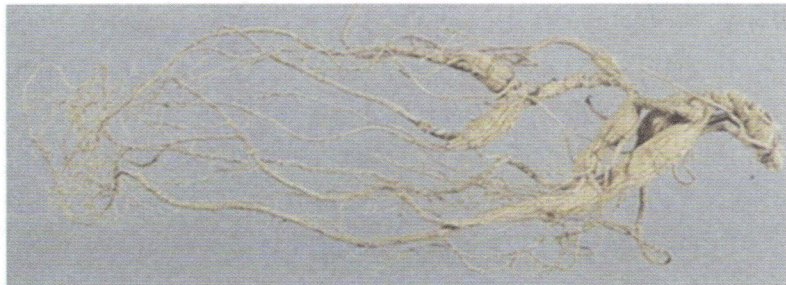

图 1-11　生晒山参

【功能主治】大补元气，复脉固脱，补脾益肺，生津养血，安神益智。用于体虚欲脱，肢冷脉微，脾虚食少，肺虚喘咳，津伤口渴，内热消渴，气血亏虚，久病虚羸，惊悸失眠，阳痿宫冷。

【归经】归脾、肺、心、肾经。

（三）红参

【药材性状】主根呈纺锤形、圆柱形或扁方柱形，长3～10cm，直径1～2cm。表面半透明，红棕色，偶有不透明的暗黄褐色斑块，具纵沟、皱纹及细根痕；上部有时具断续的不明显环纹；下部有2～3条扭曲交叉的支根，并带弯曲的须根或仅具须根残迹。根茎（芦头）长1～2cm，上有数个凹窝状茎痕（芦碗），有的带有1～2条完整或折断的不定根（艼）。质硬而脆，断面平坦，角质样。红参片呈类圆形或椭圆形薄片。外表皮红棕色，半透明。切面平坦，角质样。质硬而脆。气微香而特异，味甘、微苦（图1-12）。

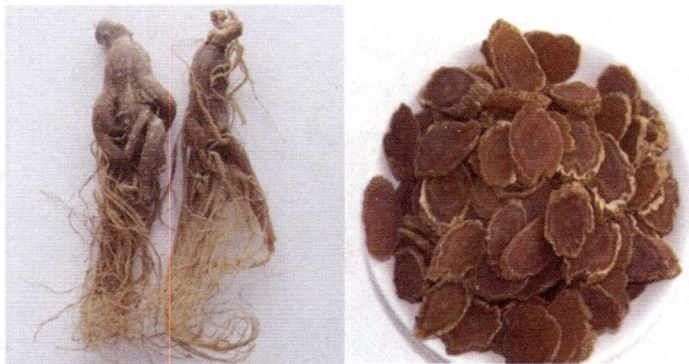

图1-12　红参（左）和红参片（右）

【功能主治】大补元气，复脉固脱，益气摄血。用于体虚欲脱，肢冷脉微，气不摄血，崩漏下血。

【归经】归脾、肺、心、肾经。

三、西洋参

【药材性状】呈纺锤形、圆柱形或圆锥形，长3～12cm，直径0.8～2cm。表面浅黄褐色或黄白色，可见横向环纹和线形皮孔状突起，并有细密浅纵皱纹和须根痕。主根中下部有一至数条侧根，多已折断。有的上端有根茎（芦头），环节明显，茎痕（芦碗）圆形或半圆形，具不定根（艼）或已折断。体重，质坚实，不易折断，断面平坦，浅黄白色，略显粉性，皮部可见黄棕色点状树脂道，形成层环纹棕黄色，木部略呈放射状纹理。饮片呈长圆形或类圆形薄片。外表皮浅黄褐色。切面淡黄白至黄白色，形成层环棕黄色，皮部有黄棕色点状树脂道，近形成层环处较多而明显，木部略呈放射状纹理。气微而特异，味微苦、甘（图1-13）。

【功能主治】补气养阴，清热生津。用于气虚阴亏，虚热烦倦，咳喘痰血，内热消渴，口燥咽干。

【归经】归心、肺、肾经。

图 1–13　西洋参（左）和西洋参片（右）

四、姜状三七

【药材性状】根茎较长，呈姜块状，常有 2～4 分枝，长 3～7cm，直径 0.7～3cm。表面灰白色或灰棕色，皱纵纹明显，上部有多个碗状茎基痕，下部有须根痕。断面黄白色至黄棕色。有参香气，味苦而微甘（图 1–14）。

图 1–14　姜状三七

【功能主治】散瘀，止血，定痛。用于跌打损伤，外伤出血，产后血晕，恶露不下，虚劳咳嗽，贫血。

【归经】归肺、肝经。

五、竹节参

【药材性状】根茎呈竹鞭状，扁圆柱形，稍弯曲，长 5～22cm，直径 0.8～2.5cm，节密集，节间长 0.8～2cm，每节上方有一圆形深陷的茎痕，表面灰棕色或黄褐色，粗糙，有致密的纵皱纹和根痕。质硬脆，易折断，断面较平坦，黄白色至淡黄色，有多个淡黄色维管束点痕，排列成圈。气微香，味苦、微甜。以条粗、质硬、断面色黄白者为佳（图 1–15）。

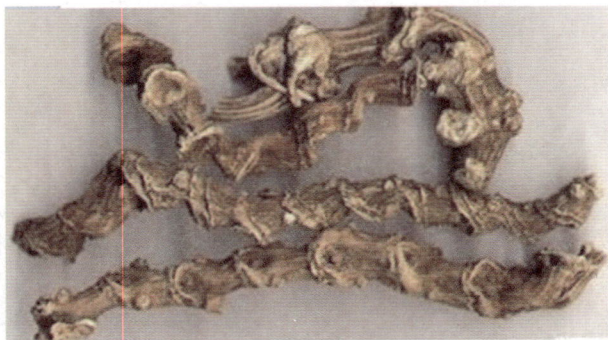

图 1-15 竹节参

【功能主治】散瘀止血，消肿止痛，祛痰止咳，补虚强壮。用于痨嗽咯血，跌扑损伤，咳嗽痰多，病后虚弱。

【归经】归肝、脾、肺经。

六、狭叶竹节参

【药材性状】根茎横卧，节结膨大，节间短，每节有一浅环状的茎基痕，呈竹鞭状，侧面常生数个圆锥状的肉质根（图 1-16）。

图 1-16 狭叶竹节参根茎

【功能主治】散瘀止血，活血定痛，解毒消肿。用于咯血，吐血，衄血，尿血，便血，崩漏，产后出血过多，瘀血腹痛，经闭，跌打瘀肿，外伤出血，疮疡肿毒，蛇伤。

【归经】归肺、脾、肝经。

七、珠子参

【药材性状】根茎略呈扁球形、圆锥形或不规则菱角形，偶呈连珠状，直径 0.5～2.8cm。表面棕黄色或黄褐色，有明显的疣状突起和皱纹，偶有圆形凹陷的茎痕，有的一侧或两侧残存细的节间。质坚硬，断面不平坦，淡黄白色，粉性。气微，味苦、微甘，嚼之刺喉。蒸（煮）者断面黄白色或黄棕色，略呈角质样，味微苦、微甘，嚼之不刺喉（图1-17）。

【功能主治】补肺养阴，祛瘀止痛，止血。用于气阴两虚，烦热口渴，虚劳咳嗽，跌扑损伤，关节痹痛，咯血，吐血，衄血，崩漏，外伤出血。

【归经】归肝、肺、胃经。

图1-17　珠子参

八、羽叶三七

【药材性状】根茎细长，节部膨大成类球形，多呈串球疙瘩状，侧旁着生纤细的不定根，节间细柱形，长4～6cm，直径约2mm，表面淡棕黄色，有细浅的纵皱纹。质较坚硬，断面黄白色，有多数细小孔隙。气微，味苦略甜。以质坚实、节部类球形明显、味苦略甜者为佳（图1-18）[5]。

图1-18　羽叶三七根状茎

【功能主治】滋补强壮，散瘀止痛，止血。用于病后虚弱，肺结核咯血，衄血，闭经，产后血瘀腹痛，寒湿痹痛，跌打损伤。

【归经】归经为肝、肾。

九、屏边三七

【药材性状】根茎呈长扁圆柱形或为姜块状，下部根常附有圆球形膨大根。表面灰黄色或灰棕色，皱缩并有纵皱纵沟。上部有多个碗状茎基痕，下部可见须根痕。有参香气，味苦而微甘（图1-19）。

中国三七产业年度发展报告（2015）

图 1-19　屏边三七根茎（左）和屏边三七主根（右）

【功能主治】散瘀止痛，疗伤止血，滋补，补血，舒筋活络。用于跌打损伤，风湿痛，咯血，外伤出血，吐血，衄血，便血，崩漏，病后虚弱，贫血，肺结核。

【归经】归经为肺、脾、肝。

参考文献

[1] 苏豹. 南国神草–三七[M]. 昆明：云南科技出版社，2016.

[2] 杨崇仁，苏海，丁艳芬，等. 我国西南地区的人参属植物资源[J]. International Conference Ginseng Jilin China，2012：335.

[3] 国家药典委员会. 中国药典：一部[M]. 北京：中国医药科技出版社，2015.

[4] 中国药品生物制品检定所. 中国中药材真伪鉴别图典：常用贵重药材、进口药材分册[M]. 广州：广东科技出版社，2002.

[5] 王俊. 六盘山药用植物原色图谱：下册[M]. 银川：阳光出版社，2013.

第二章

历史考证篇

三七是我国重要的传统中药，也是历史悠久的民间药食两用天然资源，传统用于活血化瘀，跌打损伤以及滋补强壮等。三七又名"金不换"，其作为一种药材为民间所认识始于明朝。然而，有关三七药材的历史应用，众说纷纭，如大约成书于明朝万历年间（1523 年）《跌损妙方》（异远真人著），用方 133 条，记载有"参三七"的方达 40 条，多配伍用于活血祛瘀，止血理气[1]，但所指"参三七"是否即为五加科植物三七，无确切证据。明代云南彝族医药手抄本《聂苏诺期》（1566 年）称："刀伤而血流不止，三七煎服或研粉撒伤口。"[2-4]若该手抄本可靠，应为云南少数民族文字最早记载三七的纪录，也是三七原产于云南的重要依据，但该手抄本确切的成书时间，则尚需考证。在明代的著名小说《金瓶梅》中提到"广南镇守带的那三七药不拘妇女甚崩漏之疾，用酒调至粉末儿吃下去即止。"明朝设广南府，所辖地区大致为现在的广西西南和云南东南地区，而该书普遍认为成于 1573—1620 年间，确切年代待考[5]。但自明朝开始，三七陆续出现在一些医学著作中，如李时珍的《本草纲目》等，三七的本草应用也逐渐广泛。

第一节　医学著作记载

三七最早最确切的文字记录是成书于明代万历年间（1575 年）的《医门秘旨》，张四维在书中记载三七为"血证之奇药也"[6]。此后，李时珍在 1578 年编著的本草巨著《本草纲目》中称"此药近时始出，南人军中用为金疮要药，云有奇功。"李时珍认为"乃阳明厥阴血分之药，故能治一切血病。"[7]并第一次注意到三七"颇似人参之味"，将三七与人参联系在一起。《本草纲目》出书前后，三七在中原各地日渐广泛应用，大量医药著作均有记述（表 2-1）。

表 2-1　记载三七的医药著作

编号	名称	作者	成书年代
1	《医门秘旨》	张四维	明万历三年（1575 年）
2	《本草纲目》	李时珍	明万历六年（1578 年）

编号	名称	作者	成书年代
3	《景岳全书》	张介宾	明天启六年（1624 年）
4	《本草新编》	陈士铎	清康熙二十六年（1687 年）
5	《本草备要》	汪 昂	清康熙三十三年（1694 年）
6	《本经逢原》	张 璐	清康熙三十四年（1695 年）
7	《本草从新》	吴仪洛	清乾隆二十二年（1757 年）
8	《得配本草》	严 洁等	清乾隆二十六年（1761 年）
9	《本草纲目拾遗》	赵学敏	清乾隆三十年（1765 年）
10	《本草求真》	黄宫绣	清乾隆三十四年（1769 年）
11	《本草分经》	姚 澜	清道光二十年（1840 年）
12	《医学衷中参西录》	张锡纯	清宣统元年（1909 年）

一、《医门秘旨》

《医门秘旨》一书，十五卷存，今日本有传本，对三七进行了最早最确切的文字记录。书中记载[8]："三七草，其本出广西，七叶三枝，故此为名。用根类香白芷，味甘气辛，温性微凉，阳中之阴，散血凉血。治金疮刀斧伤立效，又治吐衄、崩漏之疾。边上将官宝之为珍。如有伤处，口嚼吞水，渣敷患处即安。血证之奇效也。"

二、《本草纲目》

《本草纲目》本草类著作。全书共分 52 卷，列水、火、土、金石、草、谷、菜、果、木、服器、虫、鳞、介、禽、兽、人 16 部。李时珍在草部中对三七进行了记载："金不换，近时始出，南人军中用为金疮要药，云有奇功。又云：凡杖扑伤损，瘀血淋漓者，随机嚼烂，罨之即止；清肿者，即消散。若受杖时，先服一二钱，则血不冲心；杖后尤宜服之。产后服，亦良。大抵此药气味温，甘微苦，乃阳时，厥阴血分之药，故能治一切血病，与血竭相似。

止血散血定痛，金刃箭伤、跌扑杖疮、血出不止者，嚼烂涂，或为末掺之，其血即止，亦主吐衄血、下血血痢、崩中经水不止、产后恶血不下、血运血痛、赤目痈肿、虎咬蛇伤。"

三、《景岳全书》

《景岳全书》中医综合类著作，共 64 卷。全书分传忠录、脉神章、伤寒典、杂证谟、妇人规、小儿则、外科钤、本草正、新方八阵、古方八阵等。该书择取诸家精要，对辨证论治作了较系统的分析，充分阐发了他的"阳非有余，真阴不足"学说和临床经验。治法以温补为主，有其独到之处。

书中对三七记载如下[9]："味甘气温，乃阳明、厥阴血分之药，故善止血散血定痛。

凡金刃刀箭所伤，及跌扑杖疮血出不止，嚼烂涂之，或为末掺之，其血即止。亦治吐血衄血、下血血痢、崩漏、经水不止、产后恶血不下，俱宜自嚼，或为末，米饮送下二三钱。若治虎咬蛇伤等证，俱可服可敷。叶之性用与根大同，凡折伤跌扑出血，敷之即止，青肿亦散。"

此外，书中还给出三七使用的经验方："金疮经验方——单用三七捣烂敷之，神效。""刀伤跌打经验方——凡刀伤磕损跌扑肿痛，或出血，用葱白细切杵烂，炒热敷患处，葱冷再易，神效。""治毒蛇经验方——治毒蛇咬伤，急取三七捣烂罨之，毒即消散，神妙无比。"[8]

四、《本草新编》

《本草新编》正文以药为纲，共 272 种药。每药先述性味功效，继而论配伍宜忌等。该书共分宫集、商集、角集、徵集、羽集五卷，在卷三角集中对三七的性味、归经、功效、主治、用法、剂量进行了描述，如下[10]：

"三七根，味甘、辛，气微寒，入五脏之经。最止诸血，外血可遏，内血可禁，崩漏可除。世人不知其功，余用之治吐血、衄血、咯血与脐上出血、毛孔渗血，无不神效。然皆用之于补血药之中，而收功独捷。大约每用必须三钱，研为细末，将汤剂煎成，调三七根末于其中饮之。若减至二钱，与切片煎药，皆不能取效。

三七根，止血神药也。无论上、中、下之血，凡有外越者，一味独用亦效，加入于补血补气之中则更神。盖此药得补，而无沸腾之患；补药得此，而有安静之休也。

三七根，各处皆产，皆可用，惟西粤者尤妙，以其味初上口时，绝似人参，少顷味则异于人参耳，故止血而又兼补。他处味不能如此，然以治止血，正无不宜也。"[9]

五、《本草备要》

《本草备要》中药学著作，共 8 卷。清代汪昂撰，刊于康熙三十三年（1694）。

该书主要取材于《本草纲目》和《神农本草经疏》二书，予以编选而成。内容首载药性总义，次将药物分为草、木、果、谷菜、金石水土、禽兽、介鳞鱼虫及人等 8 部，共载 470 余种药物。对各药的性味及用途等作了概括性综述。附图 400 余幅。

书中草部对三七进行了如下记载[11]："一名山漆。泻，散瘀，定痛。甘苦微温，散血定痛。治吐血衄血，血痢血崩，目赤痈肿（醋磨涂即散，已破者为末掺之），为金疮杖疮要药（杖时先服一二钱，则血不冲心。杖后敷之，去瘀消肿，易愈。大抵阳明、厥阴血分之药，故治血病）。

此药近时始出，军中恃之。从广西山洞来者，略似白及、地黄，有节，味微甘，颇似人参。以末掺猪血中，血化为水者真（近出一种，叶似菊艾，而劲浓有歧尖，茎有赤棱，夏秋开黄花，蕊如金丝，盘纽可爱，而气不香，根小如牛蒡，味甘，极易繁衍，云是三七，治金疮折伤血病甚效，与南中来者不同）。"

六、《本经逢原》

《本经逢原》药物学著作，共4卷，32部，其分类取材以《本草纲目》为主，论述中则颇多个人见解与经验心得。

在卷一山草部中，关于三七的记载[12]："时珍云：此药近时始出，南人军中，用为金刃箭疮要药，止血散血定痛，为末掺之。吐血衄血，崩中下血血痢，产后恶血不下，并宜服之。凡杖扑伤损，瘀血淋漓者，随即嚼烂罨之，青肿者即消。若受杖时，先服一二钱，则血不冲心，杖后尤宜服之。此阳明、厥阴血分之药，故能治一切血病，独用研服尤良，取其专力也。一种庭砌栽植者，以苗捣敷肿毒即消，亦取散血之意。"此外，作者当时还提出了一个关于三七的独到的见地，"能损新血，无淤者无用"，但现代研究已证实此观点错误。

七、《本草从新》

《本草从新》药物学著作，18卷。该书在《本草备要》的基础上重新修订而成。卷首为"药性总义"，后分草、木、果、菜、谷、金石、水、火土、禽兽、虫鱼鳞介、人11部52类，共载药720种。该书卷一草部中，对三七止血的功效进行了详实地描述，记载如下[13]：

"三七，苦酸微寒，性沉而涩，（收汗止血、皆酸敛之功）入下焦，除血热，治吐衄崩中，肠风（血鲜者为肠风，随感而见也，血瘀者为脏毒，积久而发也，粪前为近血、出肠胃，粪后为远血、出肺肝）、血痢（苏颂本草图经曰：古方断下，多用之）。"

八、《得配本草》

《得配本草》本草著作，共10卷，载药达647种，分水、火、土、金、石、草、谷等二十五部。该书详论配伍，谓"得一药而配数药，一药收数药之功；配数药而治数病，数病仍一药之效"，故以"得配"名书。全书载药647种，分部分类均同《本草纲目》。书中在卷二草部中除记载三七功效外，还对三七与其他药材相互配合应用进行描述，具体如下[14]：

"甘、微苦、温。入足厥阴经血分。止血散血，定痛，治一切血病。

得生地、阿胶，治吐衄（活血之力）。得当归、川芎，治恶血。

味微甘而苦，颇似人参，以末掺猪血中，血化为水者真。肿毒，醋磨涂；刃杖伤，嚼涂；血痢崩下，煎汁服。血虚吐衄，血热妄行，能损新血，无瘀者禁用。"

九、《本草纲目拾遗》

《本草纲目拾遗》药物学名著，10卷，共收载药物921种，其中新增716种为《本草纲目》所未载；161种属于《本草纲目》已收载而在内容方面有所补订的药物，并附述了一些草药。

书中卷三草部上记载三七是七宝散和陈氏《回生集》载军门止血方的组成药材，如下："七宝散：好龙骨、象皮、血竭、人参、三七、乳香、没药、降香末；陈氏《回生集》载军门止血方：人参、三七、白蜡、乳香、降香、血竭、五倍、牡蛎各等分"。

而书中卷四草部中记载[15]"三七，亦名救命王，似羊蹄根，而叶圆短，本不甚高。此草出于西极，传入中土，人家种之治病，立春后生，夏至后枯，用根。"

汪连仕草药方："金不换大叶者，为金钵盂大接骨草。细叶者，小接骨草。吐血颇效，因呼为吐血草，军中箭伤，罨之效。即呼箭头草。性平，破瘀，生新，治跌打，消痈肿，止血，愈疥癣，和糖醋捣擦。虫伤，用叶捣涂。治肺痈。叶能伸臂力，开硬弓，臂痛或力弱不能弓者，取其叶揉软覆膊上，以帛束之，过夜痛者即定疼，且全力俱摄入臂上，开弓更不费力。营伍需为要药。"

肿毒初起（引自《百草镜》）："金不换草，根叶不拘、捣碎五钱，陈酒煎服。"

肺痈（引自《百草镜》）："金不换草，取根一两，或叶七瓣，捣汁酒煎服，三次愈。"

风痛杨氏验方："金不换钱半，小活血，枳壳、苏叶、当归，各三钱；乌药、川芎各二钱，花粉五钱，老酒一斤，煎热服。"

跌打疼痛风气（引自《慈航活人书》）："救命王即金不换，叶如冬菜叶，春夏用叶，冬用根，捣汁冲酒服。渣加毛脚蟹捣烂敷。如风气，只用渣敷。"

汪连仕方："行血破血，合地苏木落得打，共酒服。"

十、《本草求真》

《本草求真》本草著作，10 卷。全书共收药物 436 种。卷首附有药图，书中对每种药物均以气味、形质结合医方应用作了较深入的探讨，并提出一些个人见解"既不慕古以薄今，复不厚今以废古，惟求理与病符，药与病对"。

书中卷二草部中对三七的描述引自《得配本草》。

"三七，名山漆，甘、微苦、温。入足厥阴经血分。止血散血，定痛，治一切血病。得生地、阿胶，治吐衄。得当归、川芎，治恶血。

味微甘而苦，颇似人参，以末掺猪血中，血化为水者真。肿毒，醋磨涂；刃杖伤，嚼涂；血痢崩下，煎汁服。血虚吐衄，血热妄行，能损新血，无瘀者禁用。"

而在卷五上篇血剂中记载[16]"三七（专入肝胃，兼入心大肠，又名山漆，时珍曰：或云能合金疮，如漆粘物也）甘苦微寒而温，世人仅知功能止血住痛，殊不知痛因血瘀则痛作，血因敷散则血止。三七气味苦温，能于血分化其血瘀，试以诸血之中入以三七，则血旋化为水矣，此非红花紫草类也。故凡金刃刀箭所伤，及跌扑杖疮血出不止，嚼烂涂之，或为末渗其血，即止（时珍曰：受杖时，先服一二钱，则血不冲，杖后尤宜服之）且以吐血衄血，下血血痢，崩漏经水不止，产后恶露不下，俱宜自嚼，或为末，米饮送下即愈，并虎咬蛇伤血出可治（与血竭同）此为阳明厥阴血分之药，故能治一切血病，一种庭砌栽植者，以苗捣敷，肿毒即消，亦取散血之意（一种春生苗，夏高三四尺，叶似菊艾，而劲浓有岐尖，茎有赤棱，夏秋开黄花，蕊如金丝，盘纽可爱，而气不香，花干则吐絮如苦英絮，根叶味甘，治金疮跌伤出血，及上下血病甚效，云是三七，而根大如牛蒡根，与南中来者不类，恐是刘寄奴之属，甚易繁衍），广产形如人参者（时珍曰，此药近时出自南人军中，用为金疮要药，云有奇功），有节非，研用良。"该书大量引用李时珍《本草纲目》对于三七的记载描述，用以增强权威性。

十一、《本草分经》

《本草分经》本草类著作，共4卷。清代姚澜撰，刊于道光二十年（1840年）。该书按归经理论将药物分为两类，一类为通于十二经络和奇经八脉的药物；一类为不循经络之"杂品"。

书中并未对三七进行有异于前人的描述，记载如下[17]："甘、苦，微温。散瘀定痛，能损新血，治吐衄，痛肿，金疮，杖疮。大抵阳明、厥阴血分之药。"

十二、《医学衷中参西录》

《医学衷中参西录》中医综合类著作，30卷，该书分医方、药物、医论、医话、医案5部分。该书是在记载三七的医药古籍中，对三七描述最为具体清晰的著作，记载[17]如下[18]：

"三七，味苦微甘，性平（诸家多言性温，然单服其末数钱，未有觉温者）。善化瘀血，又善止血妄行，为吐衄要药。病愈后不至瘀血留于经络证变虚劳（凡用药强止其血者，恒至血瘀经络成血痹虚劳）。兼治二便下血，女子血崩，痢疾下血鲜红（宜与鸦胆子并用）久不愈，肠中腐烂，浸成溃疡，所下之痢色紫腥臭，杂以脂膜，此乃肠烂欲穿（三七能化腐生新，是以治之）。为其善化瘀血，故又善治女子癥瘕，月事不通，化瘀血不伤新血，允为理血妙品。外用善治金疮，以其末敷伤口，立能血止疼愈。若跌打损伤，内连脏腑经络作疼痛者，外敷、内服奏效尤捷，疮疡初起肿疼者，敷之可消（当与大黄末等分，醋调敷）。三七之性，既善化血，又善止血，人多疑之，然有确实可征之处。如破伤流血者，用三七末擦之则其血立止，是能止血也；其破处已流出之血，着三七皆化为黄水，是能化血。"

此外，书中还对三七的临床应用进行了案例记载，如治疗童子吐血、妇女血崩、肿毒、疮毒、便血等，为后世研究三七的临床应用奠定了坚实的基础。

第二节　本草应用

三七用于治疗疾病有悠久的历史，在明朝李时珍《本草纲目》之前的《医门秘旨》已有记载[19]。三七的性味，李时珍认为"甘、微苦、温"，其归经为"乃阳明厥阴血分之药"，阳明即胃经，厥阴即肝经。此外，清代黄宫绣认为三七"兼入心、大肠"[16]，而叶小峰认为三七又可"入肺、肾二经"[20]。三七的功效与其性味相关，性温，能促进血行，与活血散淤有关；苦能"泄"，与化瘀作用有关，李时珍将其概括为"止血、散血、定痛"，后世皆从其说。《玉楸药解》载三七，能"和营止血、通脉行瘀，行瘀血而敛新血"。最早记载三七补益作用的本草著作是清代赵学敏的《本草纲目拾遗》"三七补血第一"[15]。民间将熟三七作为补药使用沿用至今，用熟三七与童子鸡炖熟服用，或鸡蛋与熟三七炖熟服用，补血功著[21]，而民间保留的熟三七的炮制方法是将三七根部切成薄片，先用文火将健康鸡的肥油炼成熟油，然后将三七置入鸡油中煎炸，以微黄为度，取出晾冷，即为熟三七。此外，三七叶也可活血化瘀，"折伤跌扑出血，敷之即止，青肿经夜即散，余功同根。"经明、清两代医家的努力，三七的医用领域迅速扩大，除可用于跌打损伤、疮痈肿毒之外，还广泛用于内出血及妇科疾病。

一、治疗跌打损伤

明代将三七用于治疗跌打损伤、金创等方面疾病，范围之广，使用之频，可从《跌损妙方》[22]略见一斑。书中六门（全身门、头面门、身中门、背脊门、腿足门、金创门）等均用参三七，六门中共用方133首，含有参三七的方40首，多以参三七为主，剂型可外搽、内服或以酒炖服。参三七除了以根入药外，亦有用叶者，如当门吹鼻丹中的"金不换叶"用量多达一两，此方均在《江氏伤科方书》《串雅内编》和《伤科大成》收录。三七组成的固定方剂有用于金创的军门止血方[23]、刀伤药方[24]、立效散[25]、黎洞丸[26]等。

二、治疗蛊毒

蛊毒是古代岭南常见病之一。唐代刘恂在《岭表录异》中对蛊毒病因进行了明确阐述："岭表山川，盘郁结聚，不易疏泄，故多岚雾作瘴。人感之多病，腹胀成蛊。"[27]而据广西地方志记载，古代广西为蛊毒高发地区，而三七就是当时用于治疗蛊毒的药物之一。三七治疗蛊毒的方法，明代邝露在《赤雅》收载，"凡中蛊者……必须叩头乞药，出一丸峻之立吐……予久客其中，习知其方用三七末、荸荠为丸，又用白矾及细茶（各等）分为末，每服五钱，泉水调下，得吐则止。"

三、治疗疮痈肿毒

在古代，疮痈肿毒是常见的外科病，民间传统使用三七治疗此类疾病，对于症状初期的红、肿、热、痛明显者，以三七磨酒，用汁涂患处，如脓成者，需先将脓液排净后，清洁患处，再用三七磨醋取汁，或用三七粉直接撒患处，有较好的消肿止痛之功。

四、治疗妇科疾病

三七因其止血功效可用于治疗妇科疾病血崩，"实有奇功"，而因郁结成血崩，则配以柴胡、白芍等，"当归、三七于补血之中，以行止血之法，自然郁结散而血崩止矣"[28]。三七还可用于调理月经[29]，治疗产后病，如清代彭友文记载"催衣多方不见功，仙传此法理更明；快用水磨田三七，服之衣下验如神。"

五、治疗内部出血

古代三七常用作治疗身体内部出血方面的疾病。对于咯血，明代王象晋记载"三七一钱，嚼烂，米汤下"[29]；对吐血不止，清代张仁锡记载"山漆得生地阿胶治吐血捷效"，也可将三七末与鸡子隔汤炖服用以治疗[25]；对于血瘀上焦，清代唐容川记载"宜用血府逐瘀汤，或人参泻肺汤，加三七、郁金、荆芥，使上焦之瘀，一并廓清"[30]；而对于瘀血在里之血渴，可用四物汤加枣仁、三七等治之。而清末民初的近代名医张锡纯对三七倍加推崇，其撰写的《医学衷中参西录》中记载三七"化瘀解毒之力最优，且化瘀血而不伤新血，其解毒之力，更能佐生肌药以速于生肌，故于病之剧者加之"。书中记载[18]三七组成的方剂甚多，治咯血，有化血丹、补络补管汤等；治吐衄，则有保元清降汤、滋阴清降汤等；治血痢，则用通变白头翁汤、三宝粥，方中三七伍以鸦胆子，"以化瘀生新，治肠中腐烂"。

本章所述三七无论是医药著作的记载，还是古代、近代的本草应用，都说明在历史上，特别是明朝以来，三七对社会的发展、对人民的生活都产生了巨大影响。三七可谓天赐神品，长于盛世，造福苍生。三七的现代研究亦包括药理、药剂、临床以及安全性评价等，更加印证了三七对人类健康所做出的贡献。

参考文献

[1]（明）异远真人，胡岳标点校. 跌损妙方[M]. 北京：中国书店出版社，1993.

[2] 杨本雷. 中国彝族医药学[M]. 昆明：云南民族出版社，2004.

[3] 王正坤. 彝族验方[M]. 昆明：云南科技出版社，2007.

[4] 王正坤. 彝医概要[M]. 昆明：云南科技出版社，2004.

[5] 兰陵笑笑生. 金瓶梅词话[M]. 香港：香港梦梅馆，1988.

[6] 郑金生. 海外回归中医善本古籍丛书：第2册[M]. 北京：人民卫生出版社，2002.

[7]（明）李时珍. 本草纲目[M]. 刘衡如，等校注. 北京：华夏出版社，2011.

[8] 汪沪双，武钢. 张四维与《医门秘旨》[J]. 安徽中医学院学报，2001，20（1）：50.

[9]（明）张介宾. 景岳全书[M]. 北京：中国人民大学出版社，2010.

[10]（清）陈士铎. 本草新编[M]. 柳长华，等校注. 北京：中国中医药出版社，2008.

[11]（清）汪昂. 本草备要[M]. 北京：人民卫生出版社，2005.

[12]（清）张璐. 本经逢原[M]. 北京：中国医药科技出版社，2011.

[13]（清）吴仪洛. 本草从新[M]. 北京：中国中医药出版社，2013.

[14]（清）严洁，施雯，洪炜. 得配本草[M]. 太原：山西科学技术出版社，2015.

[15]（清）赵学敏. 本草纲目拾遗[M]. 北京：中国中医药出版社，2007.

[16]（清）黄宫绣. 本草求真[M]. 北京：中国中医药出版社，2010.

[17]（清）姚澜. 本草分经[M]. 北京：中国中医药出版社，2015.

[18]（清）张锡纯. 医学衷中参西录[M]. 太原：山西科学技术出版社，2009.

[19] 徐冬英. 三七名称及其有文字记载时间的考证[J]. 广西中医学院学报，2000，17（3）：91.

[20]（清）叶小峰. 本草再新[M]. 上海：上海群书社，1936.

[21] 赵棻，赵向华. 三七补血功著[J]. 中医杂志，1994，35（2）：69.

[22]（明）异远真人. 跌损妙方救伤秘旨续刻校释[M]. 韦以宗，校注. 上海：上海科学技术出版社，1988.

[23]（清）陈杰. 回生集（点校本）[M]. 北京：中医古籍出版社，1992：63.

[24] 徐冬英. 三七药用考[J]. 中药材，2002，25（7）：510–513.

[25]（清）毛世洪. 汇刻经验良方：叶氏经验方据清海宁蒋氏别下斋刻本影印[M]. 北京：北京科学技术出版社，1992.

[26]（明）张延登. 悬袖便方：卷四，海内外珍藏中医珍善孤本选粹[M]. 北京：中国科学技术出版社，1994.

[27] （唐）刘恂. 岭表录异校补[M]. 商壁，等校补. 南宁：广西人民出版社，1988.

[28]（清）傅山. 傅青主女科[M]. 上海：上海人民出版社，1978.

[29]（明）王象晋. 三补简便验方（点校本）[M]. 北京：中医古籍出版社，1989.

[30]（清）唐容川. 血证论[M]. 上海：上海人民出版社，1977.

第三章

现代研究篇

第一节　三七的化学成分研究

三七中主要化学成分是皂苷类，此外还含有黄酮类、炔醇类、糖类、挥发油、氨基酸、微量元素等成分。

一、皂苷类

皂苷类化合物是三七的主要化学成分，也是三七中公认的主要有效成分之一。迄今为止，已从三七的不同部位（根、茎叶、花蕾、种子等）分离得到 70 余种单体皂苷，而且不断有新的化合物被发现。三七中的皂苷类成分以达玛烷型四环三萜为主，其中最多的是 Rg_1、Rb_1、R_1、Re、Rd 五种单体皂苷，未发现含有齐墩果酸型皂苷[1]。人参皂苷 Rb_1、Re、Rg_1 和三七皂苷 R_1 四种成分在三七皂苷中的量分别为 30%、2.5%、20%、2.5%[2]。三七中皂苷量以人参皂苷 Rg_1 和 Rb_1 最高，质量标准中也是根据人参皂苷 Rg_1、Rb_1 和三七皂苷 R_1 的量总和不少于 5.0%作为衡量三七质量的标准[3]。三七不同部位所含的皂苷种类不尽相同，并且不同部位皂苷的量也存在差异。三七根是提取皂苷成分的重要部位，主要含有人参二醇型皂苷（panaxadiol saponin，PDS）和人参三醇型皂苷（panaxtriol saponin，PTS），如人参皂苷 Rb_1、Rb_2、Rd、Re、Rg_1、Rg_2、Rh_1 和三七皂苷 R_1、R_2、R_3、R_4、R_6 以及七叶胆皂苷 XVII 等[4-5]；三七叶中总皂苷含量 4%～6%，其中人参皂苷 Rb_3、人参皂苷 Rc、三七皂苷 Fc 和人参皂苷 Rb_1 量最高。对三七茎叶的化学研究表明，其仅含有 PDS，几乎不含 PTS，这是与三七主根皂苷的最大不同点；三七花蕾、果实及种子中同样含有一定的皂苷成分。三七花蕾中总皂苷含量高达 13%，主要为 PDS，是皂苷量最高的部位。

二、氨基酸与蛋白质

除皂苷类成分外，三七中另一种重要的有效成分是三七的特征性成分——三七素，一种非蛋白的氨基酸成分。三七素又名田七氨酸，是三七的主要止血活性成分。1980

年，Kosuge 等率先从三七的水溶性成分中分离提取出一种具有止血活性的氨基酸，经化学降解和光谱分析证明了三七素的化学结构为 β-草酰基-L-α，β-二氨基丙酸，其物理性质为无色板状结晶，分子式为 $C_5H_8N_2O_5$，同时还分离得到其旋光异构体；之后，国内的鲁岐[6]等也从三七中分离得到了三七素，并测定了不同规格三七中三七素的量平均为 0.87%。三七中除了其特有的氨基酸成分三七素以外，还含有其他的氨基酸成分。鲁岐等利用氨基酸自动分析仪，对不同规格三七中的氨基酸进行了分析测试，共检测到17 种氨基酸，其中 7 种为人体必需氨基酸，总氨基酸的平均含量为 7.73%。三七中除了氨基酸成分，也含有一些蛋白质类成分。目前对于三七中蛋白质的相关报道很少，Lam等[7]应用阳离子交换色谱和亲和色谱技术，从三七根中首次分离到两种抗真菌蛋白质。

三、多糖

三七中另一类主要成分为糖类，主要含有鼠李糖、木糖、葡萄糖、低聚糖和多糖，其总多糖量平均为 9.45%[8]。三七多糖的研究始于 20 世纪 80 年代，1987 年 Ohtani 等采用多种分离技术从三七中分得一种多糖 sanchinan A，并报道了其构成，其具有活化网状内皮组织系统效应；之后，Hua 等在三七极性部分通过凝胶柱色谱分离得到 4 种多糖类成分，分别为 PF3111、PF3112、PBGA11 和 PBGA12，这些相对分子质量为 $3.7\times10^4\sim7.6\times10^5$ 的杂多糖是由葡萄糖、半乳糖、阿拉伯糖、甘露糖和木糖组成[7]。近年来，盛卸晃[9]等成功从三七中分离纯化得到 2 种多糖 PNPS I 和 PNPS II，并对其结构进行了初步解析。崔秀明[10]等分析了三七中单糖、蔗糖和多糖的含量，并对其不同产地、不同采收期和不同规格的含量变化进行了考察，结果表明，三七的糖类成分含量与产地、规格和采收期有密切关系，特别是对多糖含量的影响更加明显。

四、黄酮

黄酮类成分是多数药材中普遍存在的一类化合物，但是目前从三七中得到的黄酮类化合物较少，大多以黄酮醇类化合物的形式存在。三七中黄酮类化合物的研究开始的较早，魏均娴等首次从三七的绒根中分离得到三七黄酮槲皮素和槲皮素苷；之后，魏均娴[11]等又从三七叶中得到了一种黄酮苷槲皮素-3-O 槐糖苷。郑莹[12]等从三七茎叶中分离得到 6 种黄酮类化合物，分别鉴定为山奈酚、槲皮素、山奈酚-7-O-α-L-鼠李糖苷、山奈酚-3-O-β-D-半乳糖苷、山奈酚-3-O-β-D-半乳糖葡萄糖苷、槲皮素-3-O-β-D-半乳糖葡萄糖苷，其中除山奈酚、槲皮素之外，其余 4 种化合物皆首次从三七中分离得到。

五、挥发油

三七具有气微，味苦回甜的特性，这与其挥发油成分是分不开的。目前已从三七的根和花中分离出了多种挥发油成分。李丽明[13]等通过研究不同规格三七的挥发油成分，鉴定了 83 种化合物，并发现不同规格三七的挥发油成分在种类和数量上不尽相同，但是，相同的是萜烯类化合物所占的比重较大，α-愈创木烯量较高。植物的花是挥发油成分的高含量部位，三七的花中也含有多种挥发油成分。胥聪等从三七花的挥发油中检测出了 59 个化合物并鉴定了其中 37 种成分，这些成分主要以倍半萜类化合物为主。近年来，吕晴[14]等利用自制的蒸馏萃取装置从三七花的挥发油中分离出了 91 种成分，并鉴定了其中 53 种化合物，主要也是以萜烯类及其含氧衍生物为主。由此可见，三七花的挥发油成分主要是萜烯类及其衍生物。

六、炔醇类

三七中的炔醇类化合物在三七中的量不高，但是对于三七在抗肿瘤、抗氧化和治疗脑缺血方面的疗效有重要意义。炔烃类化合物在三七中的分布较少，主要存在于三七的脂溶性成分中。林琦[15]等以金黄色葡萄球菌的生长抑制试验为导向，对三七脂溶性部位进行化学成分分析，在三七石油醚部位得到 3 种化合物，其中人参炔醇和人参环氧炔醇首次从三七中分离得到，其收率分别为 0.01% 和 0.033%，并对金黄色葡萄球菌有强烈的抑制作用。段贤春[16]等应用超临界 CO_2 萃取法从三七中得到高纯度、高得率的人参炔醇。

七、微量元素

微量元素是生命活动不可缺少的，三七也和其他植物一样，含有一定量的微量元素。黄淑萍[17]等利用电感耦合等离子原子发射光谱法分析了三七中的微量元素，三七中含有 Zn、Cu、Cr、Co、Ni、Mo、Sr、Cd、Ba 9 种微量元素。郝南明[18]等对三七生长初期的不同部位中的微量元素进行测定分析，发现三七的根、茎、叶中含有丰富的人体必需微量元素 Mg、Mn、Fe、Co、Cu、Zn、Mo、Ge、Se 等。可见，三七作为一种药用植物，含有丰富的微量元素。

八、其他

随着对三七中化学成分研究的不断深入，三七中一些特殊的成分也被分离出来。李琦[19]等在三七水溶液中分离得到一个多羟基吡嗪衍生物，经光谱学分析鉴定为 2-（1′, 2′, 3′, 4′-四羟基丁基）-6-（2″, 3″, 4″-三羟基丁基）-吡嗪，并进行体外抗癌活性的研究。张冰[20]等首次从三七的花蕾中分离出了鸟嘌呤核苷和腺嘌呤核苷，这也是首次从三七中得到这 2 种化合物。

第二节　三七临床前的药理作用机制及毒理安全性研究

三七作为中国名贵中药材，民间药用历史悠久。三七现代药理药效学研究发展十分迅速，目前三七在临床上得到了广泛应用，用于心脑血管系统、消化系统、免疫系统等疾病的治疗，关于三七的临床应用剂量，其毒理安全性研究也起到了一定的指导作用。目前三七药理学研究较为广泛，而毒理学研究较少。三七临床前的药理作用机制、毒理安全性两方面的研究进展，可为三七更加安全有效地进入临床应用提供科学依据。

一、三七临床前的药理作用机制

（一）对心脑血管系统疾病的作用机制

1. 心肌缺血再灌注损伤

炎症是造成缺血再灌注损伤的重要因素。三七总皂苷（panax notoginseng saponins，PNS）可对心肌缺血再灌注损伤期间的炎症反应进行干预，通过 PNS 抑制兔中性粒细胞内 NF-κB 炎症介质的变化，减少细胞间黏附因子表达及中性粒细胞浸润来实现[21]。除此之外，清除心肌细胞氧自由基，也可减少心肌缺血再灌注损伤，其作用机制是 PNS 可减少心肌缺血再灌注损伤时血清中丙二醛（MDA）的生成，降低心肌缺血再灌注时的氧化损伤[22]。另有研究发现三七皂苷 R_1 对心肌缺血再灌注损伤具有保护作用，机制是通过调节氧化应激和内质网应激相关信号转导通路来实现的[23]。

2. 心律失常

心律失常与氧自由基形成增多有关。三七皂苷 Rb_1、Rg_1 抗大鼠心肌缺血再灌心律失常的效应与自由基清除剂——超氧化物歧化酶（SOD）相近，这证实了清除氧自由基是抗心律失常的作用机制之一[24]。此外，三七中的人参三醇皂苷（panaxtrol saponin，PTS）可抑制中枢交感神经系统，能显著抑制大鼠内脏交感神经传出放电，同时减慢心率，这可能也是抗心律失常的作用机制之一。钙拮抗作用对心律失常所导致的心肌细胞损伤有明显的保护作用，PNS 可作为钙通道阻滞剂，阻断去甲肾上腺素所致 Ca^{2+} 内流[25]。

3. 脑缺血再灌注后脑损伤

PNS 保护脑缺血再灌注后脑损伤的作用，可通过以下几方面等实现。抑制炎症反应——PNS 可直接下调促炎症反应因子 IL-1β 和 TNF-α 的超表达，上调脑梗死核心区域的抗炎因子 IL-10 的表达，预防神经损伤[26]；抑制神经细胞凋亡——PNS 能显著上调脑组织内 Bcl-2 的表达，抑制海马神经元的凋亡，减轻神经细胞损伤[27]；抑制氧化应激反应——PNS 可以降低脑缺血再灌注后脑组织内 MDA 和 NO 的含量，抑制过度的氧化应激反应，减轻脑组织损伤[28]；阻滞细胞内钙超载——PNS 可降低脑缺血再灌注后海马神经细胞内 Ca^{2+} 超载，抑制线粒体跨膜电位（Δψm）的下降，保护海马区细胞线粒体功能，发挥抗脑缺血再灌注损伤作用[29]。

4. 动脉粥样硬化

动脉粥样硬化的发生与内皮损伤、血管平滑肌细胞（VSMC）异常增殖、脂质沉积浸润、炎症因子介导有关[30]。内皮组细胞（EPCs）在动脉粥样硬化发生发展中起着重要作用，可促进损伤内皮修复。PNS 可通过调节 SDF-1α-CXCR4 的相互作用来增加 EPCs 动员，从而达到修复内皮损伤的目的[31]。动脉粥样硬化发生过程中往往伴随着 VSMC 异常增殖，PNS 可上调 p53、Bax、Caspase-3 的表达和下调 Bcl-2 的表达，抑制 VSMC 增殖和诱导细胞凋亡[32]。PNS 还可抑制动脉粥样硬化斑块血管的生成，通过下调 VEGF 和 NOX4 的表达实现[33]。对于由炎症免疫诱发的动脉粥样硬化，PNS 能促进 IκBα 的表达，抑制相关炎症因子的生成[34]。

（二）肝脏保护作用机制

1. 肝损伤

对于免疫性肝损伤，三七粉治疗的作用机制可能与其具有清除自由基、调节免疫、增强细胞抗氧化功能相关[35]。PNS 对异烟肼和利福平合用所致小鼠药物性肝损伤的保护作用机制可能与抗脂质过氧化相关[36]。对于酒精性肝损伤，PNS 可能通过改善肝脏脂质的积累和减少乙醇介导的氧化应激来实现保护作用[37]。通过减少氧化应激水平和炎症因子表达，PNS 可减轻肝缺血再灌注损伤，最终达到肝脏保护作用[38]。

2. 肝纤维化

PNS 通过免疫调节，能够下调促炎因子肿瘤坏死因子，上调抑炎因子 IL-10 的产生，调控细胞因子网络平衡，这可能是 PNS 抗肝纤维化的作用机制[39]。此外，PNS 还可通过调节 JAK2/STAT3 信号转导通路，达到减轻肝纤维化的目的[40]。

3. 急性肝功能衰竭

对乙酰氨基酚（APAP）的过量应用可引起肝脏毒性以及炎症反应，导致急性肝功能衰竭（AHF）的发生。三七中三醇类皂苷（PTS）对 APAP 肝毒性的保护作用机制是通过修复 TRX-1 的表达和抑制 pro-caspase-12 的降低来达到目的[41]。PNS 还可以上调 AHF 大鼠肝细胞间的 CX/GJIC，使损伤中后期肝细胞间的信息交流加快，促进肝脏细胞的增生及肝组织结构的重建[42]。

4. 非酒精性脂肪肝

非酒精性脂肪肝病（NAFLD）的发病机制与脂质代谢紊乱、氧化应激、脂肪因子分泌失调等因素有关。UCP_2 具有调节脂质代谢的作用[43]，PNS 可能通过下调 UCP_2 mRNA 的表达来改善肝细胞的脂肪变性，以此显著降低脂肪变性肝细胞内脂质含量[44]。三七粉的降脂作用可使胰岛素信号转导提高，改善胰岛素抵抗（IR），还可消除高脂环境，抑制氧化应激的产生，以此阻断高脂、IR、氧化应激与 NAFLD 之间的恶性循环[45-46]。

5. 肝癌

PNS 作用于肝癌细胞 QGY-7703，mcl-1L 和 Bak 基因的表达分别受到明显抑制、明显上调，mcl-1L/Bak 呈上升趋势，致使肝癌细胞的增殖受到抑制[47]。除此之外，PNS 对肝癌细胞 HepG2，还能改善肿瘤细胞生长过程中缺氧状况，阻断新生血管系列启动因子 Ang-2、VEFG、HIF-1α 的表达[48]。

（三）活血补血作用机制

对于急性软组织损伤，三七活血片的作用机制与抑制大鼠受伤局部组织细胞释放 PGE2、IL-1β，改善局部血液流变性相关[49]；对于血栓，三七中的人参三醇型皂苷（PTS）可抑制大鼠血小板聚集，从而抑制动-静脉旁路血栓的形成[50]。对于中医常见病症——血虚证，PNS 可通过造血机制进行治疗，通过诱导 GATA-1 和 GATA-2 蛋白合成增加，并提高其与上游调控区的启动子和增强子活性的表达，以此调控造血细胞增殖、分化相关基因的表达来实现[51]；熟三七对造血祖细胞集落具有显著促进作用，能修复骨髓的损伤，促进机体的造血功能恢复[52]。

（四）调节免疫系统功能的作用机制

对于由免疫相关内环境失衡引发的类风湿关节炎（RA），PNS 能明显降低 PLT、CER、AAG 和 CRP 等指标，通过调节紊乱的免疫和提高抗炎镇痛的效果，明显改善 RA 病情[53]。还有研究发现，树突状细胞（DCs）在炎症和适应性免疫调节中发挥着核心作用，三七可通过 TLR 激活 DCs，抑制特异性炎症分子和先天免疫反应的产生[54]。

（五）其他作用机制

三七成分——三七素具有止血作用，口服三七素可缩短小鼠的断尾出血时间，其作用机制为血小板可通过 AMPA 受体发挥止血作用[55]；三七皂苷类成分可防治阿尔茨海默病，其药理作用机制与 Aβ 生成和沉积、胆碱能神经系统、Tau 蛋白磷酸化等相关[56-58]。

二、三七的毒理安全性研究

（一）三七的毒性作用

1. 心脏毒性作用

于大鼠股静脉给予不同浓度的 PNS，观察其心脏功能各项指标（HR、MAP、LVSP、+dp/dt、−dp/dt），发现 PNS 剂量为 450mg/kg 时，上述各项指标迅速下降，且全部大鼠均在 10 分钟内死亡，在此剂量下，PNS 具有明显的心脏毒性；当 PNS 剂量≤50mg/kg时，上述指标未见明显改变，因此 50mg/kg 可视为 PNS 的用药安全剂量，是临床常用治疗剂量的 7 倍[59]。

2. 肝脏毒性作用

丙氨酸转氨酶（ALT）、天冬氨酸转氨酶（AST）在肝细胞中含量较高，肝细胞损伤后可释放至血液中，是反映肝脏损伤最直接的指标。韩刚等[60]将 PNS（50、150、450mg/kg）肌内注射大鼠，发现 PNS 剂量为 450mg/kg 时，血清中 ALT 和 AST 明显升高，肝细胞变性、坏死。以 PNS 剂量 0.4、0.8、1.6g/kg 对大鼠进行灌胃，结果 PNS剂量为 1.6g/kg 时，ALT 和 AST 明显增加，具有明显的肝脏毒性[61]。

3. 肾脏毒性作用

血尿素氮（BUN）和肌酐（CREA）是反映肾功能最直接的指标。PNS（450mg/kg）肌内注射大鼠血清中 BUN 和 CREA 明显升高，肾小管上皮细胞变性、坏死[62]；而在 PNS 高、中（1.6、0.8g/kg）剂量组中，BUN 和 CREA 明显升高，肾脏的相对体重系数增大，肾小管上皮细胞肿胀、管腔闭塞等，这说明 PNS 剂量为 0.8、1.6g/kg 时即有明显的肾脏毒性[61]。

（二）三七的毒性试验

1. 急性毒性试验

有研究采用最大耐受量法进行小鼠急性经口毒性试验，发现最大耐受剂量（MTD）>

15g/kg，根据急性毒性分级标准，三七属于无毒级[62]；刁勇等[63]按照三七保健酒（20倍浓缩液）20ml/kg 容量灌胃，发现其对雌雄小鼠经口 MTD＞20.0ml/kg，证明了三七保健酒无明显的急性毒性反应，属无毒级。

2. 亚急性毒性试验

雷伟亚等[64]设定大鼠对三七叶总皂苷的口服剂量（每天 100、200、400mg/kg），连续口服 60 天，发现体重、血常规、肝、肾功能均未见明显改变，脏器的病理学检查未见异常改变。在三七绒根的亚急性毒性试验中，每日饲喂兔三七绒根 700～800mg/kg，连续喂养 2 个月，发现兔血常规、肝肾功能以及脏器组织检查均未呈现异常[65]。

3. 亚慢性毒性试验

在大鼠亚慢性经口毒性试验中，给予大鼠不同浓度的三七 7.500、2.372、0.750g/kg（药典人体推荐量范围下限剂量的 50、16 和 5 倍），连续喂养 90 天，结果各剂量组大鼠的一般生理体征、外观体征和食物利用率；血液学、血液生化学、脏器重量、脏/体比值指标；组织病理学均未见异常，且未观察到最大有害作用的剂量（NOAEL）大于 7.500g/kg BW[66]。

4. 遗传毒性试验

在传统致畸试验研究中，以三七粉 3.24、6.48、12.96g/kgBW 三个剂量灌胃给药，观察大鼠的外观体征、行为活动等未见明显异常，但对摄食量、体重变化有一定影响；解剖孕鼠，发现三七粉对大鼠胚胎发育无显著影响，对胎仔外观、内脏及骨骼发育无显著致畸作用[67]。在 2、8、40、200、1000、5000 纳克/皿三七粉剂量组下进行 Ames 试验，结果为阴性，说明三七粉无致突变作用；在骨髓嗜多染红细胞微核和精子畸形试验中，发现三七粉各剂量（10.0、5.0、2.5g/kg）组对小鼠体细胞、生殖细胞均无致突变作用。在三七制剂——三七睡舒胶囊的遗传毒性试验中，在试验所设定的浓度条件下，未见其致畸、致突变作用[68]。

（三）小结

近年来，关于三七药理活性的研究很多，三七的药用价值也得到科学证实。本研究主要就三七临床前的药理作用机制进行总结，从调节心脑血管系统、保肝作用、活血作用、调节免疫系统四个方面进行阐述，其中部分学者对三七的作用机制提出了可能性，未进行明确阐明，对此还需进行更深层次的研究。而在三七毒理安全性研究中，发现在一定的剂量范围内，三七不会对细胞以及各脏器产生毒性作用，也不会产生急性毒性、亚急性毒性、亚慢性毒性、遗传毒性。通过对三七临床前的药理作用机制、毒理安全性两方面进行综述，为三七更安全、更高效地进入临床应用提供了科学依据。

第三节　三七的制剂研究

三七具有扩张血管、降低心肌耗氧量、抑制血小板凝集、降低动脉血压、增加心脑血流量、延长凝血时间、抑制血栓形成、降血脂、抗炎、消除自由基及抗氧化等药理作用[69]。以三七现代药理研究为基础，三七各种类型的制剂广泛应用于临床，现对三七药剂的发展现状进行综述。

一、三七总皂苷制剂

三七总皂苷（PNS）是三七皂苷类提取物，是三七的主要活性成分。目前 PNS 制剂广泛应用于临床，为提高 PNS 制剂的生物利用度，有研究也对其新剂型进行开发，现对 PNS 临床常用制剂与新剂型研究进展进行以下总结。

（一）PNS 临床常用制剂

PNS 市售口服制剂包括血塞通胶囊、血塞通片、血塞通颗粒等，PNS 口服吸收的最佳部位为十二指肠，但其易与消化液形成黏稠的凝胶层，致使其在消化道中溶解度降低，致使生物利用率低，使药效大打折扣[70]。因此，目前 PNS 注射剂类型是临床上运用最广、最有效的剂型，因其起效快、生物利用度高而成为心脑血管疾病常备要药，如血栓通注射液、路路通注射液均以 PNS 为主要原料，在临床上均采用静脉滴注。而由于 PNS 对热不稳定并易溶于水，为增加其稳定性，将注射液改良为粉针剂，同时为了运输更方便，改良贮存方式，由安瓿瓶改为西林瓶，如注射用血栓通无菌粉末、注射用血塞通无菌粉末以及注射用络泰无菌粉末[71]。

（二）PNS 研究新剂型

1. 口服缓控释制剂

为了延长给药间隔，减少服用次数，增加药物生物利用度，采用新辅料和新的制剂技术等将 PNS 制备为缓控释制剂。

（1）缓释微球、微囊　PNS 在酸性环境中不稳定，将其制备成微球或微囊可有效阻止胃液对皂苷类的破坏；壳聚糖是天然可生物降解的黏附和缓释材料，具有很强的亲水性，可在酸性介质中膨胀形成胶体黏稠物质而阻滞药物扩散及溶出。有研究[72]采用乳化交联法制备了三七总皂苷壳聚糖微球，结果在开始 0.5 小时内的释放量小于 40%，说明有明显的缓释作用。而王家远等[73]同样采用乳化交联技术，确定了微囊的最优工艺条件为 3% 壳聚糖溶液，壳聚糖/三七总皂苷为 2:1，得到壳聚糖–三七总皂苷微囊，并发现微囊超过 400 分钟后才能达到完全释放，且释放速度较缓。

（2）缓释骨架片　缓释制剂研究的重要内容为骨架材料的选择。有研究[74]以乙基纤维素（EC）、PEG4000 分别作为缓释部分、速释部分的辅料，采用固体分散技术制备 PNS 缓释片。缓释骨架材料不同，会对其释药特性造成影响，吴清等[75]证实了上述说法，以 EC、HPMC 及乳糖等为辅料制备了 PNS 缓释骨架片，缓释辅料的种类、规格及用量均影响了 PNS 缓释片中人参皂苷 Rg_1、Rb_1 的释药特性。

（3）肠溶型制剂　肠溶型制剂可防止有效成分在胃酸及酶的作用下被破坏，在药物外包上在胃液中不溶解，而在十二指肠和小肠液（pH 值＞6）中溶解的保护层衣，使药物在肠溶液中崩解、吸收，发挥疗效。王永发[76]申请并公开了一种 PNS 肠溶型制剂的专利方法，将 PNS 和一定的药用辅料制成普通制剂，再在其外表包肠溶衣。

（4）胃肠道生物黏附片　胃肠道生物黏附片可延长药物在特定部位的滞留时间，显著提高药物的生物利用度。陈卫等[77]将 PNS 与壳聚糖、微晶纤维素、PEG6000 等辅料混匀，制粒干燥，压片得 PNS 胃肠道生物黏附片，试验表明 PNS、三七皂苷 R$_1$、人参皂苷 Rb$_1$ 的释放符合 Peppas 方程，人参皂苷 Rg$_1$ 的释放曲线符合一级释放动力学，相似因子法判断 3 种单体的释放曲线均与总皂苷的释放曲线相似。

（5）微孔渗透泵片　渗透压梯度是微孔渗透泵片的释药主要驱动力。梯度是由于服用药物后，添加水溶性制孔剂的缓释包衣膜与水或消化液接触时，致孔剂溶解，形成微小释药孔，包衣膜进而形成微孔膜，水或消化液通过微膜孔扩散进入片芯，溶解芯中的药物及辅料，形成渗透梯度，从而控制药物的释放。有研究[78]以释放度为考察指标，采用正交设计法优化渗透泵片的处方和工艺，处方为 30% 乳糖，4% 氯化钠等。包衣液中致孔剂 PEG400 的用量为 0.5%，包衣层质量为 12%。结果发现 PNS 渗透泵控释片在 12 小时内近零级速率释放。

2. 口服速释固体制剂

口服速释固体制剂服用后能快速崩解或溶解，可通过口腔黏膜或胃肠道黏膜迅速释放并吸收，可克服传统口服制剂崩解度差、起效慢和生物利用度低的缺点。

（1）口腔崩解片　口腔崩解片是近几年迅速发展起来的剂型，可解决临床中部分患者存在的吞咽障碍问题。有研究[79]采用均匀设计优选处方，处方主要包括 16.67% PNS，20% 微晶纤维素 + 低取代羟丙基纤维素，4% 聚乙烯吡咯烷酮，59.33% 甘露醇等，采用湿法制剂压片，生产 5 批次规格为 50mg、片重 0.30mg 的口腔崩解片，并对制剂的质量以及稳定性进行了研究，结果证实 PNS 口腔崩解片质量稳定。

（2）分散片　有研究以崩解时限和混悬液稳定性为指标，优选出 PNS 分散片的崩解剂组成包括 5% 交联聚乙烯吡咯烷酮、40% 微晶纤维素、15% 低取代羟丙基纤维素，发现 PNS 分散片崩解时限均 ≤85 秒，3 分钟内颗粒能全部通过 2 号筛（710μm）[80]。

3. 非胃肠道黏膜用制剂

（1）肺部给药制剂　肺部给药是指将药物包裹入脂质体，经肺部给药后，脂质体与肺泡壁有较好的生物相容性，不易引发毒性和免疫性反应，且有效避开胃肠道对药物的不利影响，从而提高药物的生物利用度。沈央等[81]利用薄膜分散法制备了 PNS 脂质体，平均粒径为 1.5μm，包封率为 78.50%，外形圆整，体外泄漏慢，发现 PNS 脂质体包封率高，性质稳定，可延长 PNS 在血循环的时间，提高了经血管外给药途径的 PNS 生物利用度。

（2）鼻腔给药制剂　鼻腔给药系统（NDDS）是指药物在鼻腔内使用，并经鼻黏膜吸收而发挥局部或全身治疗作用的一类给药制剂，具有生物利用度高、吸收迅速、起效快、给药方便、患者依从性好、避免胃肠道破坏和肝脏首关效应，并具有脑靶向性等优点[82-83]。吴云娟等[84-85]确定了 PNS 鼻腔用粉雾剂的较优处方，且通过动物实验证实了其几乎没有纤毛毒性，且对大鼠急性缺血性心肌梗死及沙鼠脑缺血再灌注所引起的脑水肿和脑卒中症状均具有明显的缓解作用。

4. 经皮给药制剂

（1）微乳凝胶剂　微乳凝胶剂既保留了微乳强溶解性、作用时间长、高生物利用度和平稳血药浓度的优点，又融合了凝胶的克服微乳因长期贮存水分蒸发导致的表面活性剂浓度升高、刺激皮肤的缺点[86-87]。白志华等[88]将药物水溶液与 ISOFOL16、肉豆蔻酸异丙酯、卵磷脂及乙醇按一定比例混合，制得粒径约为 60nm 三七总皂苷 W/O 型微乳，并认为三七总皂苷微乳经皮给药对 D–半乳糖所致的衰老模型小鼠皮肤有显著的抗衰作用。

（2）脂质体凝胶剂　脂质体（hposomes）给药系统，是指由脂质双分子层（磷脂和胆固醇）构成的封闭囊泡，具有与细胞亲和性、缓释性、靶向性、提高药物稳定性降低毒副性以及高透皮吸收性等优点。徐白等[89]以薄膜分散法制备脂质体，以卡波姆基质制成凝胶剂，制备了 PNS 脂质体凝胶剂，发现 PNS 脂质体凝胶剂能够增加药物的皮肤滞留量，提高药物在皮肤局部的生物利用度。

二、三七叶总皂苷制剂

（一）片剂

七叶神安片的处方为三七叶总皂苷，由《中国药典》（2015 年版）收录，可益气安神、活血止痛，用于心气不足、心血瘀阻所致的心悸、失眠、胸痛、胸闷。制法为取三七叶总皂苷，与适量辅料制成颗粒，压制成片，包糖衣或薄膜衣，即得，规格为每片含三七叶总皂苷 50mg 和 100mg[3]。

（二）滴丸

滴丸具有溶出快、生物利用度高、疗效好、副作用小、药物稳定性好及制备简便、质量易控等优点，因此受到医药界广泛的重视[90]。七叶神安滴丸是由七叶神安片的改良剂型，具有镇痛、镇静、改善睡眠等药理作用，主要成分为三七叶总皂苷。临床用于神经衰弱、偏头痛、失眠等症的治疗[91]。高明菊等[92]选择人参皂苷 Rb$_1$、Rb$_3$ 作为该滴丸的质量控制的定性指标，制定了七叶神安滴丸的质量标准。

（三）凝胶剂

三七叶总皂苷脂质体凝胶剂也是在七叶神安片的研究基础上，进行剂型改革而研制的一种外用给药制剂，有益气、镇静安神之功效，可用于治疗心悸、失眠等症。已知离体透皮率和释放度是评价外用经皮给药制剂的生物利用度高低的重要方法及考察指标之一，张慧慧对三七叶总皂苷脂质体凝胶剂的离体小鼠透皮率、释放度等方面进行了研究，结果发现三七叶总皂苷脂质体凝胶剂中的药物有效成分能更快的从基质中释放出来。究其原因为处方中的三七叶总皂苷为水溶性成分，并能很好地与凝胶基质相容。凝胶基质亦为能溶于水的物质，因此在生理盐水中能较快溶解，使得三七叶总皂苷脂质体凝胶剂有较高的释放度[93]。

（四）栓剂

三七叶苷痔疮栓具有散瘀止血、消肿定痛等功效。处方由三七叶苷 20g、半合成脂肪酸酯组成。称取半合成脂肪酸酯于水浴融化，稍冷后加入三七叶苷搅拌均匀，倾入涂有石蜡油的栓模中冷却，刮取多余部分，取出包装即得三七叶苷痔疮栓，为棕褐色子弹形栓剂。该药治疗 35 例，其中内痔 16 例，外痔 6 例，混合痔 13 例，用三七叶苷痔疮栓塞肛，早晚各 1 次。结果显效 68.6%，好转率 20.0%，无效率 11.45%，总有效率为 88.6%[94]。

三、三七花提取物制剂

（一）片剂

三七花含片，0.8 克/片，成分主要是三七花皂苷提取物，对 60 例慢性咽炎受试者作"三七花含片"清咽润喉作用人体试食试验。结果发现，三七花含片可改善慢性咽炎试食者咽痛、咽痒、咽灼热、干咳、多言加重、咽部异物感、咽干涩、咳痰不爽等主要症状，且对咽部充血、水肿、咽后壁滤泡增生等体征也均有改善作用[95]。

（二）颗粒剂

三七花颗粒是以三七花提取物为原料制成的单方制剂，具有清热平肝、利咽的作用，可用于治疗肝阳偏亢，风热痰盛引起的咽喉肿痛，头晕目眩，耳鸣，高血压等症。三七花颗粒已收载于《中华人民共和国卫生部药品标准中药成方制剂》第二册，现有的质量标准中尚无定性鉴别和含量测定的相关规定项。冯军等采用薄层色谱法和高效液相色谱法分别建立了三七花颗粒的薄层色谱鉴别方法和人参皂苷 Rb$_3$ 的含量测定方法[96]。

（三）胶囊剂

三七花苷胶囊是三七的花蕾经提取、干燥、胶囊填充等工序精制而得，包装规格 0.25 克/粒，每粒胶囊含三七花提取物 50mg，内容物为黄色粉末，避光置阴凉干燥处保存，成人推荐摄入量每人每天 1000mg。可缓解高血压、头昏、目眩、耳鸣、急性咽喉炎等症状[97]。

（四）凝胶剂

三七花总皂苷水凝胶由 1g 卡波姆 940NF，5g 甘油，0.1g 尼泊金乙酯，三乙醇胺适量（调 pH 至中性），三七花总皂苷水溶液（浓度为 10g/L、25g/L、50g/L）加至 100g 制成。三七花总皂苷水凝胶能够促进创伤愈合，且前期高剂量组的三七花总皂苷水凝胶效果显著，剂量的提高有助于创伤愈合速度加快。后期创伤愈合趋于平缓，3 个剂量组间没有明显差异[98]。

四、三七单体皂苷制剂

三七中的皂苷类成分对于神经系统有双向调节作用，三七地上部分（包括花、茎、叶）可抑制中枢神经，功能表现为镇静、安定、改善睡眠等；三七地下部分（主根、须根、剪口）可兴奋中枢神经，提高脑力和体力，可抗疲劳；三七植株各部分均具有明显的镇痛作用，且具有增强学习和记忆能力的功能[99]。目前，三七单体皂苷制剂仅有两种，分别是由人参三醇型皂苷 Rg$_1$、人参二醇型皂苷 Rb$_1$ 为主成分制成的"七生力""七生静"，剂型为片剂。七生力片可用于气虚血瘀所致的头昏乏力，而七生静片可用于气虚血瘀所致的失眠，两者功效一动一静，均治健忘。

五、三七中成药制剂

近年来，随着海内外学者对三七研究的不断深入，三七越来越多地被用作中成药的原料成分。施佳平等[100]参考《中国药典》（2010 年版），总结了含三七的中成药共 61 种，剂型包含胶囊剂、片剂、丸剂、颗粒剂、合剂、搽剂、散剂、贴膏剂、滴丸剂、锭剂、气雾剂、栓剂 12 种，见表 3–1。

表 3–1　含三七中成药不同剂型分类

剂型	含三七中成药
胶囊剂	三七血伤宁胶囊、天紫红女金胶囊、沈阳红药胶囊、乳癖消胶囊、春血安胶囊、珍黄胶囊（珍黄丸）、胃乃安胶囊、胃康灵胶囊、胃康胶囊、骨刺宁胶囊、复方血栓通胶囊、冠心丹参胶囊、脂脉康胶囊、脑得生胶囊、消栓通络胶囊、舒胸胶囊、滋心阴胶囊、腰痹通胶囊、醒脑再造胶囊、麝香抗栓胶囊
片剂	七叶神安片、三七片、三七伤药片、止血定痛片、心可舒片、心宁片、妇康宁片、乳癖消片、复方丹参片、保心片、独圣活血片、活血通脉片、冠心丹参片、脑得生片、消栓通络片、舒胸片
丸剂	人参再造丸、再造丸、灵宝护心丹、定坤丹、脑得生丸、益心丸、跌打丸
颗粒剂	复方丹参颗粒、消栓通络颗粒、痔炎消颗粒、滋心阴颗粒、稳心颗粒
合剂	冠心生脉口服液、滋心阴口服液、镇心痛口服液
搽剂	麝香祛痛搽剂、麝香舒活搽剂（麝香舒活精）
散剂	活血止痛散、跌打活血散
贴膏剂	少林风湿跌打膏、红药贴膏
滴丸剂	复方丹参滴丸
锭剂	片仔癀
气雾剂	麝香祛痛气雾剂
栓剂	麝香痔疮栓

中医讲："主病之谓君，佐君之谓臣，应臣之谓使。"这说明君臣佐使在组方中发挥作用各不相同，明确组方中各种药味的作用和复杂的配伍关系，有利于针对疾病科学精准地选方用药。按照方剂"君臣佐使"组方原则，统计出各种剂型中三七分别为君、臣、佐、使药的各类制剂数目，见表 3–2。而其中三七作为君药的制剂，按照制备工艺的不同，统计分类如表 3–3 所示。

表 3–2　中成药中三七不同作用分析

剂型	制剂总数	三七作用			
		君药	臣药	佐药	使药
胶囊剂	20	7	7	6	0
片剂	16	8	5	3	0
丸剂	7	2	4	1	0
颗粒剂	5	1	3	1	0
合剂	3	0	3	0	0
搽剂	2	0	0	2	0

第一部分

三七的概述

中国三七产业年度发展报告（2015）

剂型	制剂总数	三七作用			
		君药	臣药	佐药	使药
散剂	2	0	0	2	0
贴膏剂	2	1	1	0	0
滴丸剂	1	1	0	0	0
锭剂	1	0	0	1	0
气雾剂	1	0	0	1	0
栓剂	1	0	0	1	0
合计	61	20	23	18	0

表3-3 以三七为君药的制剂

剂型	药品名称	处方	提取方法	功能主治
片剂	三七片	三七	打粉	散瘀止血，消肿定痛
	三七伤药片	三七、制草乌、雪上一枝蒿、冰片、骨碎补、红花、接骨木、赤芍	煎煮法	舒筋活血，散瘀止痛
	止血定痛片	三七、煅花蕊石、海螵蛸、甘草	打粉	散瘀，止血，止痛
	复方丹参片	丹参、三七、冰片	打粉	活血化瘀，理气止痛
	独圣活血片	三七、香附（四炙）、当归、醋延胡索、鸡血藤、大黄、甘草	打粉	活血消肿，理气止痛
	脑得生片	三七、川芎、红花、葛根、山楂（去核）	打粉	活血化瘀，通经活络
胶囊	三七血伤宁胶囊	三七、重楼、制草乌、大叶紫珠、山药、黑紫藜芦、冰片	打粉	止血镇痛，祛瘀生新
	沈阳红药胶囊	三七、川芎、白芷、当归、土鳖虫、红花、延胡索	打粉	活血止痛，祛瘀生新
	胃康胶囊	白及、海螵蛸、香附、黄芪、白芍、三七、鸡内金、鸡蛋壳（炒焦）、乳香、没药、百草霜	渗漉法	行气健胃，化瘀止血，制酸止痛
	骨刺宁胶囊	三七、土鳖虫	打粉	活血化瘀，通络止痛
	复方血栓通胶囊	三七、黄芪、丹参、玄参	浸渍法	活血化瘀，益气养阴
	脑得生胶囊	三七、川芎、红花、葛根、山楂（去核）	打粉	活血化瘀，通经活络
	腰痹通胶囊	三七、川芎、延胡索、白芍、牛膝、狗脊、熟大黄、独活	打粉+渗漉法	活血化瘀，祛风除湿，行气止痛
丸剂	复方丹参滴丸	丹参、三七、冰片	煎煮法	活血化瘀，理气止痛
	脑得生丸	三七、川芎、红花、葛根、山楂（去核）	打粉	活血化瘀，通经活络
	跌打丸	三七、当归、白芍、赤芍、桃仁、红花、血竭、北刘寄奴、烫骨碎补、续断、苏木、牡丹皮、乳香（制）、没药（制）、姜黄、醋三棱、防风、甜瓜子、枳实（炒）、桔梗、甘草、木通、煅自然铜、土鳖虫	打粉	活血散瘀，消肿止痛
贴膏剂	红药贴膏	三七、白芷、土鳖虫、川芎、当归、红花、冰片、樟脑、水杨酸甲酯、薄荷脑、颠茄流浸膏、硫酸软骨素、盐酸苯海拉明	回流法	祛瘀生新，活血止痛
颗粒剂	复方丹参颗粒	丹参、三七、冰片	打粉	活血化瘀，理气止痛

第四节　三七的临床应用及安全性评价

三七是我国特有的名贵中药材，自古因功效显著而受众多医家推崇，现已成为仅次于人参的中药材大品种。随着中医药事业的不断发展，三七大量鲜为人知的临床功效又如雨后春笋般被各方医家发掘和应用，且三七临床应用的安全性评价也显得尤为重要。

一、临床应用

（一）心血管疾病

1. 高血压

葛茂庭[101]观察了三七总皂苷对高血压患者的治疗作用，用药后，患者的收缩压及舒张压有显著差异，心率治疗前后无显著变化。杨兴才[102]将 60 例高血压患者随机分为两组：三七花组和松龄血脉康组，观察治疗前后患者的临床症状及血压变化。结果：三七花组症状及血压的改善明显优于松龄血脉康组，表明三七花泡茶饮服具有确切的降压作用。

2. 冠心病

冠心病是冠状动脉血管发生动脉粥样硬化病变而引起血管腔狭窄或阻塞，造成心肌缺氧、缺血或坏死。罗春信[103]将 48 例不稳定型心绞痛患者随机分为两组，对照组服用常规西药，治疗组在此基础上静脉滴注三七总皂苷 500mg。结果：治疗组有效率 91.6% 优于对照组 72.9%。刘准[104]采用复方丹参片治疗冠心病心绞痛 150 例，显效 70 例，有效 50 例，有效率 80%。

3. 血栓

吴道荣[105]将体外血栓检测结果异常患者 40 例分为两组，三七治疗组 20 例，给予生三七粉，2 克/次，2 次/天；西药对照组 20 例，给予肠溶阿司匹林和潘生丁，3 次/天。一月后体外血栓检测结果显示：三七治疗组 14 例患者 3 项指标均降至正常，5 例 1～2 项指标降至正常，无效 1 例；西药对照组 9 例患者 3 项指标降至正常，8 例 1～2 项指标降至正常，无效 3 例。

（二）代谢性疾病

1. 高脂血症

刘丽萍[106]观察静脉滴注三七总皂苷对高脂血症伴高血黏度患者的临床疗效，治疗后患者的血脂及血黏度均明显下降。李淑敏[107]等研究口服生三七粉对高脂血症患者的治疗效果，经血液检测结果分析表明：生三七粉具有降低 TC、TG 及 SGPT，升高高密度脂蛋白的作用。

2. 糖尿病

尚自敏[108]等用三七总皂苷注射液联合盐酸苯那普利治疗尿病肾病 30 例，显效 15

例，有效 12 例，有效率 90%。陈广[109]等观察三七交泰丸联合盐酸苯那普利治疗糖尿病的临床疗效，结果表明联合用药治疗效果明显优于单用盐酸苯那普利片，合用能更好地控制血糖、血压及血脂，并改善肾功能。

（三）血液疾病

1. 止血

三七具有止血不留瘀、化瘀不伤正的特点，被广泛用于治疗各类内外出血。郭跃进[110]等用三七粉口服或鼻饲治疗颅内出血，用药后患者的血肿部位吸收速度快，且未见再次出血。刘丽丽[111]将 70 例高血压性脑出血患者随机分为两组，对照组以常规西药治疗，实验组在此基础上予以三七皂苷注射液治疗。结果：实验组有效率 94.3%，明显高于对照组 77.1%。

2. 促进造血

朱旭[112]等将 48 例慢性再生障碍性贫血患者随机分为两组，对照组 24 例口服司坦唑醇和环孢菌素 A，治疗组 24 例饮服三七补肾活血化浊汤。半年后，治疗组痊愈 22 例，对照组痊愈 14 例。吴哲[113]将 68 例癌性贫血患者随机分为两组，对照组 34 例以常规治疗，治疗组 34 例在此基础上加用熟三七粉，4 周后，治疗组有效率 85.3%，对照组 76.5%。

（四）神经内科疾病

廖雪松[114]将 80 例心血管神经症患者随机分为两组，对照组 40 例给予美托洛尔，治疗组 40 例在此基础上加用稳心颗粒，8 周后，治疗组愈显率 90%，对照组 65%。谢会巧[115]等将 190 例神经衰弱者随机分为两组，治疗组 96 例给予七叶神安片，观察组 94 例口服谷维素，一月后，治疗组有效率 82.3%，对照组 59.6%。

（五）皮肤科疾病

毛春学[116]用三七治疗其他疾患时，偶尔发现其原赘生的寻常疣不治自愈。继而，单用三七粉治疗 17 例患者，药尽病愈，没有任何痕迹。李宗超[117]等将 96 例激光治疗雀斑患者随机分为 3 组：治疗组、对照组和空白组。术后，治疗组以三七生肌膏外涂，对照组喷洒壳聚糖长效抗菌敷料，空白组不采取任何辅助治疗措施。15 天后，3 组愈显率分别为 96.9%、81.3% 和 78.1%；3 月后，3 组的色素沉着发生率分别为 3.1%、12.5% 和 25.0%。

（六）骨伤科疾病

宁兴明[118]等以二黄新伤止痛软膏外敷配合七味三七口服液口服治疗急性腰扭伤 119 例，治愈 98 例，显效 16 例，好转 4 例，有效率 99.2%。王利敏[119]以三七消肿止痛散治疗软组织损伤 200 例，痊愈 151 例，显效 33 例，有效率 92%，其中急性损伤平均治疗时间为 4.5 天，慢性损伤平均治疗时间为 10.2 天。

（七）口腔科疾病

许鸣[120]以三七粉外敷治疗成人复发性口腔溃疡 45 例，显效 17 例，有效 24 例，有效率91.1%。潘茜[121]将90例糜烂型口腔扁平苔藓患者随机分为两组，观察组45例以蜂蜜调和三七粉局敷，对照组45例用强的松龙治疗，治疗有效率分别为91.1%和75.6%。

（八）消化系统疾病

1. 消化性溃疡

消化性溃疡是发生在胃或十二指肠的一种常见多发慢性疾病，临床主要表现为腹痛或胀满不适。任晓颖[122]等以黄芪三七汤治疗消化性胃溃疡138例，治愈99例，好转30例，总有效率93.5%。曾绍明[123]以田七胃痛胶囊配合奥美拉唑治疗消化性溃疡88例，愈合率95.5%。林中[124]以三七柴桂汤治疗消化性溃疡41例，治愈率85.4%。

2. 胃炎

慢性胃炎是一种常见且多发的消化道疾病，具有病程长、难治愈等特点。吴俊贤[125]等以三七化瘀消萎汤治疗60例慢性萎缩性胃炎患者，痊愈18例。施杰[126]在西药治疗基础上加用三七粉胶囊治疗急性糜烂性胃炎，1个月后，中西联合用药组疗效明显优于单用西药组。

3. 上消化道出血

上消化道出血为临床常见急症之一，年发病率为（50~150）例/10万，病死率7%~10%。李秀秀[127]用三七郁金汤治疗上消化道出血85例，治愈65例，显效12例，有效5例，有效率96.5%。张喜荣[128]将100例慢性肝硬化并发急性上消化道出血患者随机分为两组，对照组以奥美拉唑治疗，观察组在此基础上加用参麦注射液和三七粉治疗。1年后，观察组疗效分布和临床有效率均优于对照组，止血时间和输血量均低于对照组。

4. 溃疡性结肠炎

溃疡性结肠炎是病因不明的炎症性疾病，临床表现为腹痛、腹泻、黏液脓血便等。吴海燕[129]以三七阿胶栓治疗溃疡性结肠炎50例，治愈20例，有效率94%，表明三七阿胶栓治疗溃疡性结肠炎效果明显优于柳氮磺胺吡啶栓。刘萍[130]等用三七、马齿苋等制成的煎剂灌肠，配合中医辨证治疗慢性溃疡性结肠炎45例，显效20例，有效23例，无效2例，有效率96%。

（九）其他

郭敬新[131]用参七化瘀汤治疗64例肝癌患者，痊愈0例，有效61例，无效3例，有效率95.3%。李青[132]等在常规治疗基础上用三七皂苷治疗26例口服有机磷农药中毒患者，72小时后，ALT、AST、CK、LDH、TNF、IL-8值较常规治疗组减少，表明三七总皂苷对急性有机磷中毒致脏器损伤具有保护作用。此外，三七还被用于治疗面肌抽搐、产后瘀血、急性肾小球肾炎等，其对高原反应症的预防、提高运动员耐力等也有一定作用。

二、安全性评价

三七具有活血祛瘀、扩张血管、改善血液循环的作用，临床上主要用于治疗各类心脑血管疾病及眼部疾病等。随着临床应用的日益广泛，三七不良反应（ADR）报道也日趋增多。为提高临床合理、安全用药，笔者通过检索近年国内公开发表的医药学期刊文献，从临床特性、相关因素及防护措施三方面对其不良反应进行总结。

（一）ADR临床特点

徐冬英[133]等收集了1978—2004年共84篇三七及其制剂不良反应文献报道，并对146例患者的不良反应做出了统计分析，结果显示：三七制剂发生不良反应涉及多种系统和器官，以皮肤及其附件损伤和局部不良反应为主，占总不良反应的64.2%。临床表现为药物性皮炎、药疹和红斑丘疹等，损害较轻，危害性小，多数经过对症处理后即出现好转，对患者的病情影响不大。呼吸系统、循环系统及过敏性休克不良反应发生率相对较高，表现症状较重，医护人员应引起高度重视，一旦出现早期不良症状就要立即停药，及时对症处理，以避免严重事件的发生。

（二）ADR影响因素分析

与不良反应相关的因素有以下6个[134]：①年龄：50岁以上的老年人发生概率最高，因为老年患全身组织器官功能退化，免疫功能低下，提示医护人员对高龄患者临床使用应慎重。②用药天数：与ADR发生率呈负相关，提示医护人员应加强用药前期的密切观察。③联合用药：中药制剂成分复杂多样，多种制剂同时使用会增加ADR发生率，临床应用时应避免两种或两种以上中药制剂或中西混合制剂的同时使用。④原患疾病严重程度：病情严重的患者机体器官功能减弱，抗过敏能力下降，导致在用药过程中出现ADR的概率偏大，针对病情严重的患者医护人员需要加强ADR监测。⑤剂量：超剂量使用会使不良反应发生率升高。⑥性别：女性ADR发生率明显高于男性，这与女性特殊的生理周期、激素水平和耐受性相关，提示医护人员应加强对女性患者用药的临床观察。

（三）ADR措施分析

可从三方面来减少不良反应的发生[135]。

1. 增强预防意识

（1）重视患者体质情况　医护人员在用药前仔细询问患者是否为过敏体质及药物致超敏反应史，必要时通过皮肤试验对过敏体质患者进行筛选，对有明确超敏反应史或肝肾功能不全患者，应慎用三七注射剂。

（2）加强用药过程监护　应全程监护用药，特别密切观察患者给药过程中前30分钟的临床反应。对所发生的不良反应，轻则停药，重则采取综合性治疗措施，紧急对症处理，最大限度地防止毒性作用加重，并且要持续观察或跟踪随访。

2. 合理安全用药

医护人员应尽量减少、避免不必要的联合用药，特别要提防中药、化学药注射液的联合应用。注射液应严格控制剂量和滴速，使用时从小剂量、低浓度、慢滴速开始用药，待机体适应后，再逐步增加剂量、滴速。

3. 生产企业及监管部门

生产企业应规范各制剂的使用说明书，将不良反应或禁忌项列入注意事项中。注射制剂应利用现代提取、纯化新技术，改进生产工艺，以解决注射剂中的杂质残留、颗粒过大等问题，提高中药注射剂的质量。国家监管部门应建立有效的质量控制方法，加强中药制剂的标准化工作，同时开展再评价工作，针对出现问题做出相应的处理，从而把中药制剂发生不良反应事件的机率降至最低。

三、小结

中医学博大精深，中药资源丰富多彩，三七集若干生物活性、临床功效于一体，可以说是中药中的瑰宝。随着中医药事业的不断发展，三七越来越多的临床效用被人所知，但三七药效机制的基础研究仍滞后于临床应用，如何诠释一药多用的深入作用机制是目前和将来的主要任务。因此，在补充、完善三七临床效用的同时要花更多的时间和精力去诠释三七在防病、治病中的作用机制，以期为三七制剂的二次开发和新药开发奠定基础。此外，各部门应加强对三七制剂的监管力度，高度重视不良反应发生事件；医护人员应加强对患者的监护，严格遵循《中成药临床使用指导原则》规定，合理指导用药，以保障用药安全。

参考文献

[1] 刘刚，鲍建材，郑友兰，等. 三七的化学成分研究进展[J]. 人参研究，2004，2（2）：10.

[2] 王莹，褚扬，李伟，等. 三七中皂苷成分及其药理作用的研究进展[J]. 中草药，2015，46（9）：1381.

[3] 国家药典委员会. 中国药典：一部[M]. 北京：中国医药科技出版社，2015.

[4] 魏均娴，王秀芬，张良玉，等. 三七的化学研究[J]. 药学学报，1980，15（6）：359.

[5] 魏均娴，王良安，杜华，等. 三七绒根中皂苷 B_1 和 B_2 的分离和鉴定[J]. 药学学报，1985，20（4）：288.

[6] 鲁岐，李向高. 三七止血成分的分离鉴定与含量测定[J]. 中成药，1988（9）：34.

[7] 夏鹏国，张顺仓，梁宗锁，等. 三七化学成分的研究历程和概况[J]. 中草药，2014，45（17）：2564.

[8] 熊艺花，李婧，黄松，等. DNS 法对三七多糖含量测定[J]. 亚太传统医药，2011，7（7）：7.

[9] 盛卸晃，王建，郭建军，等. 三七多糖的分离纯化及理化性质研究[J]. 中草药，2007，38（7）：987.

[10] 崔秀明，董婷霞，陈中坚，等. 三七多糖成分的含量测定及其变化[J]. 中国药学杂志，2002，37（11）：818.

[11] 魏均娴，王菊芬. 三七叶黄酮类成分的研究[J]. 中药通报，1987，12（11）：31.

[12] 郑莹，李绪文，桂明玉，等. 三七茎叶黄酮类成分的研究[J]. 中国药学杂志，2006，41（3）：176.

[13] 李丽明，任斌，郭洁文，等. 不同规格三七挥发性成分研究[J]. 中药材，2013，36（6）：934.

[14] 吕晴，秦军，章平，等. 同时蒸馏萃取三七花挥发油成分的气相色谱–质谱分析[J]. 药物分析杂志，2005，25（3）：284.

[15] 林琦，赵霞，刘鹏，等. 三七脂溶性化学成分的研究[J]. 中草药，2002，33（6）：490.

[16] 段春贤，汪永忠，周安，等. 三七中人参炔醇的提取、分离和鉴定[J]. 安徽中医学院学报，2008，

27（2）：50.

[17] 黄淑萍，陈亮. ICP–AES 技术测定人参等名贵药材中微量元素的初步研究[J]. 山西大学学报：自然科学版，1994，17（1）：56.

[18] 郝南明，田红，苟丽，等. 三七生长初期不同部位微量元素的含量测定[J]. 广东微量元素科学，2004，22（11）：1824.

[19] 李淯，叶蕴华，闫爱新，等. 三七中 2–（1′，2′，3′，4′–四羟基丁基）–6–（2″，3″，4″–三羟基丁基）–吡嗪的分离、鉴定及药理活性研究[J]. 高等学校化学学报，2001，22（11）：1824.

[20] 张冰，陈晓辉，毕开顺，等. 三七花蕾化学成分的分离与鉴定[J]. 沈阳药科大学学报，2009，26（10）：775.

[21] 唐旭东，姜建青，赁常文，等. 三七总皂苷对心肌缺血再灌注中中性粒细胞浸润的影响及其核转录机制的实验研究[J]. 成都中医药大学学报，2002，25（3）：32–35.

[22] 张丽君，耿志辉. 三七总皂苷对大鼠心肌缺血再灌注损伤的保护研究[J]. 吉林医学，2007，28（11）：1261–1262.

[23] YU Y，SUN G，LUO Y，et al. Cardioprotective effects of notoginsenoside R_1 against ischemia/reperfusion injuries by regulating oxidative stress-and endoplasmic reticulum stress-related signaling pathways[J]. Sci Rep，2016，6：21730.

[24] 李麟仙，张玉敏，赵文洁. 三七皂苷 Rb_1、Rg_1 对大鼠心肌缺血再灌注心律失常的保护作用[J]. 中国药理学通报，1990（5）：295.

[25] 李学军，张宝恒. 三七中人参三醇苷抗心律失常作用的交感神经机理[J]. 中国药理学与毒理学杂志，1990，4（3）：161–163.

[26] NAH S Y，PARK H J，MCCLESKEY E W. Atrace component of ginseng that inhibit Ca^{2+} channels through a pertussis toxin sensitive G protein[J]. Proc Natl Acad Sci USA, 1995, 92: 8739–8743.

[27] SHI X，YU W，LIU L，et al. *Panax notoginseng* saponins administration modulates pro-/anti-inflammatory factor expression and improves neurologic outcome following permanent MCAO in rats[J].Metab Brain Dis, 2016，1–13.

[28] 蒋媛静. 血栓通粉针（三七总皂苷）对大鼠脑缺血再灌注损伤后 Bcl–2 蛋白表达的影响[J]. 中国中医急症，2013，22（9）：1546–1548.

[29] 谭华，黄小平，邓长清. 黄芪总皂苷和三七总皂苷配伍对小鼠缺血再灌注脑组织氧化应激的影响[J]. 中西医结合学报，2010，8（5）：448–452.

[30] 刘旺华，李花，周小青，等. 三七总皂苷对大鼠脑缺血再灌注海马细胞 Ca^{2+} 及线粒体膜电位的影响[J]. 中华中医药学刊，2009，27（1）：99–101.

[31] FOLSOM A R，YAO L，ALONSO A，et al. Circulating biomarkers and abdominal aortic aneurysm incidenc the atherosclerosis risk in communities (ARIC) study[J]. Circulation, 2015, 132(7): 578–585.

[32] LIU Y，HAO F，ZHANG H，et al. *Panax notoginseng* saponins promote endothelial progenitor cell mobilization and attenuate atherosclerotic lesions in apolipoprotein E knockout mice[J]. Cell Physiol Biochem, 2013, 32(4): 814–826.

[33] XU L，LIU J T，LIU N，et al. Effects of *Panax notoginseng* saponins on proliferation and apoptosis of

vascular smooth muscle cells[J]. J Ethnopharmacol, 2011, 137(1): 226–230.

[34] QIAO Y, ZHANG P J, LU X T, et al. *Panax notoginseng* saponins inhibits atherosclerotic plaque angiogenesis by down-regulating vascular endothelial growth factor and nicotinamide adenine dinucleotide phosphate oxidase subunit 4 expression[J]. Chin J Integr Med, 2015, 21(4): 259–265.

[35] 张翼冠, 李晓辉, 樊继山, 等. 三七总皂苷通过抗炎和调血脂作用抑制大鼠动脉粥样硬化形成[J]. 现代生物医学进展, 2007, 7 (11): 1605–1607.

[36] 马加庆, 云宇, 后文俊, 等. 三七总皂苷对药物性肝损伤小鼠的保护作用[J]. 中国实验方剂学杂志, 2013, 19 (23): 246–249.

[37] DING R B, TIAN K, CAO Y W, et al. Protective effect of *Panax notoginseng* saponins on acute ethanol-induced liver injury is associated with ameliorating hepatic lipid accumulation and reducingethanol-mediated oxidative stress. J Agric Food Chem, 2015, 63(9): 2413–2422.

[38] ZHANG Y, YE Q F, LU L, et al. *Panax notoginseng* saponins preconditioning protects rat liver grafts from ischemia/reperfusion injury via an antiapoptotic pathway[J]. Hepatobiliary Pancreat Dis Int, 2005, 4(2): 207–212.

[39] PENG X D, DAI L L, HUANG C Q, et al. Relationship between anti-fibrotic effect of *Panax* notoginseng saponins and serum cytokines in rat hepatic fibrosis[J]. Biochem Biophys Res Commun, 2009, 388(1): 31–34.

[40] HUI J, GAO J, WANG Y, et al. *Panax notoginseng* saponins ameliorates experimental hepatic fibrosis and hepatic stellate cell proliferation by inhibiting the Jak2/ Stat3 pathways[J]. J Tradit Chin Med, 2016, 36(2): 217–224.

[41] WANG S, WANG X, LUO F, et al. Panaxatriol saponin ameliorated liver injury by acetaminophen via restoring thioredoxin-1 and pro-caspase-12[J]. Liver Int, 2014, 34(7): 1068–1073.

[42] 肖樟生, 黄长文, 罗地来, 等. 三七皂苷对急性肝功能衰竭大鼠肝细胞缝隙连接蛋–细胞间缝隙连接通讯的影响[J]. 中国现代医学杂志, 2008, 18 (5): 528–530.

[43] JUN H S, KIM I K, LEE H J, et al. Effects of UCP2 and UCP3 variants on the manifestation of overweight in Korean children[J]. Obesity, 2009, 17(2): 355–62.

[44] 张玉佩, 杨钦河, 孔怡琳, 等. 三七总皂甙对脂肪变性 L02 肝细胞甘油三酯含量及解耦联蛋白 2mRNA 表达的影响[J]. 中国老年学杂志, 2011, 31 (3): 432–435.

[45] 李玲, 谭华炳. 三七粉防治非酒精性脂肪肝病的作用机制探讨[J]. 职业与健康, 2015, 31 (12): 1611–1613.

[46] CHEN Z, LI C, YANG C, et al. Lipid regulation effects of raw and processed Notoginseng Radix Et Rhizome on steatotic hepatocyte L02 cell[J]. Biomed Res Int, 2016: 2919034.

[47] 马强, 李来庆, 吴英松, 等. 三七总皂苷对肝癌细胞（QGY–7703）中 mcl–1L 和 Bak 基因表达水平的初步探索[J]. 亚太传统医药, 2011, 7 (9): 35–36.

[48] 邓伟, 向清, 李宝, 等. 中药三七提取液对 Hep G2 细胞侵袭转移性的影响[J]. 中国医科大学学报, 2014, 31 (1): 38–42.

[49] 于德伟, 陈文学, 杨铭, 等. 三七活血片对大鼠急性软组织损伤治疗作用的实验研究[J]. 中国中

医药科技，2016，23（1）：28–29.

[50] 陈健文，谭敏谊，向秋玲，等. 三七中人参三醇皂苷活血化瘀作用研究[J]. 中药药理与临床，2008，24（3）：39–41.

[51] SUN X, GAO R L, LIN X J, et al. *Panax notoginseng* saponins induced up-regulation, phosphorylation and binding activity of MEK, ERK, AKT, PI–3K protein kinases and GATA transcription factors in hematopoieticcells[J]. Chin J Integr Med, 2013, 19(2): 112–118.

[52] 何宜航，桑文涛，杨桂燕，等. 基于"生消熟补"理论的三七补血作用及其机理研究[J]. 世界中医药，2015，10（5）：647–651.

[53] 张佳红，王晋平，王慧娟. 三七总皂苷调整类风湿关节炎免疫相关内环境失衡状态的临床研究[J]. 中国中西医结合杂志，2007，27（7）：589–592.

[54] RHULE A，RASE B，SMITH J R，et al. Toll-like receptor ligand-induced activation of murine DC2.4 cells is attenuated by *Panax notoginseng*[J]. J Ethnopharmacol, 2008, 116(1): 179–186.

[55] HUANG L F, SHI H L, GAO B, et al. Decichine enhances hemostasis of activated platelets via AMPA receptors[J].Thromb Res, 2014, 133(5): 848–854.

[56] QUAN Q, WANG J, LI X, et al. Ginsenoside Rg_1 decreases $Abeta_{1-42}$ level by upregulating PPAR gamma and IDE expression inthe hippocampus of a rat model of Alzheimer's disease[J]. PLos ONE, 2013, 8(3): e59155.

[57] WANG Q, SUN L H, JIA W, et al. Comparison of ginsenosides $Rg_1$and $Rb_1$for their effects on improving scopolamine-induced learning and memory impairment in mice[J]. Phytother Res, 2010, 24(12): 1748.

[58] ZHAO H H, DI J, LIU W S, et al. Involvement of GSK3 and PP2A in ginsenoside Rb_1's attenuation of aluminum-induced tau hyper-phosphorylation[J]. Behav Brain Res, 2013, 241：228–234.

[59] 徐江，彭双清，闫长会，等. 三七总皂苷对大鼠心脏血流动力学的毒性作用[J]. 中国新药杂志，2009，18（4）：349–352.

[60] 韩刚，孙辉业，董延生，等. 三七总皂苷对大鼠肝脏肾脏的毒性作用[J]. 中国新药杂志，2006，15（24）：2115–2118.

[61] 马玉奎，戴晓莉. 三七总皂苷安全性的实验研究[J]. 食品与药品，2011，13（11）：408–411.

[62] 唐娇，越敏，杨颖，等. 三七的急性毒性及致突变性试验研究[J]. 检测研究，2016，28（1）：66–72.

[63] 刁勇，权继梅，赵爱. 三七保健酒急性毒性实验研究[J]. 人参研究，2016，1：33–34.

[64] 雷伟亚，史栓桃，余思畅，等. 三七叶总皂武的毒性研究[J]. 云南医药，1984，5（4）：241–244.

[65] 鲁海燕，何永恒. 花椒、延胡索、没药、三七四味中药止痛作用的毒理学研究进展[J]. 亚太传统医药，2009，5（2）：60–62.

[66] 唐娇，赵敏，谭剑斌，等. 三七的经口急性毒性及亚慢性毒性研究[J]. 华南预防医学，2015，41（6）：521–526.

[67] 袁芳，冯玉茹，曹倩倩，等. 三七粉对大鼠传统致试验研究[A]. 2015年（第五届）药物毒理学年会论文集[C]. 2015.

[68] 周家明，崔秀明，王朝梁，等. 三七睡舒胶囊毒理学试验研究[J]. 中成药，2005，27（5）：568–570.

[69] 张剑峰，张丹参. 三七总皂苷药理作用研究进展[J]. 医学综述，2007，13（6）：472–474.

[70] 韩旻. 三七总皂苷（PNS）口服吸收及 W/O 口服微乳的研究[D]. 上海：复旦大学，2006：4.

[71] 王乙鸿，普俊学. 三七制剂的临床应用和研究进展[J]. 中国药房，2014，25（39）：3728–3731.

[72] 张洪，黄徐英. 三七总皂苷壳聚糖缓释微球的制备及体外释放特性研究[J]. 广东药学院学报，2006，22（5）：479–482.

[73] 王家远，杨波，赵榆林，等. 壳聚糖–三七总皂苷缓释微囊的制备及体外溶出研究[J]. 中国药业，2006，15（17）：28–29.

[74] 洪燕龙，吴清，杜守颖. 三七总皂苷缓释片的初步工艺研究[J]. 北京中医药大学学报，2004，27（3）：75–77.

[75] 吴清，陈贤春，杜守颖. 缓释辅料对三七总皂苷缓释片中人参皂苷 Rg_1，Rb_1 释药特性的影响[J]. 中国中药杂志，2004，29（10）：944–947.

[76] 王永发. 三七总皂甙肠溶型制剂[P]. 中国专利：200410040279.2，2004–07–20.

[77] 陈卫，朱春燕. 三七总皂苷胃肠道生物黏附片的体外释药及黏附特性考察[J]. 中国药学杂志，2006，41（12）：917–920.

[78] 许小红，黎聪，徐霞. 三七总皂苷微孔渗透泵片释药机制[J]. 中国实验方剂学杂志，2012，18（8）：12.

[79] 段琼辉，周毅生，贾永艳. 三七总皂苷口腔崩解片的研究[D]. 郑州：河南中医学院，2006：4.

[80] 侯安国，李晓梅，陈凌云，等. 三七总皂苷分散片的制备工艺研究[J]. 云南中医中药杂志，2007，28（1）：34–35.

[81] 沈央，方晓玲. 三七总皂苷脂质体的药剂学性质及大鼠肺部给药药动学研究[J]. 中草药，2004，35（7）：745.

[82] 曾立斌，任远. 中药鼻腔给药制剂及安全性评价方法研究进展[J]. 中药药理与临床，2007，23（5）：252.

[83] 刘科秋，欧阳斌. 鼻腔给药制剂研究方向[J]. 中国药师，2008，11（8）：981.

[84] 吴云娟，沙先谊，李婵，等. 星点设计–效应面优化法优化三七总皂苷鼻腔用粉雾剂[J]. 中成药，2005，27（1）：10–15.

[85] 吴云娟，朱晓艺，沙先谊，等. 三七总皂苷鼻腔给药的药代动力学与药效学[J]. 药学学报，2005，40（4）：377–381.

[86] LAWRENCE M J, REES G D. Microemulsion-based media as novel drug delivery systems[J]. Adv Drug Deliv Rev, 2000, 45(1): 89.

[87] WANG X，XUE M，GU J，et al. Transdermal microemulsion drug delivery system for impairing male reproductive toxicity and enhancing efficacy of Tripterygium Wilfordii Hook f. [J]. Fitoterapia, 2012, 83(4): 690.

[88] 白志华，方晓玲. 三七总皂苷微乳对小鼠模型的抗皮肤衰老作用[J]. 中国临床药学杂志，2007，12（4）：221.

[89] 徐白，沈蕴琪，方晓玲，等. 三七总皂苷复方脂质体凝胶剂\的制备及皮肤给药研究[J]. 中国临床

药学杂志，2007，12（3）：144.

[90] 王巍，陈建. 滴丸剂的特点及其应用[J]. 药学实践杂志，2003，12（4）：201–203.

[91] 崔秀明，王朝梁，周家明，等. 七叶神安滴丸对中枢神经系统的药效学研究[J]. 人参研究，2004（1）：32–34.

[92] 高明菊，马妮，曾江，等. 七叶神安滴丸质量标准研究[J]. 现代中药研究与实践，2003（增刊）：57–58.

[93] 张慧慧. 三七叶总皂苷脂质体凝胶剂的研究[D]. 武汉：湖北中医药大学，2013：5.

[94] 宁沧桑，林杉，刘小丰，等. 三七叶苷痔疮栓的研制及质量控制[J]. 医院制剂，2001，10（6）：26–27.

[95] 黄兆勇，黄林，方志峰，等. "三七花含片"清咽润喉人体试食试验[J]. 广西医学，2005，27（11）：1765–1767.

[96] 冯军，刘布鸣. 三七花颗粒的质量控制方法[J]. 广西科学院学报，2016，32（4）：278–281.

[97] 赵爱，马妮，崔秀明，等. 三七花苷胶囊改善睡眠功能实验研究[J]. 现代中药研究与实践，2013，27（3）：25–27.

[98] 陈媛媛，潘慧婕，曾臣红，等. 三七花总皂苷水凝胶促进大鼠急性皮肤创伤愈合作用研究[J]. 上海中医药杂志，2016，50（9）：72–76，84.

[99] 黄文琴. 三七的临床应用功效及药理分析[J]. 医学信息，2011，1：304.

[100] 施佳平，卢建中，刘若轩，等.2010年版《中国药典》含三七的中成药剂型与工艺分析[J]. 今日药学，2012，22（7）：392–394.

[101] 葛茂庭. 三七总皂苷治疗高血压病的临床疗效观察[J]. 河北医学，2009，15（11）：1288–1290.

[102] 杨兴才，周端. 三七花治疗高血压病的临床研究[J]. 陕西中医学院学报，2011，34（2）：33–35.

[103] 罗春信. 三七总皂苷治疗不稳定型心绞痛48例临床观察[J]. 中国社区医师（医学专业半月刊），2008，10（19）：103–104.

[104] 刘准. 复方丹参片联合维生素C在冠心病心绞痛治疗的疗效观察[J]. 中外医疗，2012，31（4）：130–130.

[105] 吴道荣. 三七有抗栓防衰，消炎生肌的功用[J]. 中医杂志，1994，35（2）：69–70.

[106] 刘丽萍. 三七总皂苷治疗高脂血症伴高血黏度临床观察[J]. 实用心脑肺血管病杂志，2006，14〔1）：66–67.

[107] 李淑敏，杨源，杨兆宇，等. 生三七粉治疗高脂血症32例疗效观察[J]. 云南医药，1996，17（4）：290–291.

[108] 尚子敏，冷贵兰，杜铃儿，等. 三七总皂苷治疗糖尿病肾病临床疗效观察[J]. 中国中西医结合肾病杂志，2003，12（4）：735–735.

[109] 陈广，屠庆年，李伶俐，等. 三七交泰丸联合洛丁新片治疗糖尿病肾病30例临床观察[J]. 中医杂志，2014，55（20）：1735–1738.

[110] 郭跃进，梁晖. 三七对高血压性脑出血颅内血肿吸收的影响[J]. 福建中医学院学报，1997，7（2）：8.

[111] 刘丽丽，孙彦琪. 三七皂苷注射液联合西医治疗高血压性脑出血的疗效分析[J]. 中医临床研究，2016，8（14）：86–88.

[112] 朱旭，刘宝文. 补肾活血化浊汤联合西药治疗慢性再生障碍性贫血随机平行对照研究[J]. 实用中医内科杂志，2015，29（5）：95–97.

[113] 吴哲，廖伟，邱. 熟三七粉对癌性贫血的临床疗效观察[J]. 世界中医药，2015，10（5）：655–657.

[114] 廖雪松. β–受体阻滞剂联合稳心颗粒治疗心血管神经症的疗效评价[J]. 中国实用神经疾病杂志，2016，19（6）：5–7.

[115] 谢会巧，肖翠君，张荣军. 七叶神安片治疗老年神经衰弱临床观察[J]. 中国误诊学杂志，2009，9（4）：829–830.

[116] 毛春学. 三七治疗寻常疣[J]. 中医杂志，1994，（3）：134–134.

[117] 李宗超，杜航航，叶伟，等. 三七生肌膏促进激光治疗雀斑术后创面愈合临床观察[J]. 中国中医急症，2014，23（11）：2075–2077.

[118] 宁兴明，王兰，伍亮，等. 二黄新伤止痛软膏合七味三七口服液治疗急性腰扭伤119例临床体会[J]. 中国民族民间医药，2015，24（13）：136–139.

[119] 王利敏. 三七消肿止痛散治疗软组织损伤200例[J]. 中国实用医药，2013，8（17）：149–149.

[120] 许鸣. 三七粉治疗复发性口腔溃疡45例疗效观察[J]. 浙江中医杂志，2013，48（9）：696–696.

[121] 潘茜，秦扬. 三七粉治疗糜烂型口腔扁平苔藓[J]. 中国实验方剂学杂志，2011，17（17）：244–245.

[122] 任晓颖，刘永华. 自拟黄芪三七汤治疗消化性溃疡138例[J]. 福建中医药，2010，41（4）：62–62.

[123] 曾绍明. 田七胃痛胶囊配合奥美拉唑治疗老年消化性溃疡88例临床疗效观察[J]. 中国医疗前沿，2012，7（5）：11，31.

[124] 林中. 三七柴桂汤治疗消化性溃疡41例疗效观察[J]. 四川中医，2010，28（5）：76–77.

[125] 吴俊贤，段学燕. 化瘀消萎汤治疗慢性萎缩性胃炎随机平行对照研究[J]. 实用中医内科杂志，2016，30（2）：14–16.

[126] 施杰. 中西医结合治疗急性糜烂性胃炎疗效观察[J]. 中国医药指南，2012，10（9）：538–539.

[127] 李秀秀. 三七郁金汤治疗上消化道出血85例疗效观察[J]. 中国民族民间医药，2010，19（8）：157–157.

[128] 张喜荣，黄孝静. 中西医结合治疗慢性肝硬化并发急性上消化道出血的疗效分析[J]. 现代中西医结合杂志，2016，25（10）：1074–1076.

[129] 吴海燕. 三七阿胶栓治疗溃疡性结肠炎的应用护理[J]. 护理研究，2009，23（36）：3336–3337.

[130] 刘萍，刘江萍. 中药灌肠配合中医辨证治疗慢性溃疡性结肠炎45例[J]. 中国社区医师·医学专业，2010，12（19）：146–146.

[131] 郭敬新，张栋亭，郑学梅. 参七化瘀汤治疗肝癌64例临床观察[J]. 实用中医内科杂志，2015，29（3）：36–39.

[132] 李青，詹文涛，赵怀壁，等. 三七总皂苷对急性有机磷农药中毒患者脏器损伤的保护作用研究[J].

中国中医急症，2001，10（2）：74-76.

[133] 徐冬英，黄海滨. 三七及其制剂的不良反应分析[J]. 中国中药杂志，2005，30（18）：1465-1468.

[134] 徐鹏，张国柱. 三七总皂苷注射剂不良反应的回顾性分析[J]. 医学导报，2013，32（1）：127-129.

[135] 陈颖，林昊. 注射用血栓通致不良反应 102 例分析[J]. 医药导报，2011，30（5）：677-680.

第二部分

三七产业发展的现状分析

第四章

农业篇

三七应用起源于 2500 万年前，因其对环境生态适宜性条件要求较高，故其种植范围仅局限于中国西南部，北纬 23.5° 附近的狭窄地带。根据三七种植的生态适宜气候条件及土壤类型条件，结合三七种植的目标对象与社会建设条件，三七种植基地主要分布在三七生长的适宜区，按目标产量的不同主要分为三种类型。

①三七种植生产基地。主要分布在海拔 1600～2200m 的温凉山区或半山区，该地区昼夜温差较大，气温较低，空气湿度大，土壤自然夜潮性好，有利三七干物质的积累，能促进三七块根膨大，并且商品形状好，根形团，大根少，鲜干比低，产量高，是以生产地下块根部分为主要目标的理想地带。但不利于三七的生殖生长，三七红籽结实率低。包括文山县平坝、新街、小街、老回龙、乐诗冲，马关县八寨、大栗树，砚山县江那、盘龙、子马、者腊、铳卡等地。②三七种植种子种苗基地。该基地主要分布于海拔 1200～1600m 的温暖中山丘陵地区，属中亚热带和北亚热带气候类型，由于该区气候温和，极适合种子的发育和成熟，并且种苗出苗率高，生长旺盛，经移栽到温凉地区较当地种苗有增产作用。此区气候条件有利于三七的生殖生长，规划为种子种苗基地，宜对种子提纯复壮、培育健壮种苗和对种苗种子质量的监控，从而使三七向良种化发展。种子种苗基地主要分布于文山县古木、柳井，砚山县盘龙、江那等地。③三七种植生产基地与三七种子种苗基地交融区域。该区主要分部在海拔 1500～1800m 的地区，该区气候条件介于生产基地与种子种苗基地之间，能满足三七开花受精、结实的条件，同时摘除花苔后地下部分也能获得满意的产量。该区主要分布于砚山县的三七主产区。

三七是人参属植物中人工种植最早的物种之一，文山州是史上最早引种栽培三七的地区，栽培历史可追溯至 400 多年前[1-3]。清代赵翼[4]在《檐曝杂记》中详细记载了三七的栽培方法："有草名三七，有人采其籽，种于天保之陇峒，暮峒，亦伐木蔽之，不使见天日，以之治血亦有效，非陇、暮二峒不能种也。"而在此期间，三七种植规模呈现零星状态，七农仅进行播种、收货，而种植管理环节缺失。直至民国末期，文山地区三七年均面积约为 20hm²，年产量在 4000～5000kg，此时三七传统种植技术体系已初步形成，但种植方式粗放，对病虫害防治技术缺乏研究，导致三七产量不高[5]。近 50 年来，随着科技的发展，三七种植技术得以不断优化，三七种植产业逐步进入规

中国三七产业年度发展报告（2015）

模化、规范化、产业化的发展轨道，逐步形成以三七种植产业为源头环节的三七产业链，其结构如图 4-1 所示。在文山州范围内大力推行优质三七种植、无公害三七种植和引导推行三七基地建设、有机三七种植和邀请国内外专家对基地进行认证，最终形成了一整套符合国家产业政策以及适应市场需求的三七标准化种植技术体系，掌握了文山三七种植的核心技术，实现了"人无我有，人有我优"的目标，确保了文山三七的种植优势和品牌地位[6]。

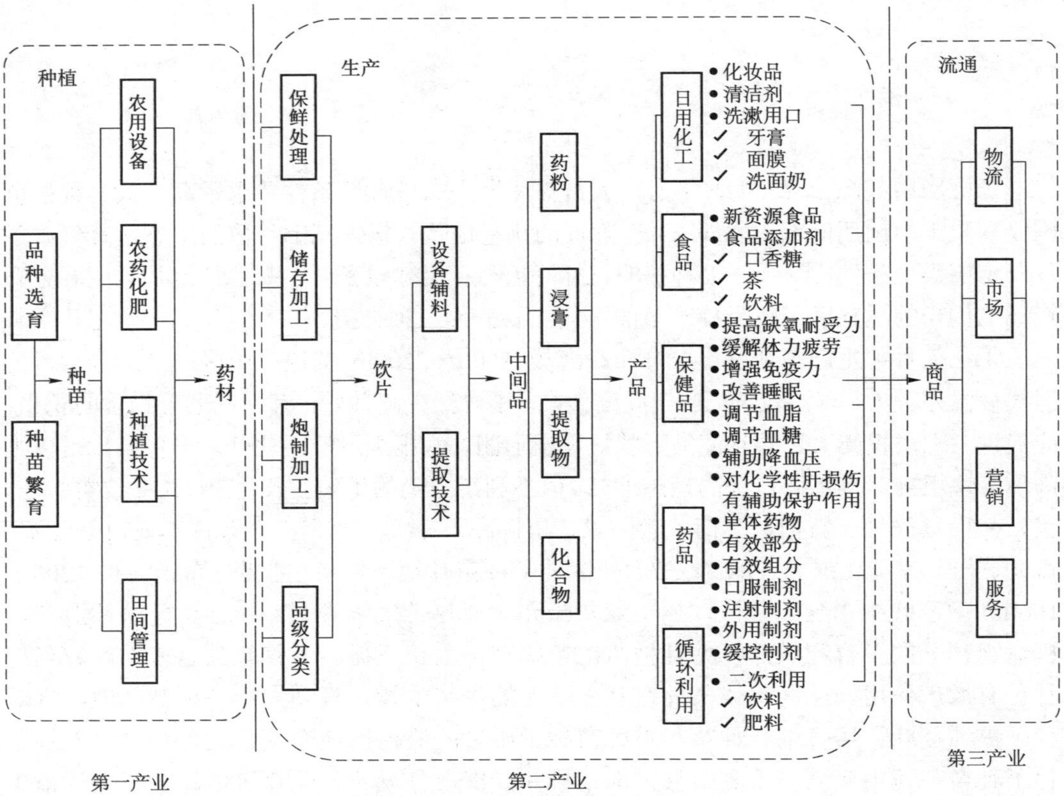

第一产业——种植： 品种选育、种苗繁育 → 种苗 → 农用设备、农药化肥、种植技术、田间管理 → 药材

第二产业——生产： 保鲜处理、储存加工、炮制加工、品级分类 → 饮片（设备辅料、提取技术）→ 中间品（药粉、浸膏、提取物、化合物）→ 产品

产品：
- 日用化工：化妆品、清洁剂、洗漱用口、✓牙膏、✓面膜、✓洗面奶
- 食品：新资源食品、食品添加剂、□口香糖、□茶、✓饮料
- 保健品：提高缺氧耐受力、缓解体力疲劳、增强免疫力、改善睡眠、调节血脂、调节血糖、辅助降血压、对化学性肝损伤有辅助保护作用
- 药品：单体药物、有效部分、有效组分、口服制剂、注射制剂、外用制剂、缓控制剂
- 循环利用：二次利用、✓饮料、✓肥料

第三产业——流通： 物流、市场、营销、服务 → 商品

图 4-1　三七产业链结构

第一节　三七规模化种植的概述

新中国成立之前，三七的种植面积在云南仅有几百亩，在广西也仅有少量种植。新中国成立后，云南省文山州采取一系列措施发展三七生产，成为三七的主产区；20 世纪 70 年代，曾在长江以南一些地区引种试种；20 世纪 80 年代，云南中部山区也开始了三七的大面积种植[7]。随着市场的需求，三七种植区域得以不断扩展，形成规模化种植，但期间的发展道路并不平坦。从三七种植历史来看，从 1951 至 2015 年的 64 年间，三七先后经历了四次种植高峰：1951 至 1974 年间，第一次种植高峰出现，当时全国三七

种植面积 7.99 万亩，其中云南为 4.39 万亩（产量 6640 吨），广西为 3.6 万亩（产量 416 吨），但当时的社会需求量仅为 500 吨；此后三七种植面积大幅下降，直至 1988 年出现了第二次种植高峰，三七在全国的种植面积再次快速发展到 10 万亩（其中云南 7 万亩，广西 3 万亩）；1990 年以后，因三七价格下降导致其种植面积萎缩到 1.99 万亩左右；到 2007 年形成了第三次种植高峰，文山州三七种植面积达到了 12 万亩，产量为 9200 吨；2008 年后，随着三七价格的逐步回升，三七经历了第四次种植高峰，自 2013 年起，文山州种植面积 29.23 万亩，产量达到 10 000 吨[8]。直到 2014 年，种植面积飞速增长达峰值 52.18 万亩，2014 年的三七种植面积是历史最高 2007 年的 4 倍，供过于求的局面再次出现。由于三七种植缺少统筹，药材价格经历了多次过山车式的大起大落，三七种植业发展一直没有跳出"主产不主导、增产不增收"周期性怪圈。由此，为了全面掌握云南三七种植面积与分布情况、未来全省适宜种植三七的土地资源情况，2014 年 6 月，三七产业协会会长单位——云南三七科技有限公司联合云南省农业厅技术推广总站与北京师范大学对云南省全省范围首次开展了三七资源普查，以下是云南省三七种植资源普查的结果。

一、云南省各州（市）的三七现有种植规模分布

据统计分析，全省三七种植规模排名前五位分别为：文山、红河、曲靖、昆明、玉溪。其中文山州种植面积 29.23 万亩，占全省种植面积的 37%；红河州种植面积 26.10 万亩，占全省种植面积的 33.04%；曲靖种植面积 11.91 万亩，占全省种植面积的 15.07%；昆明种植面积 5.87 万亩，占全省种植面积的 7.42%；玉溪种植面积 2.87 万亩，占全省种植面积的 3.63%。以上五个地区三七种植面积合计为 75.98 万亩，已占种植总面积的 96.16%。其他 10 个州市有小规模三七种植尝试，共计 3.03 万亩，约占种植总面积的 3.84%，其中怒江、迪庆、昭通三州市尚无三七种植（表 4–1 和图 4–2）。

表 4–1　各州（市）三七种植面积与百分比

排名	州（市）	种植面积（亩）	百分比（%）
1	文山	292 300.0	37.00
2	红河	261 002.7	33.04
3	曲靖	119 072.4	15.07
4	昆明	58 657.5	7.42
5	玉溪	28 691.8	3.63
6	大理	10 171.5	1.29
7	保山	9085.6	1.15
8	楚雄	6245.3	0.79
9	临沧	3064.0	0.39
10	丽江	780.0	0.10
11	普洱	716.5	0.09

排名	州（市）	种植面积（亩）	百分比（%）
12	版纳	180.0	0.02
13	德宏	77.6	0.01
14	怒江	0.0	0.00
15	迪庆	0.0	0.00
16	昭通	0.0	0.00

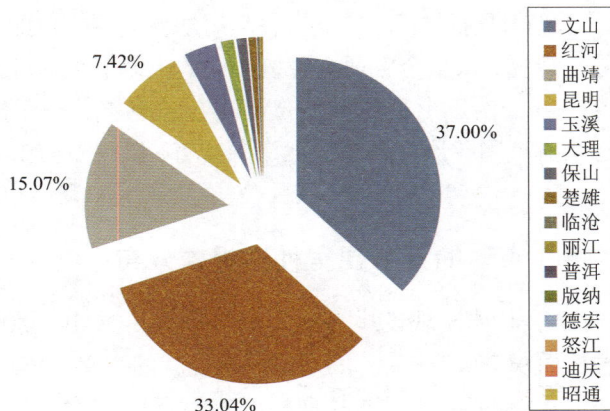

图 4-2　云南省各州（市）三七种植面积分析

二、云南省各州（市）未来三七种植可用土地分布

　　除文山州外，全省三七种植可用土地面积排名前五位分别为：曲靖、红河、玉溪、昆明、临沧。其中曲靖可用土地面积 64.24 万亩，占全省可用种植面积的 35.81%；红河州可用土地面积 59.40 万亩，占全省可用种植面积的 33.12%；玉溪可用土地面积 16.40 万亩，占全省可用种植面积的 9.14%；昆明可用土地面积 13.07 万亩，占全省可用种植面积的 7.29%；临沧可用土地面积 7.64 万亩，占全省可用种植面积的 4.26%。以上五个地区三七未来可用土地面积合计为 160.75 万亩，已占全省可用种植总面积的 89.61%。按当前的三七种植规模推广，未来三七种植土地面积有限。其他 10 个州市可用土地面积共计 18.63 万亩，约占种植总面积的 10.39%，其中怒江、迪庆两州尚无三七种植，三七生态适宜性较低（表 4-2 和图 4-3）。

表 4-2　各州（市）三七种植可用土地面积与百分比

序号	州（市）	可用土地面积（亩）	百分比（%）
1	曲靖	642 453.2	35.81
2	红河	594 071.5	33.12

序号	州（市）	可用土地面积（亩）	百分比（%）
3	玉溪	163 955.0	9.14
4	昆明	130 700.0	7.29
5	临沧	76 380.0	4.26
6	大理	55 000.0	3.07
7	保山	46 249.0	2.58
8	普洱	33 741.0	1.88
9	版纳	20 000.0	1.11
10	丽江	15 000.0	0.84
11	楚雄	11 750.0	0.65
12	德宏	4600.0	0.26
13	怒江	0.0	0.00
14	迪庆	0.0	0.00
15	文山	0.0	0.00
	合　计	1 793 899.7	100.00

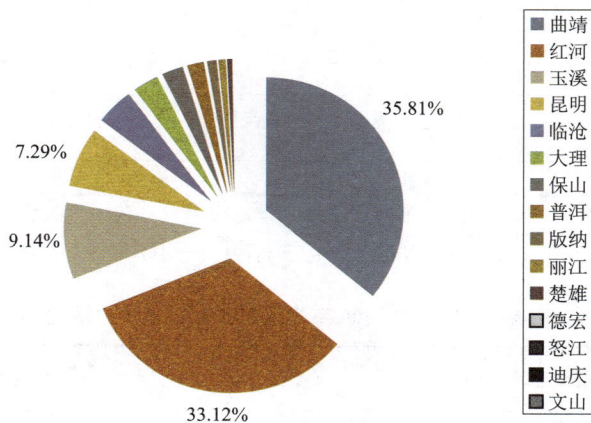

图4-3　各州（市）三七可用土地面积

三、云南省各州（市）的三七种植户结构

采用种植规模来分析三七种植农户结构（未包括文山州种植数据），种植面积超过5000亩的三七种植超级大户2户，种植面积2000～5000亩的三七种植大户3户，其他种植户规模如表4-3、表4-4和图4-4所示。

中
国
三
七
产
业
年
度
发
展
报
告
（
2015
）

表 4-3　全省三七种植户种植规模情况比较

种植面积（亩）	红河	曲靖	昆明	玉溪	大理	保山	楚雄	临沧	普洱	丽江	版纳	德宏	合计（户）
0~5	7786	1447	153	103	7	87	2	1	32	0	0	7	9625
5~10	4776	1019	90	73	3	26	1	2	0	0	0	0	5990
10~20	2368	563	66	47	2	8	6	1	0	0	5	0	3066
20~50	1389	458	113	64	0	11	7	0	4	0	0	0	2046
50~100	345	207	65	30	1	4	5	1	2	0	2	1	663
100~200	224	140	66	36	0	1	5	2	1	0	0	0	475
200~500	142	83	49	32	0	2	3	1	1	0	0	0	313
500~1000	26	20	10	7	0	0	1	2	0	1	0	0	67
1000~1200	2	4	5	1	0	1	0	0	0	0	0	0	13
1200~1500	0	1	1	0	0	0	0	0	0	0	0	0	2
1500~2000	1	0	0	0	0	0	0	0	0	0	0	0	1
2000 以上	0	0	2	0	1	2	1	0	0	0	0	0	6
合计	17 059	3942	620	393	14	142	31	10	40	1	7	8	22 267

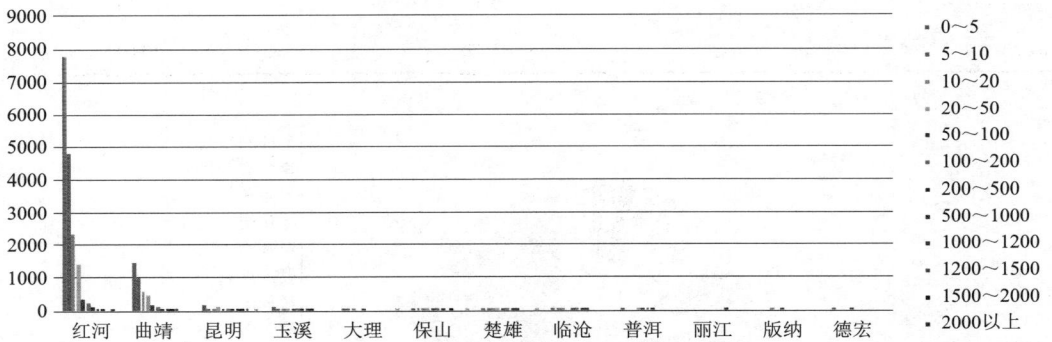

图 4-4　各州（市）三七种植户规模分布

表 4-4　全省超 1000 亩规模的三七种植大户情况

地州	地块行政位置（乡镇村）	地块名称	种植户姓名	种植面积（亩）
大理	南涧县无量山镇红星村委会、发达村委会、卫国村委会	2014001-2014112	王维和	10 000
保山	滇滩镇	大黑山	陈高田	7030
昆明	寻甸柯渡镇松林村委会	小松棵	任保廷	4500
楚雄	猫街镇、龙庆关、七排、白云庵	龙茵塘	李　若	3200
昆明	石林林口铺村委会	打场地	冯列明	2300
昆明	螺蛳塘村委会	水车路	老　王	1980
红河	黑龙村委会	小庆	张　英	1600
曲靖	宣威市板桥镇永安村	海子地	陈高泽	1500
昆明	林口铺村委会	箐口地	虎学军	1400

地州	地块行政位置（乡镇村）	地块名称	种植户姓名	种植面积（亩）
红河	乌衣	水晶石陷塘边	大老板	1200
曲靖	罗平县阿岗镇高桥村委会	河格村	大 户	1200
昆明	寻甸甸沙乡海尾大清河	水洼子、松香岭	唐秀文	1200
曲靖	陆良县大莫古镇戛古村委会	麦地沟	龙云山	1142
曲靖	罗平县马街镇荷叶	荷叶	方老先	1128
曲靖	沾益县炎方乡刘麦地村委会	苹果园	李四强	1100
昆明	石林舍色村委会	三七种植园	守 国	1100
昆明	寻甸柯渡镇松林村委会	花椒地	黄 旭	1100
玉溪	建兴乡磨味村	高阴寨背后	顾永波	1080
昆明	寻甸羊街镇吴所村	黄坡头	宋石刚	1030
红河	直邑村委会	赵家坟	王树光	1000
红河	无浪村委会	背山	谭海清、张建良等	1000
红河	果衣村委会	大坡	魏国清	1000
红河	箐口	平地	大老板	1000
曲靖	麒麟区东山镇撒马依横山村	高家坟	张保明	1000
曲靖	马龙县旧县高堡上下南屯	石洞	绕 兵	1000

PS：该统计数据未包括文山州信息。

目前三七种植生产还处于一种原始的"价格上升，种植扩大，产量增加，价格下降，种植缩小，产量减少，价格上升"的经济循环中。从三七种植产业发展历程看，三七种植产业已几经波折，即有"贵如黄金"的巅峰，也有"不如生姜"的低谷。自 2009 年三七产量骤降，且近年持续遭遇干旱、低温冻害、雪灾等极端天气，加重三七供不应求的紧张关系，使近年三七价格持续走高，七农种植热情高涨，种植面积飞速增长。至 2015年，三七价格持续走低，面对后续三七大量上市，价格暴跌，"丰产不丰收"，由此可见三七规模化种植与三七价格的波动关系可见一斑。

第二节　三七规范化种植的现状

20 世纪 50 年代，文山州、县就开始设立专门的三七管理机构——三七科学技术研究和三七指导站、辅导组，指导七农发展三七生产。80 年代成立文山州三七科学技术研究所和三七技术协会，开展对三七高产优质栽培、市场信息、产品新用途的研制开发等方面的工作，文山三七科技支撑体系现状如表 4-5 所示。

表 4-5　文山三七科技项目示例

项目名称	项目来源
三七根腐病综合治理技术研究	云南省院省校合作
三七 GAP 农业专家系统软件开发	国家 863 计划
三七科技成果应用与推广	国家科技部
三七产业发展关键技术开发及集成示范	云南省科技厅
三七新品种选育研究	国家科技支撑计划
三七黑斑病防治技术研究	国家科技支撑计划
三七病原性生物污染修复技术研究及示范	国家科技支撑计划
三七新品种"文七一号"繁育及配套种植技术示范	国家科技部
三七优良品种选育研究	国家科技部
药材采收、初加工、贮藏过程中共性技术研究	国家科技支撑计划
种子贮存、栽培生产、商品流通等环节的病虫害防治技术研究子课题——三七病害无公害防治技术研究	国家科技支撑计划
三七连作障碍的化感效应及化感物质的分离鉴定	云南省科技厅
三七有机基地建设	国家发展和改革委员会
三七种内遗传多样性研究	云南省科技厅
三七果化学成分及活性研究	文山县科技局
三七工艺品及制作方法研究	文山州科技局
三七加工关键技术研究及生产示范	云南省科技厅
发挥静安商业优势提高三七药物产业化进程研究	上海静安区科协
三七地上部分资源综合开发利用	云南省科技厅
三七连作障碍消解技术研究及示范	云南省科技厅

　　根据三七种植业亟待解决的关键技术问题，云南省科技厅长期以来一直予以专项扶持，如"三七新品种选育研究""三七连作障碍消减技术研究""三七道地性及其质量标准研究""三七主要病害防治研究"，相关研究成果如文山苗乡三七股份有限公司选育出"苗乡三七 1 号"及"滇七 1 号" 2 个新品种，实现三七人工种植历史上选种、育种的突破；推进防火型专用塑料遮阳网对传统杉木荫棚的栽培模式转变；总结制定了三七育苗技术规范、三七栽培技术规范、三七病虫害综合防治技术规范等，编著了《三七病害防治》专著，制定《地理标志产品——文山三七》《三七种植技术规程》等国家标准，建立能与国际接轨的三七栽培药材质量控制体系推动了三七标准化种植进程。2015 年支持云南农业大学朱有勇院士团队对三七无轮作生态种植技术系统研究，将又一次推进三七种植朝向农业工厂化、机械化发展。云南省开展的这些大量关于三七种植技术工作研究，形成了三七相关标准共 27 项，其中国外标准 3 项（欧盟、英国、美国药典），国家标准 12 项（综合标准 1 项、药材标准 1 项、原料标准 2 项、产品标准 8 项）、行业标准 1 项、地方标准 14 项；正在制定国家标准 1 项，行业标准 1 项。且"三七药材""三七种子种苗"两个标准通过国际标准组织（ISO）立项，有望成为我国第一个 ISO 国际中药材标准。

依托以上科研成果，2003 年云南特安呐制药股份有限公司三七种植基地成为全国第一批 GAP（中药材生产质量管理规范）认证的中药材基地。云南省政府全面推行三七 GAP 规范化种植，以提高七农的种植水平，保证三七产量、质量。2009 年在文山州薄竹、平坝等三七种植重点乡镇推广 GAP 规范化种植，采取围绕大户建基地的方式种植三七 1.52 万亩，同比增长 8.58%，占文山州种植面积的 80%。到 2010 年，文山州按 GAP 规范化种植三七达 1.6 万亩，占总种植面积的 84%。三七 GAP 目的是控制影响三七药材质量的各种因子，规范三七药材各生产环节乃至全过程，以达到三七药材"真实、优质、稳定、可控"。其内容包括以下几个方面。

①三七种植基地选址规范。根据三七 GAP 基地区划和布局，将基地选择在三七种植的最适宜区域或地点。

②三七栽培环境质量的控制。在三七播种或移栽前，必须对植物基地的大气、水源及土壤环境质量进行检测。在达到 GAP 基地环境质量标准要求的区域及地块上进行三七 GAP 种植。

③三七播种材料的规范。根据 GAP 对播种材料的要求，制定三七种子、种苗质量标准。对达到标准要求的种子、种苗方可进入 GAP 基地种植。

④三七施用农药、肥料的种类及使用方法的规范。根据 GAP 要求，制定三七农药、施肥标准操作规程及三七农药、肥料使用准则。按照三七农药、肥料使用准则上规定允许使用的农药、肥料种类（或浓度）及方法；按规范化的农药使用、施肥技术进行农药肥料的施用。

⑤三七田间栽培管理的规范。根据研究，制定三七栽培管理的标准操作规程，对三七生长过程中的除草、调光、灌溉、排水、摘蕾及采收等栽培管理措施进行规范化的操作。

⑥三七加工、运输、贮藏等过程进行科学规范的操作。

⑦建立生产记录及档案管理制度。根据 GAP 的要求，制定三七 GAP 栽培生产记录，并对基地建设中的所有资料进行存档管理。

面对当前有机、绿色、无公害三七等品质要求，三七 GAP 栽培除传统栽培关注土壤的地势、间隔年限、土壤肥力、土壤类型及水源情况、交通情况等外，特别强调土壤中农药和重金属的残留情况。如果土地中农药残留量和重金属含量本来就高，那么其后的控制农药、肥料使用及采收后清洗等技术措施完全是徒劳的。因此，土地中农药残留量和重金属含量是 GAP 基地选择的基本依据，故对种植地块的土壤取样和质量检测也是进行 GAP 三七栽培的技术措施之一。根据三七生态适宜性分析，三七 GAP 种植对生长所需的光、热、水、气、土等环境条件要求如下。

①土壤：除酸白泥土和黏重土之外，其他土壤均可种植三七。但以土质疏松、排灌方便的土壤为好。因此，在选择地块时，以土质疏松、有机质含量较为丰富、排水和保湿的土壤为宜。在达到生产环境规定的范围内，选择中偏酸性沙壤土（pH 值为 5.5～7.0 较好），排灌方便，具有一定坡度（坡度≤15°），10 年内未种过三七的地块。同时三七 GAP 种植对土壤耕作层的有毒物质含量有严格要求。主要包括重金属元素，如汞、镉、

铅、砷等；土壤中的有机氯和有机磷化物，如六六六、滴滴涕等的残留。其具体限量指标为：六六六≤0.2mg/kg、滴滴涕≤0.2mg/kg、铅≤50mg/kg、铜≤80mg/kg、镉≤2mg/kg、汞≤1mg/kg、砷≤20mg/kg。

②光照：三七的生长要求具有一定的荫蔽条件。一年生三七对光照的要求通常为自然光照的 8%～12%；二年生三七对光照的要求通常为自然光照的 12%～15%；三年生三七对光照的要求通常为自然光照的 15%～20%。

③温度：三七出苗期最适宜气温 20～25℃，土壤温度 10～15℃，0℃以下持续低温会对七苗产生冻害。生育期适宜气温 20～25℃，土壤温度 15～20℃。气温超过 33℃，持续时间较长，会对三七的苗造成危害。

④水分：三七的苗床土壤水分要求常年保持在 25%～30%。土壤湿度低于 20%，三七植株会出现萎蔫；土壤湿度低于 15%，三七种子不会萌发，植株出现萎蔫。

⑤海拔：一年生三七的适宜生长海拔在 1200～1600m；二年生三七、三年生三七的适宜生长海拔在 1200～2000m。

此外，为提升三七品质，政府同时局部推动有机三七种植，以期与国际农特产品质量标准逐步接轨。为此，文山州政府在德厚、开化等地引导三七种植企业开展有机三七种植，并建立了一套可控、可追溯的有机三七管理体系。到 2010 年，文山州有机三七种植面积达到 2500 亩，占三七种植总面积的 13%。2015 年，由云南三七科技有限公司生产的"云三七"牌三七超细粉成为国家中医药管理局首个"7S"道地保真中药材认证品牌[9]。

第三节　三七产业化种植的现状

全国 95%的三七产自云南，100%的三七种子种苗产自云南省文山州。按照文山州政府推动、科技支撑、农户参与、规范发展的总体要求，积极组织广大三七种植户开展三七标准化种植技术培训，实施标准化基地示范和认证，推进三七种植业逐步由农户零星分散种植向懂技术、会管理、有实力的大户和企业集中，先后涌现出了苗乡、华信、高田等一批三七种植企业，形成了"市场基地企业科技政府"五位一体的产业化发展新模式，进一步提升了三七种植规模化、标准化和基地化发展的水平。据统计，到 2012 年末，文山州共有 9846 户 2.13 万人和 14 家种植公司直接从事三七种植业，三七种植面积为 16.06 万亩（一年生三七 4.18 万亩，二年生三七 7.10 万亩，三年生三七 4.78 万亩），采挖面积达到 4.94 万亩，产量为 6959.4 吨，实现总产值 76.33 亿元、销售收入 68.9 亿元、利润 31 亿元，分别是 2010 年（19.56 亿元、22.47 亿元、10.11 亿元）的 2.9 倍、2.1 倍和 2.01 倍。仅 2012 年，三七种植业就解决 909.75 万人次短期用工，用工收入、地租收入、建棚材料收入分别增加 9.77 亿元、1.93 亿元、12.38 亿元，共增加群众收入 24.08 亿元。而三七种植业也已涌现出 4 户年收入超亿元的大户以及上百户超千万元大户[10]。

三七种植产业的发展也推动了整个以三七为原料的制药企业的发展。在云南省内，以三七为主要原料的药品生产企业有 67 家，其中产值过亿元的制药企业 10 家，实现利润 1000 万元以上的制药企业 7 家。形成以云南白药集团股份有限公司、昆明制药集团股份有限公司、云南三七科技有限公司、昆明圣火药业（集团）有限公司、云南维和制药有限公司、云南植物药业有限公司等为代表的三七产业集群，2015 年以三七产品生产为主的医药生产企业去年实现工业总产值 160 亿左右，约占全省医药工业总产值的 42%，并呈稳步增长态势。

尽管如此，文山州还是处于三七种植管理粗放，科技含量低、原料品质不高的状态，因此必须努力解决原料基地存在的一系列问题，为做大做强三七产业打下坚实的基础。

（1）要花大力气攻克土地轮作障碍的问题。土地是农民赖以生存的基础，更是三七赖以生存的唯一物质条件。针对文山三七种植外移的实际，要把使土地能够轮作作为重大科研课题，采取与科研院校合作的方式，加大人财物力的投入，全力攻关，同时出台扶持政策，鼓励企业和种植户开展试验示范，举全力解决这一历史性难题。

（2）要努力培育优质种苗，提高单产和抗病能力，从源头上提高文山三七的品质。低产、低质、大规模使用化肥农药是文山三七粗放种植的具体表现，其根源在于品种未得到选育，要使整个三七产业的品质得到提升，必须采用科学的方法选苗育苗，只有选出优质的三七种源，才能提高单产，增强抗病虫害能力，同时也才能提高种植效益，为三七产业的健康发展打下基础。

（3）加大认证和执行检查力度，确保文山三七质量。认证是我国为保证中药材种植出台的质量标准，是确保中药质量的前置条件，文山三七种植企业均已获得认证，但大多种植户既无认证也不按标准实施种植，质量难以得到保证。所以，必须按照要求，在全州范围内全面推广种植和强制认证，才能确保三七原料的质量。

（4）大力扶持和推行有机三七种植，提高文山三七的品质。有机食品是目前世界上要求最高和最环保的食品。云南苗乡三七有限公司自率先开展有机三七种植以来，取得了较好的经济和社会效益，该公司生产的以有机三七为原料的系列保健食品均获得了中国、日本、欧盟的有机食品认证。目前，已开发出以"订制农场"（即按照生产企业的要求，以股份制形式共同投资三七种植的一种合作模式）为主要模式的规模化种植，公司已成为文山州三七行业的龙头企业。该公司的实践证明，走一条科技含量高、产品高端化的路子，是文山三七种植的必由之路。

（5）由文山州政府牵头组建三七销售公司，稳定三七原料市场价格，保护农民、企业和消费者的利益。原料是文山三七最大的优势，但由于种植零星、分散、规模小的特点，三七种植户各自为阵，加之受市场波动的影响，这一优势长期以来均未得到充分的发挥。从文山三七发展的历史特别是近年发展的历程来看，除组建专业合作社外，还必须组建三七收储和销售平台，采用"公司+专业合作社+种植户"的模式，才能发挥文山三七原料的优势。由于成立专门的三七收储和销售公司需要的资金量大、承担的风险也大，必须由政府牵头组建，待公司管理规范、有一定规模和效益、抗风险能力增强时退出，完全由市场化运作，这样才能确保三七种植业步入良性发展的轨道。

参考文献

[1] 郑冬梅，王丽，欧小宏，等. 三七传统产区和新产区植株农艺性状比较及相互关系研究[J]. 中国中药杂志，2014，39（4）：558–565.

[2] 王朝梁，崔秀明，朱艳. 三七的原产地考证[J]. 中药材，2000，23（增）：212.

[3] 郑晓铃，吴安德. 金融业支持文山三七的产业发展的建议[J]. 西南金融，2004，8（7）：28–29.

[4] 赵翼. 檐曝杂记[M]. 北京：中华书局，1982.

[5] 杨永建，崔秀明，杨涛，等. 文山三七规范化种植及其发展对策[J]. 云南农业大学学报，2008，23（3）：402–406.

[6] 周清华. 云南省文山州三七产业化发展研究[D]. 昆明：云南大学，2014：5.

[7] 杨崇仁，邓德山. 从三七的种植看中药农业的可持续发展[A]. 全国第9届天然药物资源学术研讨会论文集[C]. 2010.

[8] 崔秀明，黄璐琦，郭兰萍，等. 中国三七产业现状及发展对策[J]. 中国中药杂志，2014，39（4）：553–557.

[9] 赵梅，杨燕，王奇. 云南文山三七产业化发展探析[J]. 当代经济，2013（13）：80–82.

[10] 周贤柱. 文山三七产业发展战略研究[D]. 昆明：云南大学，2014：4.

第五章

工 业 篇

第一节 三七工业产业发展现状

三七是我国特有的名贵中药材，自古因品质稳定、功效显著而受众多医家推崇，现已成为我国预防和治疗心血管疾病的基础药物，在治疗脑动脉血管硬化、缺血性脑损伤、脑梗死、脑出血等疾病中发挥了重要作用。三七在我国中医药行业中具有重要影响，是三七饮片系列、云南白药系列、复方丹参系列、血塞通系列、血栓通系列、片仔癀等中成药大品种的主要原料。

一、三七工业规模现状

自 2000 年以来，云南白药集团、昆药集团、广西梧州制药集团、天士力制药集团、云南三七科技、黑龙江珍宝岛药业、广东众生药业、漳州片仔癀药业、广州白云山、昆明圣火药业、云南维和制药、云南七丹药业等一批以三七为主要原料的龙头企业的迅速崛起，带动了整个三七产业的快速发展。统计表明，全国以三七为主要原料的药品品种达 360 个，拥有国药准字批号 3620 余个，产品几乎囊括了目前医药工业中的所有剂型，以片剂为主，其中片剂、胶囊剂和丸剂三者所占比例为总剂型的 88.3%，详见图 5-1。涉及三七产品的医药工业企业达 1320 家，覆盖全国 30 个省市、自治区，详见图 5-2。据不完全统计，2015 年全国三七相关产业产值达 710 亿元，其中加工业 590 亿元，种植业 120 亿元，三七产业呈现快速发展态势。

云南省是三七的原产地和主产区，全国 95% 以上的三七产自该省，是该省最具特色的优势生物资源之一。据云南省医药行业协会统计，2015 年全省三七产业销售收入 223 亿元，其中，三七种植销售收入达 103 亿元，占全省中药材种植销售收入总额的 35%；全省以三七产品生产为主的企业 67 户，实现三七产品销售收入 120 亿元[1]，其中产值过亿元的制药企业 10 户，实现利润 1000 万元以上的制药企业 7 户。形成以云南白药集团股份有限公司、昆药集团股份有限公司、云南三七科技有限公司、云南特安呐制药股份有限公司、昆明圣火药业集团有限公司、云南维和制药有限公司、云南植物药业有限公司等为代表的三七产业集群。2015 年以三七产品生产为主的医药生产企业实现工业总产值 160 亿元左右，约占全省医药工业总产值的 42%，并呈稳步增长态势。

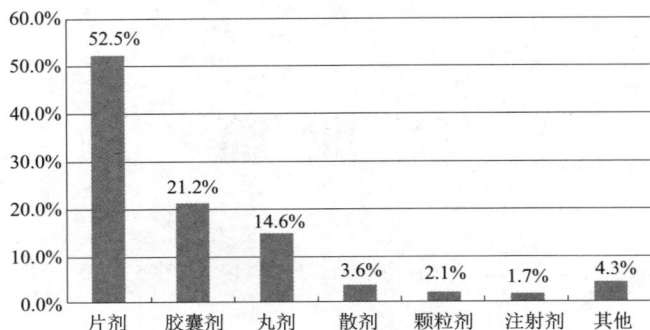

图 5-1　三七产品剂型分布情况

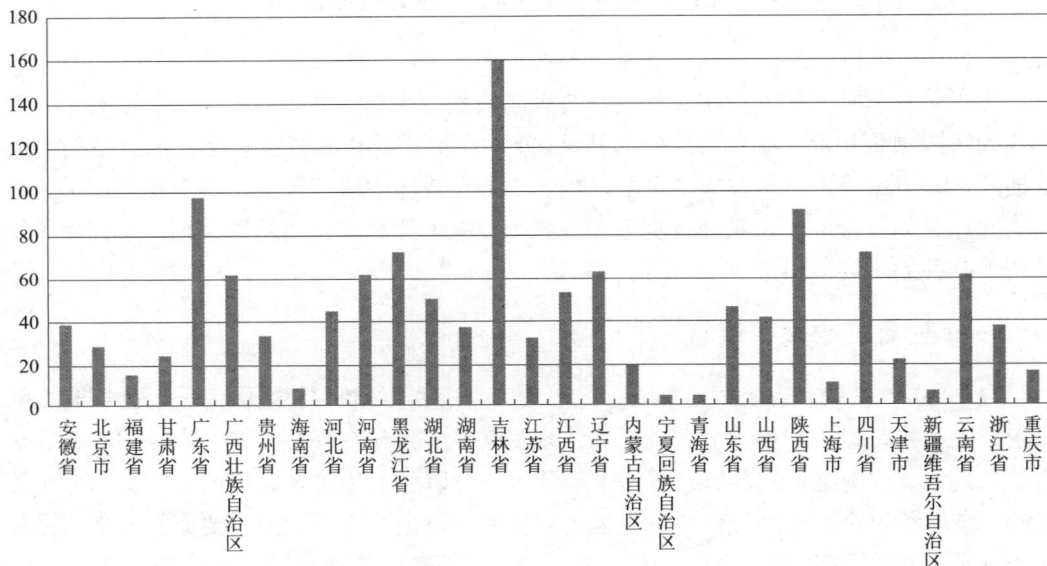

图 5-2　全国三七产品相关医药工业企业分布情况

2015 年，全省三七种植面积达到 100.8 万亩，采挖面积 38 万亩，产量 4.9 万吨，3 万多农户从事三七种植。文山州从事三七产业企业 368 户，其中，三七种植企业 14 户，三七加工企业 14 户，三七流通企业（含个体工商户）340 户。三七种植企业主要从事无公害三七、GAP 三七、有机三七的种植和栽培；三七加工企业主要从事三七药品、保健品、化妆品及口腔清洁用品生产；流通企业主要从事三七有关产品在市场的销售流通工作。"十二五"期间，文山州规模以上三七加工企业 7 户，获国家、省、州认证龙头企业 12 户，获国家高新技术企业称号 6 户，全州共有 2 家三七种植企业获 GAP 认证，11 家三七加工企业获 GMP 认证，5 家三七流通企业获 GSP 认证，全州共有 1 家企业（协会）获国家驰名商标认证，8 家企业获省级著名商标认证，9 家企业获州级知名商标认证，共有三七系列产品批文 166 个。

二、三七企业竞争现状

三七制剂中我国较大的生产企业是广西梧州制药集团、广东众生药业、黑龙江珍宝岛制药、昆药集团、云南白药集团、云南维和制药、昆明圣火药业等企业，其中增长率较高的是昆明制药集团的血塞通粉针剂和昆明圣火药业的"理洫王"牌血塞通软胶囊。

据统计，云南省以三七为主要原料的三七加工企业主要分布在昆明、文山、玉溪等地，以昆明和文山最为集中，产品种类已从原料药加工发展到药品、保健品、药酒、饮品、化妆品原料、调料食品等六类[2]。到2015年底，全省医药工业营业收入排前30名的企业中，三七生产企业有14户；利润排前30名的企业中，三七产品生产企业有15户。销售收入超亿元的三七产品生产企业有24户，利润过亿元的有3户，部分排序如表5-1、表5-2、表5-3所示（数据来源：云南省医药行业协会《云南省生物医药工业经济运行报告（2015年度）》）。培育出云南白药、云南三七科技、昆明制药集团等领军企业，涌现出昆明圣火药业、云南维和制药、苗乡三七、文山化信等一批骨干企业，支撑和引领着全省三七产业的发展，其中云南白药集团已成为我国最大的三七产品生产企业。

表5-1　云南省医药工业总产值前30名企业中三七相关部分企业排名

排名	企业名称	总产值（万元）		同比增长（%）
		2014年	2015年	
1	云南白药集团股份有限公司	969 371	1 071 187	11
2	昆明制药集团股份有限公司	245 595	220 197	−10
3	云南特安呐制药股份有限公司	74 359	72 174	−3
4	云南维和药业股份有限公司	23 876	28 028	17

表5-2　云南省医药工业主营业务收入前30名企业中三七相关部分企业排名

排名	企业名称	主营业务收入（万元）		同比增长（%）
		2014年	2015年	
1	云南白药集团股份有限公司	1 896 027	2 081 682	10
2	昆明制药集团股份有限公司	204 087	491 917	141
3	云南三七科技有限公司	87 977	71 214	−19
4	昆明圣火药业有限公司	35 660	48 589	36
5	云南特安呐制药股份有限公司	76 997	32 674	−58
6	云南维和药业股份有限公司	23 470	27 596	18
7	文山市苗乡三七实业有限公司	37 244	17 627	−53

表 5-3　云南省医药工业利润总额前 30 名企业中三七相关部分企业排名

排名	企业名称	利润总额（万元）		同比增长（%）
		2014 年	2015 年	
1	云南白药集团股份有限公司	294 648	320 678	9
2	昆明制药集团股份有限公司	39 882	52 075	31
3	昆明圣火药业有限公司	6379	11 618	82
4	云南维和药业股份有限公司	1406	7778	453
5	云南三七科技有限公司	1672	5016	200

云南白药集团成为我省医药产业首个产值超 100 亿元的企业，各项指标稳步增长。它是我国中药企业通过经营结构调整促进企业发展的样板企业，2015 年云南白药集团健康产品继续保持较快发展的同时，结合自身发展对药材资源的需求，成立了中药资源事业部，把中药材种植、流通及中药饮片培育成为集团新的增长点，也取得了明显成效。此外，2015 年增长较快的医药生产企业还有昆明制药集团、生物谷药业、楚雄摩尔农庄生物科技、云南三七科技、维和制药、鸿翔中药科技有限公司等。

三、三七品种竞争现状

在三七下游制药工业体系中，已形成了血塞通系列、云南白药系列、复方丹参系列、三七饮片系列等大品种。2015 年，我国心血管系统药物市场规模为 2572.09 亿元，同比 2014 年的 2368.11 亿元增长了 8.6%。其中，化学药市场份额为 1403.69 亿元，同比 2014 年的 1278.94 亿元增长了 9.8%；中成药市场份额为 1168.40 亿元，同比 2014 年的 1089.16 亿元增长了 7.3%。具体到品种上，2015 年心血管系统药物中化学药榜首为立普妥，中成药则为注射用血栓通[3]。

在市场份额前 10 位的中成药品种中（图 5-3），单药材制剂只有三七，并占到三席，其中注射用血栓通（广西梧州制药）排名第一，约 80 亿元，市场占比 6.9%；注射用血塞通（昆明制药股份）排名第六，约 31 亿元，市场占比 2.7%，注射用血塞通（黑龙江珍宝岛）排名第九，约 24 亿元，占比 2.1%，三者的市场规模近 130 亿，加上血塞通系列的口服制剂（包括滴丸、软胶囊、硬胶囊、片剂、分散片、颗粒剂等），三七单药材总皂苷制剂市场规模超 150 亿元，是目前中药材单方制剂最大市场规模的品种。其他三七复方制剂如复方丹参滴丸（天士力）也入选心血管疾病十大中成药品种，排名第五，市场占比 3.0%，市场规模约 35 亿元，加上复方丹参片、胶囊等系列产品也成为三七大品种系列；同时，云南白药三七大健康系列产品综合产值也超过了 100 亿，其中云南白药牙膏销售收入突破 30 亿元，云南白药气雾剂、云南白药膏突破 10 亿元，云南白药胶囊、云南白药创可贴、云南白药散突破 5 亿元。另一个以三七为原料的特色品种漳州片仔癀 2015 年药品销售收入 16 亿，出口 3000 万美元，连续多年位居全国

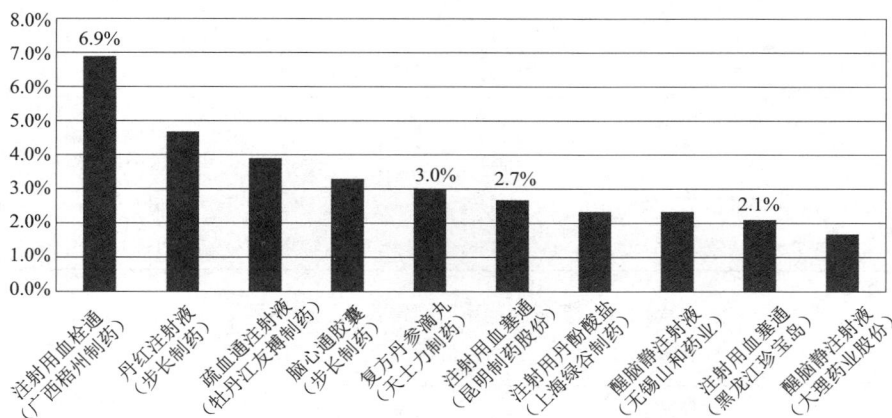

图 5-3　2015 年心血管系统中成药 TOP10 品牌及市场份额

单项中成药出口金额首位。以三七为原料的制剂已形成优势明显的中成药大品种系列。此外，三七饮片成为近几年三七产业原料消耗、市场增长最快的板块。现阶段三七原料的社会需求量为 1.5 万吨左右，其中饮片消耗占 30%左右，消耗约 4500吨，产值 20 余亿元。2015 年我省中药饮片销售增长最快的品种就是三七粉，销售额超过 3 亿元。

2015 年，云南省药品单品种销售过亿元的共 39 个，其中：中药品种 26 个，占比66.7%，化药品种 11 个，占比 28.2%，生物制品 1 个，医疗器械 1 个。单品种 5 亿元以上的 7 个，均为中药品种，其中云南白药系列 4 个，中药注射剂 3 个。单品种销售超10 亿元的药品 3 个，均为中药制剂，其中云南白药系列 2 个，中药注射剂 1 个。以三七为原料的中药品种中销售过亿的产品主要包含以下四个系列：云南白药系列、三七总皂苷系列、复方制剂系列及三七饮片系列，产品销售明细如表 5-4、表 5-5、表 5-6所示（数据来源：云南省医药行业协会《云南省生物医药工业经济运行报告（2015 年度）》）。

表 5-4　云南白药系列销售收入过亿品种

单位：万元

序号	品种明细	销售收入
1	云南白药牙膏	300 000
2	云南白药气雾剂	144 500
3	云南白药膏	117 900
4	云南白药胶囊	74 400
5	云南白药创可贴	55 400
6	云南白药（散）	45 900

表 5-5　三七总皂苷系列销售收入过亿品种

单位：万元

序号	品种明细	销售收入	生产企业
1	注射用血塞通冻干粉针	59 160	昆明制药
2	血塞通片	35 110	金泰得 6357+维和 15 631+特安呐 13 122
3	血塞通软胶囊	18 546	圣火 4929+昆药 13 617
4	血塞通注射液	15 156	植物药 3680+云南白药 7176+昆药 4300

表 5-6　复方制剂系列销售收入过亿品种

单位：万元

序号	品种明细	销售收入	生产企业
1	恒古骨伤愈合剂	19 625	克雷斯
2	气血康口服液、胶囊	14 769	七花
3	复方丹参片	11 200	云南白药

第二节　三七重点企业发展举例

一、云南白药集团股份有限公司

云南白药集团股份有限公司是云南省十户重点大型企业、云南省百强企业，也是首批国家创新型企业，云南白药商标被评为中国驰名商标，是公众喜爱的中华老字号品牌。云南白药（集团）股份有限公司之前身云南白药厂成立于 20 世纪 70 年代初，于 1993 年 12 月在深圳证券交易所挂牌上市，成为云南省第一家 A 股上市公司。

公司现有业务涵盖中药资源、中西药原料/制剂、个人护理产品、原生药材、商业流通等，产品以云南白药系列、天然药物系列及健康护理系列为主，共 19 个剂型、300 余个品种；拥有两个国家一级中药保护品种：云南白药散剂、云南白药胶囊；拥有发明专利 101 项、实用新型 26 项、外观设计 284 项；集团产品畅销国内市场及东南亚一带，并逐渐进入日本、欧美等发达国家市场。云南白药是具有百年悠久历史、家喻户晓的民族医药品牌，是云南省最大的中成药生产和药品批发零售企业。云南白药被列为国家中药一级保护品种，生产工艺和配方受到国家行政保护。根据《国家发展改革委关于实施新兴产业重大工程包的通知》，国家发展改革委联合国家中医药管理局于 2015 年 7 月启动中药标准化项目建设，期间云南省获批 4 项中药标准化项目，其中一项为本公司的三七、重楼 2 种中药饮片标准化建设。

2015 年公司实现营业收入 207.38 亿元，较去年同期增长 19.24 亿元，增幅为 10.22%，详见表 5-7[4]。

表 5–7 2014 年和 2015 年公司营业收入情况

	2015 年		2014 年		同比增减（%）
	金额（万元）	占营业收入比重（%）	金额（万元）	占营业收入比重（%）	
营业收入合计	2 073 812.62	100	1 881 436.64	100	10.22
分行业					
工业销售	918 040.09	44.27	818 975.97	43.53	12.10
商业销售	1 152 707.44	55.58	1 058 818.93	56.28	8.87
技术开发服务	355.79	0.02	368.26	0.02	−3.38
其他业务收入	2709.29	0.13	3273.48	0.17	−17.24
分产品					
工业产品	918 040.09	44.27	818 975.97	43.53	12.10
批发零售	1 152 707.44	55.58	1 058 818.93	56.28	8.87
其他产品	355.79	0.02	368.26	0.02	−3.38
其他	2709.29	0.13	3273.48	0.17	−17.24
分地区					
国内	2 064 868.11	99.57	1 878 826.66	99.86	9.90
国外	8944.51	0.43	2609.98	0.14	242.70

2015 年 1 月 27 日,公司荣登 2015 年 BrandZ™ 最具价值中国品牌 100 强榜位列单,以 27.34 亿美元的品牌价值位列第 24 位,显示为医药行业之首,见表 5–8。

表 5–8 2015 年最具价值中国品牌 100 强（医药行业排名）

医药行业排名	综合排名	品牌	品牌价值（百万美元）	年同比变化率（%）
1	24	云南白药	2734	−9
2	43	同仁堂	1280	−21
3	54	广州白云山	762	新
4	57	华润三九	725	−14

2015 年 1 月,由工信部扶持,Chnbrand 实施的中国首个顾客推荐度评价体系（C–NPS）首届年度调查结果权威发布,云南白药牙膏及云南白药创可贴获细分行业 C–NPS 第一名,见表 5–9。

表 5–9　Chnbrand 2015 年中国顾客推荐度指数 SM（C–NPS）牙膏、创可贴推荐度排名

牙膏		创可贴	
2015 排名	品牌	2015 排名	品牌
1	云南白药	1	云南白药
2	黑人	2	邦迪
3	高露洁	—	—
4	中华	—	—
5	佳洁士	—	—
6	冷酸灵	—	—
7	两面针	—	—

2015 年 9 月，第 21 届中国品牌价值百强研究揭晓，在百强品牌中医药行业品牌共有 8 个，涉及 8 家医药企业，其中云南白药以品牌价值 129.04 亿元位居第二，天士力以 78.72 亿元位列第四，见表 5–10。

表 5–10　2015（第 21 届）中国品牌价值 100 强（医药行业品牌）

排名	公司名称	品牌	品牌价值（亿元）
1	哈药集团有限公司	哈药	212.62
2	云南白药集团股份有限公司	云南白药	129.04
3	北京同仁堂股份有限公司	同仁堂	116.31
4	天津天士力制药股份有限公司	天士力	78.72
5	三九医药股份有限公司	999	71.25
6	华润双鹤药业股份有限公司	双鹤	48.86
7	山东东阿阿胶股份有限公司	东阿	47.74
8	华北制药集团有限公司	华北	39.93

二、昆药集团股份有限公司

昆药集团股份有限公司成立于 1951 年 3 月，2000 年 12 月在上海证券交易所上市。公司拥有深厚的专业制药经验，是国家重点高新技术企业、中国医药工业百强企业。昆药集团集药物研发、生产、销售、商业批发和国际营销为一体，形成了以自主天然植物药为主，涵盖中药、化学药和医药流通领域的业务格局。依托云南丰富的植物资源，昆药集团先后开发了青蒿系列、三七系列、天麻系列及特色中药、特色民族药等 40 多个具有国内外先进水平的天然植物药新产品，填补了多项国内外空白，在心脑血管、神经系统、疟疾等疾病治疗领域拥有较高的知名度与美誉度，为人类的健康事业做出了积极、重大的贡献。

公司长期致力于植物药的研究开发，先后开发上市了以络泰注射用血塞通（冻干）、

血塞通软胶囊为主的三七系列，以天眩清天麻素注射液、乙酰天麻素片为主的天麻素系列，以蒿甲醚注射液、复方蒿甲醚片为主的青蒿素系列等三大核心植物药系列产品。公司拥有全球最全的血塞通系列制剂类型产品线，同时是全球青蒿素系列产品的主要供应商。此外，公司拥有 3 个国家中药保护品种，21 个独家品种。注射用血塞通（冻干）被纳入《国家基本药物目录》，血塞通软胶囊被纳入云南、新疆的基药增补目录，注射用血塞通（冻干）（三七皂苷注射制剂）被纳入国家医保甲类品种，天麻素注射液、血塞通软胶囊（三七皂苷口服制剂）被纳入国家医保乙类品种。

2015 年，公司实现合并营业总收入 49.16 亿元，比上年同期增长 13.90%；实现利润总额 5.06 亿元，比上年同期增长 36.76%；实现归属于母公司净利润 4.21 亿元，比上年同期增长 45.71%；实现归属于上市公司股东的扣除非经常性损益的净利润 3.77 亿元，比上年同期增长 50.42%；实现经营性净现金流量 4.77 亿元，比上年同期增长 18.07%。企业经营业绩实现较快增长的原因主要为公司采购金额最大的原材料三七价格，报告期呈下降趋势，使公司主导品种的毛利率得到进一步提升[5]。

2015 年公司主营业务分行业情况如表 5-11 所示。

表 5-11 2015 年昆药集团股份有限公司主营业务分行业情况表

分行业	营业收入（万元）	营业成本（万元）	毛利率（%）	营业收入比上年增减（%）	营业成本比上年增减（%）
天然植物药生产	187 377.30	57 097.63	69.53	10.14	−23.28
化学合成药生产	47 796.06	21 012.56	56.04	8.31	4.65
保健食品生产	197.63	156.14	21.00	2.94	0.70
医疗服务	140.36	86.38	38.46	不适用	不适用
日用品	9.63	4.45	53.83	不适用	不适用
药品批发与零售	249 096.24	238 774.75	4.14	16.26	16.54
合计	484 617.24	317 131.91	34.56	13.04	5.87

报告期内，公司定向控股股东的非公开发行股票完成，募集资金 12.5 亿元；完成公司债发行，融资 3 亿元。资金用于项目建设、资产收购及偿还银行贷款，补充流动资金等，为公司各业务板块的快速发展提供了资金保障。在昆明高新技术开发区马金铺投资 10 522.18 万元，建设一个建筑面积 12.65 万平方米的符合 GMP 标准现代化中药生产区，以满足公司生产、质检、研发、公用工程等所需。同时，收购贝克诺顿 49% 的股权，打造化学药平台；收购华方科泰 100% 股权，完成青蒿素产业的整合；投资 500 万美元参与 Rani 公司 C 轮融资，布局糖针胶囊，在新领域进行外延式扩张。此外，2015 年公司的依折麦布片、KY11018 曲札芪苷原料、注射用血塞通粉针等项目申报临床或中药保护品种；母公司罗氟司特、KY43031、缬沙坦氨氯地平片等多个项目获得临床批件及生物等效性试验批件；昆中药板蓝根清热颗粒获得国家二级中药保护品种证书，设立"博士后科研工作站"；浙江华立南湖泮托拉唑肠溶片获得临床批件。"血塞通注射剂（冻干、

注射液）标准化建设"项目获国家中药标准化项目立项，获国家补助资金 400 万元。2015年公司申请发明专利共 26 项，其中 17 项获得专利授权。

三、云南三七科技有限公司

云南三七科技有限公司是由云南省大型国有企业云南城投集团和云南"十大"生物医药民营企业云南创立生物医药集团强强联合，于 2014 年共同出资 3 亿元人民币注册成立的"国有控股混合经济型企业"。公司成立当年实现营业收入 8.79 亿元，比 2013年同期增长近 400%。2015 年度实现合并含税营业收入 10.76 亿元，利润总额 0.5 亿元，资产总额 9.94 亿元。跻身云南省生物医药产业 TOP10，已经发展成为引领和支撑云南省三七产业发展的重点骨干企业。

公司立足科技，发挥龙头企业示范带动作用，以"云三七——中国参"战略形成全产业链运作的思路，完成了种植、加工、贸易、科技各方面的全产业布局，建有 GAP认证的 12 000 亩三七规范化规模化种植基地；GMP 认证的年产能 120 吨的三七总皂苷提取生产线、年产能 1000 吨的三七粉饮片生产线、有 70 余个国药准号三七品种的制药企业；GSP 认证的年销售收入 10 亿的三七专业贸易企业，2015 年交易量 150 亿元的文山三七国际交易中心。承建云南省三七生物技术与制药工程研究中心、三七资源保护与利用技术国家地方联合工程研究中心科研平台。

鉴于公司的示范、带动效应，被各级政府主管部门列入标杆性企业，被推选为文山三七产业协会会长单位，并获得云南省战略新兴性产业重点培育对象、云南生物医药产业百亿级企业培育对象，获得三七产业领军企业、中药民族药百强品牌企业、云南省制造业 50 强、国家中医药管理局首家"7S"道地保真中药材全程质控体系认证企业等荣誉与资质认证。

企业全产业链运营特点

2014 年成立以来累积投资 19 亿元，建立起集一、二、三产融合，科、工、贸结合的三七全产业链发展体系，在三七生态种植、皂苷提取、三七饮片、独家医保品种、单体药物等方面具有明显产业优势。

1. 农业——形成大资源优势

成立专业化三七种植公司，投资 1.5 亿元，在石林、寻甸、沾益、罗平建设 3000亩三七 GAP 种植基地。2015 年收购云南特安呐制药股份有限公司，新增 9000 亩 GAP基地，目前总面积达 12 000 亩，是全国最大规模的三七种植企业之一。

2015 年新增投资 6000 万元，与云南农业大学朱有勇院士团队合作，在石林建设 70亩无轮作工厂化仿生种植示范基地，开展三七种植连作障碍等技术攻关、工厂化种植技术、优良品种应用、优质肥料应用、病虫害防治和节水灌溉等技术示范。开创了中药材仿生种植新模式，是当前中药材生产领域的最高水平。

2. 工业——打造大制造平台

公司拥有全国最大产能的三七总皂苷提取生产线（120 吨/年）；自主研发的全国第一条物理性脱农残、脱重金属的三七药材自动化清洗生产线（800 吨/年）；全国最先进的自主创新的自动化、智能化的三七超微粉生产线（1000 吨/年），均通过国家新版药品GMP 认证。

2015 年公司通过并购云南特安呐制药股份有限公司，拥有完整的三七口服制剂及保健品 GMP 生产线，其中血塞通片属于过亿元品种；七生力（Rg_1）、七生静（Rb_1）分别是三七有效单体成分制剂，是目前国内独家、唯一的单一人参皂苷成分制剂；及丹参益心胶囊等多个民族药独家品种。

3. 商贸——构建大物流体系

2013 年成立云南三七科技贸易有限公司，将文山当地前十大三七贸易商有机整合成一个销售平台，2014 年仅三七药材含税销售规模已突破 10 亿元，成为国内最大的三七贸易企业之一。

2015 年联合国内最大规模的医药物流配送企业九州通医药集团股份有限公司，组建了文山九州通电子商务有限公司，完成 7000 吨三七战略收储与现代化物流体系建设。

通过进一步完善文山三七产业园登高片区的 2 万吨三七战略收储的清洗、晒场、仓储、物流等配套支撑，以推动文山三七交易规范化平台建设。

4. 电商——构建大数据体系

2014 年在上海成立专业化的电子商务公司，2015 年在无锡建立大数据营销中心，并在深圳构建大数据库，相关平台积极推动三七生产及市场与移动互联网、云计算、大数据、物联网结合。

5. 科技——承建国家级科研平台

2010 年获省国家发展和改革委员会批建"云南省三七生物技术与制药工程研究中心"，2015 年获国家发展和改革委员批复"三七资源保护与利用国家地方联合工程研究中心"，成为全国唯一的国家级单一药材全产业链关键、共性技术支撑的工程研究中心。拟总投资 8.79 亿元，在石林县工业区打造 244 亩规模的集科技中心、体验中心、教育培训中心、营销中心、品牌中心为一体的"三七科技园"。

四、云南盘龙云海药业集团股份有限公司

云南盘龙云海药业集团股份有限公司创立于 1994 年，是一家集药品研制、开发、生产、经营为一体的跨国企业集团。在全国各省市、香港、欧美开办了 120 多个分公司和办事处，销售网络遍布全国、东南亚及欧美等国家和地区，拥有 30 万个零售终端以及上亿的忠实消费人群。

盘龙云海弘扬"龙"的精神，以振兴中医药文化为己任，致力于人类健康事业的发展。独创的"排毒理论"和"排毒产业"，创下了主产品"排毒养颜胶囊"23 年持续旺销，一直占据排毒类药品市场第一的业绩。

作为盘龙云海传统核心板块，已经完成 8 个国家级二类新药的临床研究，除拳头产品排毒养颜胶囊以外，诺特参胶囊、灵丹草颗粒、散痛舒片、喉舒口含片等 30 余个具有优势特点、独家拥有的国家标准药品均已投放市场。此外，在做专做精现代医药的基础上，盘龙云海逐渐向生物、日化等行业扩展，倾力打造"盘龙云海三七""诗莉薇"

等全新品牌，将大健康版图进一步延伸，全面进军生命健康产业。

"盘龙云海三七"是盘龙云海与文山三七产业协会共同倾力打造的品牌。依托优越的资源、技术基因，盘龙云海整合三七产业上、下游资源，建立从种植、采收、加工、生产到销售的全程管控体系，打造云南道地三七的标杆之作，力求将服务大众的健康成果回馈给更多的消费者，将"道地三七、诚信三七、品质三七"带入千家万户。盘龙云海积极开发具有市场前景的三七饮片、保健品等，如三七粉、三七超细粉、三七头、三七花等系列饮片，以三七提取物皂苷为主要成分的保健品诺特参胶囊；以内调外养为基础论调，打造出三七类护肤品"诗莉薇"品牌，开创三七新用途。

在销售上，盘龙云海三七实行二级分销，实现全国渠道广覆盖，并严格控制价格管理体系，2015年盘龙云海三七通过二级分销和电商平台实现销售额5600万。积极开拓海外市场，2016年4月，盘龙云海三七在美国食品药品监督管理总局(FDA)检验合格，成为第一个打进美国市场的三七品牌。

在品牌推广上，2015年盘龙云海三七广告同时登陆多家卫视，全国第一支三七广告大片诞生，将三七品牌从文山传播到了全国，呈现在亿万观众的面前。盘龙云海与国内第一美妆节目《美丽俏佳人》、时尚杂志《瑞丽》等媒体合作，大力推荐内调外养的三七护肤品。

（一）盘龙云海三七的七大特点

1. 源自道地产区文山

在中医药领域，道地性一直是衡量药材品质的重要标准。尤其像三七这样的传统药材，地域性很强，业界称之为道地药材。具有道地性的药材历史悠久、品质优良、炮制考究、疗效突出，更加被认可。

盘龙云海精选道地文山春三七为原料，选择适宜三七生长的生态环境（海拔1700～2000m，偏酸性土壤），保证三七的道地性。

2. 原产地保真，全程可追溯

盘龙云海超细三七粉，是首个入驻阿里健康"码上放心"平台的滋补品，实现三七粉"一品一码"的原产地全程可追溯。

3. GAP种植基地，科学规范培植

固定原料合作机构拥有3000亩GAP规范化种植基地，严格把控种植、生产体系、培植有道、科学化管理，从源头保证三七应有的本真品质。

4. GMP管理规范，品控精益求精

严格按照现代制药GMP操作规范，用近乎苛刻的品控标准和检验手段对三七品质进行把控，层层监管，道道把关。

5. FDA认证，出口美国

盘龙云海三七达到美国食品药品监督管理总局（FDA）标准，成功出口美国市场，是第一个打进美国市场的三七品牌。

6. 独创高科技清洗工艺，农残重金属低于国标

依托于强大的科技支撑，盘龙云海采用工业化物理性脱农残重金属的生产线，独创的清洗加工工艺，整个三七清洗处理过程中不加任何化学清洗剂就能有效去除重金属及农残，有效保证盘龙云海三七农残、重金属含量远远低于国家标准，并且达到了美国食品药品监督管理总局（FDA）标准。

7. 原生活性成分完整，皂苷含量高于国标

皂苷含量是评价三七内在品质最重要的标准之一。众所周知，皂苷是三七中最重要的有效成分，是三七治病养生功效的根本。国家药典标准规定三七主根皂苷含量不得低于5%，而盘龙云海三七每批产品都具备药检报告，其皂苷含量经检测为8%～12%，远高于国家标准。

（二）盘龙云海三七，打造三七电商第一品牌

2016年8月盘龙云海牵头联合三七知名品牌云南白药、特安呐、云三七、苗乡三七、康美等品牌与阿里健康、天猫市场部、营销部、聚划算合作，共同启动首届"滋补中国天猫三七节"。

2016年8月阿里健康与云南盘龙云海药业共同宣布，盘龙云海旗下三七超细粉，成为首个入驻阿里健康"码上放心"平台的滋补品，实现三七粉"一品一码"的原产地全程可追溯。

2016年10月盘龙云海与天猫医药馆、阿里健康合作、双方于10月9日联合发布了"滋补中国"品牌计划，该计划旨在助力中国滋补品行业转型升级。"滋补中国"是为高品质的滋补品打上"滋补中国"的标签，让消费者在天猫医药平台上便于甄别选择。

2017年9月盘龙云海三七参与阿里健康2017年重点项目"万物滋养"，阿里健康与央视两大巨头跨界合作，开启今冬全民滋养季，助力滋补行业战略发展布局，塑造健康品牌名片，让品牌年轻化、用户粉丝化、滋补零食化、养生潮流化，引领国人新养生观、定义行业趋势、滋补消费升级，该项目是盘龙云海重点合作项目，合作投入广告近百万。

此外，盘龙云海与"聚划算""淘抢购"长期合作，打造品牌、优势互补、合作共赢，活动累积产出销量超过2000万。在双十一购物狂欢节活动中，"盘龙云海三七"在双十一当天电商全渠道销售额突破2500万，取得三七销量第一品牌，成功挤进传统滋补行业前五。

五、广西梧州中恒集团股份有限公司

中恒集团是一家拥有制药、保健食品等多元产业、现代化、跨行业、集团发展的上市公司，国家级高新技术企业、国家创新型企业、广西的十佳企业、百强企业。集团下属主要有广西梧州制药（集团）股份有限公司、广西梧州双钱实业有限公司、黑龙江鼎恒升药业有限公司等子公司，构筑了以中药制造业为核心主导产业，保健食品为新增长产业，辅以其他业务的发展格局。近几年，中恒集团以新生产基地为平台，以产业为支撑，以创新为驱动，实现了跨越式发展，业绩连续增长。先后获得了全国五一劳动奖状、全国模范职工之家、全国守合同重信用企业、全国诚信经营企业，以及中华慈善突出贡

献（企业）奖、2011—2013 年的中华慈善奖、中国儿童慈善杰出贡献奖等称号。

公司目前主要经营业务为医药制造业，经营相关业务的主要子公司为广西梧州制药（集团）股份有限公司、黑龙江鼎恒升药业有限公司，主要产品为注射用血栓通（冻干）、中华牌跌打丸、妇炎净胶囊等。其中注射用血栓通（冻干）为心脑血管疾病用药，是公司的核心医药品种。公司医药板块业务营业收入在整个集团中的占比超过 80%。2014年度，梧州制药在中国医药工业百强榜排名第 65 位，在医药行业内有比较高的知名度和实力。在中成药市场，特别是中药注射剂市场地位领先。凭借着具有自主专利技术的先进三七提取工艺，梧州制药在三七总皂苷注射剂细分市场处于龙头地位。目前公司的主打产品注射用血栓通生产已经形成规模，多年来的市场发展使得公司产品在终端医院具有较高的覆盖率，高投入、专业化的学术推广也培养了医生处方习惯，形成产品持续销量。目前，梧州制药注射液血栓通产品覆盖了大部分中高端医院，近年来在基层医院市场也逐渐放量，并且增速较快。根据南方医药经济研究所米内网公布的 2014 年抽样统计的数据，注射用血栓通在城市公立医院中成药用药占据 3%的市场份额，排名第一。疾病用药市场细分上，注射用血栓通在城市公立医院中成药用药市场心脑血管疾病用药排名第一，占 8.02%的市场份额，详见表 5-12。

表 5-12　城市公立医院中成药用药市场心脑血管用药 TOP10 产品市场份额

排名	品　名	份　额（%）
1	注射用血栓通（冻干）	8.02
2	注射用丹参多酚酸盐	6.78
3	丹红注射液	6.04
4	输血宁注射液	5.29
5	丹参川芎嗪注射液	4.95
6	醒脑静注射液	4.45
7	注射用红花黄色素	4.39
8	注射用血塞通（冻干）	3.91
9	疏血通注射液	3.60
10	参麦注射液	3.42

本年度公司继续开展了中药二次开发、提纯工艺研究、注射用血栓通安全性临床研究、增加注射用血栓通适应证等系列研发工作。提纯工艺研究方面：完成了三七总皂苷单体成分的多批次分离，并通过新型填料的层析工艺摸索获得部分杂质的高纯度单体；血栓通再研究方面：①开展注射用血栓通治疗急性缺血性脑卒中临床试验研究，已完成60 例病例入组，有 2/3 的病例已经完成 3 个月的随访；②开展了注射用血栓通（冻干）上市后临床安全性医院集中监测项目，建立了血栓通不良反应数据库；③血栓通大品种培育的相关研究工作已基本完成。同时与四川大学联合开展了一类新药研发的工作。

2015 全年度，公司实现营业总收入 13.43 亿元，比上年 32.14 亿元下降 58.22%；其中主营业务收入 13.32 亿元，同比减少 58.5%；实现归属于上市公司股东的净利润 5.2 亿元，同比减少 67.38%。加权平均净资产收益率 8.98%，同比降低 27.2 个百分点。主营业务血栓通系列产品毛利率为 83.40%，同比下降 0.12%。公司主营业务成本为 3.64 亿元，较去年同期减少 48.38%。主营业务成本占主营业务收入的比重为 27.34%，较去年同期的 21.97%比重有所上升[6]，见表 5-13。

表 5-13　2015 年公司主营业务分行业、分产品情况表

主营业务分行业情况				
分行业	营业收入（万元）	营业成本（万元）	毛利率（%）	营业收入比上年增减（%）	营业成本比上年增减（%）
制药	122 588.58	27 188.71	77.82	−59.72	−51.74
食品	8967.62	6349.62	29.19	12.82	15.07

主营业务分产品情况				
分产品	营业收入（万元）	营业成本（万元）	毛利率（%）	营业收入比上年增减（%）	营业成本比上年增减（%）
血栓通系列	103 610.91	16 581.92	83.40	−64.03	−65.07
妇炎净系列	820.92	4555.09	44.56	12.26	9.68
中华跌打丸系列	6743.45	2130.54	68.41	23.75	53.25
其他普药系列	9324.28	6499.05	30.30	−8.22	−7.99
龟苓膏系列	8277.22	58 831.23	28.92	9.21	11.97
龟苓宝饮料系列	172.27	97.62	43.33	53.6	51.12
其他食品系列	518.14	368.87	28.81	101.68	85.43

六、天士力制药集团股份有限公司

天士力制药集团股份有限公司是天士力集团的核心企业，是我国中药现代化的标志性企业，于 2002 年 8 月在上海证券交易所挂牌上市。2005 国家实验室能力认可资质要求的实验室，是当前国内最大的滴丸剂型生产企业。公司荣获"IPMA 国际项目管理年度大奖银奖""中国十佳最重分红回报上市公司"，入选中国最具竞争力医药上市公司 20 强，是唯一一家被评为 2008 年度"中国最佳上市公司治理奖"的民营上市公司。

公司主打产品复方丹参滴丸、芪参益气滴丸、益气复脉冻干粉主要用于冠心病、心绞痛等心血管疾病的治疗；复方丹参滴丸，系公司独家产品，多年来凭借良好的疗效、创新的剂型和稳定的消费群体在市场占有率和单产品产销规模方面稳居同行业前列，如 2014 年在城市等级医院心脑血管口服中成药排名和零售市场心脑血管口服中成药排名中均位居榜首（表 5-14、表 5-15）。截至 2015 年年报披露日，复方丹参滴丸美国 FDA Ⅲ期临床试验项目（在 9 个国家或地区，127 个临床中心进行）已顺利提前完成全部工作，未发生与实验药物或临床试验相关的不良事件。

表 5–14   城市等级医院心血管口服中成药前 5 品牌排名

（2014 年第二季度–2015 年第二季度）

排名	品名	生产厂家	市场份额（%）
1	复方丹参滴丸	天士力制药集团股份有限公司	18.86
2	通心络胶囊	石家庄以岭药业股份有限公司	9.17
3	麝香保心丸	上海和黄药业有限公司	8.10
4	益心舒胶囊	贵州信邦制药股份有限公司	3.51
5	速效救心丸	天津中新药业集团股份有限公司	3.29

（数据来源：IMS 统计报告抓取≥100 床位的抽样城市等级医院数据）

表 5–15   零售市场心脑血管口服中成药前 5 品牌排名（2014 年度）

排名	品名	生产厂家	市场份额（%）
1	复方丹参滴丸	天士力制药集团股份有限公司	7.09
2	脑心通胶囊	陕西步长制药有限公司	3.97
3	速效救心丸	天津中新药业集团股份有限公司	3.57
4	银杏叶片	深圳海王药业有限公司	3.49
5	麝香保心丸	上海和黄药业有限公司	3.43

（数据来源：南方医药经济研究所《2015 年度中国医药市场发展蓝皮书》）

2015 年，公司实现营业总收入 132.21 亿元，较上年同期增长 5.21%，其中医药工业营业收入为 63.65 亿元，医药商业营业收入为 67.78 亿元；实现归属于上市公司股东的净利润为 14.79 亿元，同比增长 8.06%[7]，见表 5–16。

表 5–16   公司主营业务分行业、分产品情况表

主营业务分行业情况					
分行业	营业收入（万元）	营业成本（万元）	毛利率（%）	营业收入比上年增减（%）	营业成本比上年增减（%）
中药	520 349.80	144 292.34	72.27	5.53	−1.35
化学制剂药	109 639.01	29 507.93	73.09	1.59	9.02
化学原料药	2958.29	2626.96	11.20	49.94	33.39
生物药	3532.00	1746.17	50.56	63.08	20.75
医药工业小计	636 479.11	178 173.39	72.01	5.18	0.8
医药商业小计	677 788.11	629 413.61	7.14	4.74	3.62
合计	1 314 267.21	807 587.00	38.55	4.95	2.98
主营业务分产品情况					
分产品	营业收入（万元）	营业成本（万元）	毛利率（%）	营业收入比上年增减（%）	营业成本比上年增减（%）
心脑血管	463 934.08	125 914.91	72.86	4.40	−1.19
抗肿瘤	53 956.80	14 386.46	73.34	8.56	1.25

主营业务分行业情况				
分行业	营业收入（万元）	营业成本（万元）	毛利率（%）	营业收入比上年增减（%）	营业成本比上年增减（%）
感冒发烧	41 403.01	14 088.37	65.97	24.42	4.07
肝病治疗	39 189.83	8733.76	77.71	−7.76	12.71
其他	37 995.39	15 049.89	60.39	7.69	8.86
医药工业小计	636 479.11	178 173.39	72.01	5.18	0.80
医药商业小计	677 788.11	629 413.61	7.14	4.74	3.62
合计	1 314 267.21	807 587.00	38.55	4.95	2.98

此外，按照营业收入、净利润、市值三个维度比较，天士力在我国医药制造行业上市公司中排名：营业总收入、净利润排名第六，总市值排名第七[7]，详见表5-17。

表 5-17　我国医药制造行业上市公司排名情况

排名	证券简称	营业收入（亿元）	证券简称	营业收入（亿元）	证券简称	营业收入（亿元）
1	云南白药	188.1437	云南白药	24.9733	上海莱士	1096.1645
2	白云山	187.9988	复星医药	23.6984	恒瑞医药	961.0324
3	中国医药	178.5737	康美药业	22.8589	云南白药	756.2645
4	哈药股份	165.0891	中恒集团	15.9448	康美药业	745.3642
5	康美药业	159.4919	恒瑞医药	15.7293	同仁堂	611.8129
6	天士力	125.7770	天士力	14.5038	复星医药	524.8641
7	复星医药	120.2553	吉林敖东	14.1779	天士力	442.1307
8	海正药业	100.9675	东阿阿胶	13.7228	康弘药业	366.2832
9	同仁堂	96.8587	同仁堂	12.5397	白云山	364.6840
10	华北制药	94.0097	白云山	12.1064	贵州百灵	362.1139

2015 年度，公司针对主要产品开展产业技术创新任务 200 余项，涵盖新适应证拓展、精益化改进创新、产品技术保护等多个方面；完成了复方丹参滴丸等三个品种国家中药标准化项目的申报答辩工作，积极构建中药大品种全产业链规范化、标准化技术体系等。此外，年初公司配方颗粒产业中心项目正式启动，快速搭建了开发平台，组建了研发队伍，发挥现有产业链优势，从工艺及质量标准等维度进行配方颗粒产品开发，完成百余品种的中试预试、多个品种的制剂研究及品种的质量标准研究，为公司开拓了新的发展方向。

七、广东众生药业股份有限公司

广东众生药业股份有限公司为中国制药工业百强企业，是一家集药品研发、药品生产和市场销售为一体的国家火炬计划重点高新技术企业。公司主营业务是中成药和化学药的研发、生产和销售。公司坚持内生式增长与外延性拓展双轮驱动的发展战略，秉承

"以优质产品关爱生命，以优质产品健康大众"的企业愿景，矢志成为一家具有特色、值得信赖的品牌制药企业。

公司立足心血管科、眼科、神经科、消化科以及老年性退行性病变等核心治疗领域，拥有 25 个剂型和 361 个国药准字号中西药产品，其中 66% 为国家医保品种，28% 为国家基药品种。公司拥有复方血栓通胶囊、众生丸、脑栓通胶囊等 3 个销售过亿的中药大品种，其中核心品种"复方血栓通胶囊"入选《国家基本药物目录》（2012 年版）。产品剂型丰富，产品涵盖中成药和化学药，其中独家品种 13 个、独家剂型产品 7 个、独家规格产品 9 个，具有较大的市场潜力。

公司拳头产品复方血栓通胶囊，临床可用于血瘀兼气阴两虚证的冠心病心绞痛，它凭借确切疗效在心脑血管疾病防治中发挥独特作用，市场容量大，具有拓展市场份额的空间。此外，复方血栓通胶囊质量标准被纳入 2015 年版《中国药典》。其指纹图谱质控标准是目前药典收载口服固体制剂中仅有的采用指纹图谱质量控制技术控制产品质量的 9 个产品标准之一，也是复方血栓通系列产品中唯一拥有指纹图谱的品种，奠定了公司作为中药大品种复方血栓通胶囊系列产品的原研者，标准的制定者，技术的引领者以及市场主导者的地位。

2015 年，公司实现营业收入 157 773.66 万元，同比增加 20.57%，其中中成药实现营业收入 107 089.59 万元，同比增加 7.08%；化学药实现营业收入 27 196.50 万元，同比增加 46.86%；原料药中间体销售业务 7027.26 万元，同比增加 71.47%；中药饮片销售 7298.00 万元，同比增加 41.90%；中药材销售 2839.64 万元，同比增加 18.76%。广东省内实现营业收入 77 322.01 万元，同比增加 17.01%。广东省外实现营业收入 77 819.01 万元，同比增加 21.45%[8]，详见表 5–18。

表 5–18　2015 年广东众生药业股份有限公司营业收入构成

	2015 年		2014 年		同比增减（%）
	金额（万元）	占营业收入比重（%）	金额（万元）	占营业收入比重（%）	
营业收入合计	157 773.66	100	130 851.65	100	20.57
分行业					
医药制造	151 574.69	96.07	129 547.69	99.00	17.00
医药贸易	3566.33	2.26	608.76	0.47	485.83
其他业务收入	2632.64	1.67	695.20	0.53	278.69
分产品					
中成药销售	107 089.59	67.88	100 006.07	76.43	7.08
化学药销售	27 196.50	17.24	185 180.69	14.15	46.86
原料药中间体销售	7027.26	4.45	4098.13	3.13	71.47
中药饮片销售	7298.00	4.63	5143.15	3.93	41.90
中药材销售	2839.64	1.80	2391.03	1.83	18.76

	2015 年		2014 年		同比增减（%）
	金额（万元）	占营业收入比重（%）	金额（万元）	占营业收入比重（%）	
原料药销售	3690.03	2.33	0.00	0.00	–
其他业务收入	2632.64	1.67	695.20	0.53	278.69
分地区					
广东省内	77 322.01	49.01	66 081.74	50.50	17.01
广东省外	77 819.01	49.32	64 074.72	48.97	21.45
其他业务收入	2632.64	1.67	695.20	0.53	278.69

八、黑龙江珍宝岛药业股份有限公司

黑龙江珍宝岛药业股份有限公司是生产高端中药制剂产品的现代化制药企业。为加快传统医药与现代科学技术的完美结合，珍宝岛药业现已形成了从中药材种植、提取、制剂生产、药品检验及配送等完整的医药产业链。公司是以高端中药制剂为主的，多剂型、多品种的中药研发、生产和销售企业，主导产品为国家驰名商标"珍宝岛"系列产品。目前已基本形成"以中药为主，化学药为辅；以注射剂为主，其他剂型为辅；以心脑血管类药品为主，其他类药品为辅"的产品格局。

公司可生产冻干粉针剂、粉针剂、大容量注射剂、小容量注射剂、合剂、片剂、胶囊剂、颗粒剂、糖浆剂、口服溶液剂、煎膏剂、原料药等 12 个剂型，产品涉及心脑血管类、感冒类、骨折及骨质疏松类、免疫力增强剂类、护肝类等多个类别，共拥有 67个品种、102 个药品生产批准文号。其中 43 个品种被列入《国家医保目录》，18 个品种被列入《国家基本药物目录》，5 个独家生产品种（血栓通胶囊、复方芩兰口服液、灵芪加口服液、乌杞调脂口服液、桂龙益肾通络口服液）。公司主要产品包括注射用血塞通（冻干）、舒血宁注射液、注射用骨肽等产品，其中注射用血塞通（冻干）先后获得黑龙江省高新技术产品、国家火炬计划重点项目、国家专利产品。此外，注射用血塞通（冻干）、舒血宁注射液临床优势明显，药理作用明确且应用广泛，产品技术达到国际先进水平。

在全产业链运作方面，公司先后投资成立了文山天宝种植及云南哈珍宝三七种植两家公司从事三七中药材的种植，其中持有文山天宝种植有限公司 70%的股权。该公司经营范围为：三七种植及销售；三七及中药材的科技开发、科技咨询和产品开发。

2015 年公司实现营业总收入 20.73 亿元，同比增长 30.14%，其中医药工业营业收入为 19.78 亿元，医药商业营业收入为 0.93 亿元；实现归属于上市公司股东的净利润为 5.85 亿元，同比增长 22.63%[9]，公司主营业务分行业、分产品情况详见表 5–19。

表 5-19　2015 年公司主营业务分行业、分产品情况

主营业务分行业情况					
分行业	营业收入（万元）	营业成本（万元）	毛利率（%）	营业收入比上年增减（%）	营业成本比上年增减（%）
医药工业	197 786.64	37 086.45	81.25	24.17	-36.95
医药商业	9337.08	8291.12	11.20	不适用	不适用
合计	207 123.72	45 377.57	78.09	30.03	-22.85
主营业务分产品情况					
分产品	营业收入（万元）	营业成本（万元）	毛利率（%）	营业收入比上年增减（%）	营业成本比上年增减（%）
中药制剂	159 232.77	29 786.59	81.29	20.22	-40.28
生物制剂	32 167.99	2051.38	93.62	70.79	-19.70
化学制剂	6385.88	5248.48	17.81	-20.19	-17.81
外购药品及药材	9337.08	8291.12	11.20	不适用	不适用
合计	207 123.72	45 377.57	78.09	30.03	-22.85

九、漳州片仔癀药业股份有限公司

漳州片仔癀药业股份有限公司于 1999 年 12 月由原漳州制药厂改制创立，是国家高新技术企业、中华老字号企业，拥有 23 家控股子公司和 7 家参股公司。公司主要业务包括中成药制造、医药流通。其中，核心产品为片仔癀系列，包括片仔癀、片仔癀胶囊、复方片仔癀软膏、复方片仔癀含片等片仔癀系列产品。除药品销售之外，公司积极打造健康、保健、养生食品的健康产业，产品延伸至保健药品、保健食品、功能饮料、特色功效化妆品和日化产品。片仔癀拥有历史悠久、文化底蕴深厚和疗效神奇带来的品牌优势。公司独家生产的传统名贵中成药片仔癀产品有着 450 多年的历史，其源于宫廷，流传于民间，因其独特神奇的疗效而形成了极佳的口碑，被国内外中药界誉为"国宝名药"。"片仔癀"于 1965 年被国家中医药管理局和国家保密局列为绝密的国家重点保护中药制剂；1999 年被国家工商行政管理总局商标局列为"中国驰名商标"；2002 年片仔癀系列药品被国家质量监督检验检疫总局认定为原产地标记保护产品；2006 年获商务部"中华老字号"称号；2007 年 7 月被评为中华老字号品牌价值 20 强；2009 年再次获得"消费者最喜爱的中华老字号品牌"；2011 年入选国家级非物质文化遗产名录；2014 年"片仔癀"商标的良好形象，为公司其他中成药产品打开市场创造了十分有利的条件。片仔癀品牌同时具备国际影响力，境外知名度、美誉度高。"片仔癀"是具备国际影响力的中药品牌，在海外享有很高的美誉度。近几年，片仔癀年出口 3000 多万美元，连续多年位居全国单项中成药出口金额首位。

2015 年，公司实现营业总收入 188 567.47 万元，比上年同期增加 43 180.49 万元，增长 29.70%；实现利润总额 54 970.22 万元，比上年同期增加 3210.09 万元，增长 6.20%；

实现净利润 46 334.06 万元，比上年同期增加 2544.99 万元，增长 5.81%[10]。2015 年公司主营业务分行业、分产品、分地区情况表见表 5-20。

表 5-20　2015 年公司主营业务分行业、分产品、分地区情况

主营业务分产品情况				
分产品	营业收入（万元）	营业成本（万元）	毛利率（%）	营业收入比上年增减（%）	营业成本比上年增减（%）
药品销售	162 924.28	89 027.62	45.36	28.34	35.77
日用品、化妆品销售	23 338.60	9598.28	58.87	32.50	62.35
食品销售	1252.79	747.63	40.32	235.11	210.63
主营业务分地区情况				
分地区	营业收入（万元）	营业成本（万元）	毛利率（%）	营业收入比上年增减（%）	营业成本比上年增减（%）
境内	165 223.33	95 845.95	41.99	32.27	40.41
境外	22 292.34	3527.57	84.18	11.31	1.83

十、广州白云山和记黄埔中药有限公司

广州白云山和记黄埔中药有限公司是由广药集团广州白云山制药股份有限公司与和记黄埔（中国）公司共同出资成立。公司致力于现代中药的研发与制造，是国家高新技术企业、国家创新型试点企业、国家知识产权优势企业、国家首批服务贸易先行先试骨干企业、广东省战略性新兴产业骨干企业等。多年来坚持"科技兴企"和"大医药"战略，秉承"爱心白云山、公民白云山"的企业理念，弘扬爱心，积极参加社会公益活动。也是全球首家创立"家庭过期药品（免费）回收机制"的公司，帮助消费者解决过期药品难题，荣获广东省"达到亚洲和世界级水平的创新纪录"的最高奖项。矢志成为国际化的现代药品生产销售先锋企业，踏着中药现代化、国际化的坚实步伐，铸造人类生命健康长城。

公司主营业务涵盖中药资源，中成药和保健食品的研发、生产和销售。一家集药品研发、中成药生产、保健食品制造和市场销售为一体的国家重点高新技术企业。拥有国家博士后科研工作站、国家中医药管理局重点研究室、广东省中药固体制剂工程技术研发中心、广东省岭南药用植物资源保护与利用企业重点实验室、广东省院士专家企业工作站、广州市工程技术研发中心等国家、省、市三级科研平台。近 5 年承担了国家重大创新药物、国家中药标准化项目、国家中药材扶持项目等国家省市科技项目 30 余项。牵头和参与制定国家及行业标准 22 项；研究成果获得国家科技进步奖 1 项，中国专利优秀奖 1 项，广东省科技进步奖 3 项，市科技进步奖 6 项。拥有授权专利 87 件，其中授权发明专利 55 件,包括 PCT 专利 3 件。先后与国内外 40 多家高校和科研机构建立了紧密的战略或科研合作关系，共同致力于现代中药在国内外的研发与推广应用。

公司拥有片剂、颗粒剂、丸剂等 9 大剂型，共计 160 个产品批文，其中年销售超 6 亿元的名优大品种 2 个，超亿元的大品种 3 个。公司先后建立了国内规模最大的板蓝根 GAP 药材基地和穿心莲、丹参、溪黄草、三七等 10 种药材的 GAP 产业化种植基地，是全国首家通过国家 GAP 基地认证的企业。企业主持或参与中药材及中成药 2010 年和 2015 年版《中国药典》标准制定 10 余项，地方标准 3 项。其中 2015 年由国家发展和改革委员联合国家中医药管理局启动的"国家中药标准化项目"中，公司参与申报的"复方丹参片标准化研究"和"板蓝根等 3 种中药饮片标准化建设"获得立项，涉及三七、丹参和板蓝根 3 个品种的标准化建设。

在中药资源源头把控方面，公司在云南投资成立了文山白云山和黄三七中药有限公司从事三七中药材的产品开发研究。该公司经营范围为：三七种植及销售，中药材种植及销售本企业种植的其他中药材，三七及中药材的科技开发、科技咨询和保健产品开发等业务。

2015 年公司实现营业收入 22.73 亿元，较去年同期增长 2.35 亿元，增幅为 11.54%，公司主营业务分行业、分产品、分地区情况详见表 5-21。

表 5-21　2015 年公司主营业务分行业、分产品、分地区情况

	2015 年		2014 年		同比增减（%）
	金额（万元）	占营业收入比重（%）	金额（万元）	占营业收入比重（%）	
营业收入合计	227 255.10	100	203 734.23	100	11.54
分行业					
医药工业	113 952.09	50.14	106 778.56	52.41	6.72
医药商业	112 384.82	49.45	96 752.41	47.49	16.16
其他业务收入	918.19	0.40	203.27	0.10	351.71
分产品					
中成药销售	144 399.62	63.54	142 401.30	63.65	1.40
保健食品销售	71 252.60	31.35	51 147.25	22.86	39.31
委托加工收入	1271.48	0.56	900.26	0.40	41.24
中药材销售	9413.21	4.14	9082.16	4.06	3.65
其他业务收入	918.19	0.40	203.27	0.09	351.71
分地区					
广东省内	9992.27	4.40	10 908.90	4.88	-8.40
广东省外	216 344.65	95.20	192 622.07	86.09	12.32
其他业务收入	918.19	0.40	203.27	0.09	351.71

十一、云南七丹药业股份有限公司

云南七丹药业股份有限公司成立于 2008 年 3 月，现有员工 260 余人，注册资本金 7978 万元，是专业从事三七药材规范化种植、产品研发、生产、加工、销售的全产业链科技创新型新三板上市企业。公司成立以来，采用新技术、新设备和自主创新方法，先后建成了中药饮片、保健食品、中药材提取及牙膏生产线，并通过了国家中药饮片 GMP 认证、保健食品 GMP 认证、药品批发零售 GSP 认证、日化用品及食品生产许可认证。经过不断发展，形成了以文山道地药材三七为主，涵盖中药饮片、保健食品、日化用品生产及流通的业务格局。公司拥有中药饮片车间、保健食品生产车间、提取车间和牙膏车间。产品主要有以三七超细粉为主的中药饮片、以三七提取物软胶囊为主的三七系列保健食品、以七丹牌三七植物牙膏为主的日化用品三个产品体系。

为确保公司产品原料品质，公司于 2012 年组建成立了文山七丹三七科技种植基地有限公司，严格按照三七 GAP 规范化要求开展三七种植。分别于 2012 年选址于砚山县江那镇明得村建立种植基地 300 多亩，于 2013 年选址于砚山县嫁依镇落太邑村建立种植基地 370 亩，2015 年拥有三七种植基地 650 亩。公司种植的七丹牌三七获得云南名牌产品称号，是全国唯一获得"名牌产品"称号的三七原料产品。"七丹牌三七""七丹牌三七超细粉"，两个产品同时荣获了"2015 年第十一届昆明泛亚国际农业博览会优质农产品金奖"。

公司重视产品研发工作，在上海建立以公司副总经理李建明博士为主要成员的研发团队，长期与上海中医药大学、昆明理工大学、文山三七研究院等科研单位合作，提高产品的研发品质，开展了中药饮片、保健食品、日化用品等一系列以三七有效成分应用方面的研究。到目前为止，公司共取得 6 个保健食品批文，13 款牙膏的研究开发；先后通过高新技术企业、省级农业龙头企业、省级知识产权优势企业等 10 余项认定；获得 6 项发明专利及 5 项外观设计专利。七丹牌三七提取物软胶囊、七荟胶囊、熟三七粉、七丹三七植物牙膏被认定为云南省重点新产品。

通过多年的不懈努力，公司生产的七丹牌三七超细粉荣获泛亚国际农业博览会优质农产品金奖，七丹牌三七、七丹牌三七超细粉双双获得"云南名牌产品"称号。

通过多年发展奋斗，公司取得了较好的成绩，先后被评为云南省创新型试点企业、省级高新技术企业、省级重点龙头企业、文山州三七产业发展十大龙头企业等荣誉称号。公司的饮片车间被授予全国"工人先锋号"。

2015 年公司实现营业收入 1613.31 万元，比上年同期的 18 981.06 万元，减少了 15.00%；营业成本 13 155.90 万元，比上年同期的 16 476.16 万元，减少了 20.15%；本期毛利率为 18.46%，比上年同期的 13.20%，增加了 5.26 个百分点。收入的降低主要是受三七原料价格持续走低、本期三七净制饮片相对上期价格下降造成，同时原料的降低幅度大于公司产品售价的降幅，导致毛利率的上升[11]。详见表 5–22。

表 5–22   2015 年云南七丹药业股份有限公司营业收入构成、分产品情况表

收入构成					
主营业务收入（万元）	其他业务（万元）	营业成本（万元）	毛利率（%）	营业收入比上年增减（%）	营业成本比上年增减（%）
15 992.09	141.22	13 155.90	18.46	−15.00	−20.15
分产品情况					
分产品	营业收入（万元）	占营业收入比例（%）		上期收入（万元）	占营业收入比例（%）
中药饮片	14 715.11	91.21		17 849.33	94.04
药品类	603.63	3.74		364.69	1.92
保健食品	358.41	2.22		309.76	1.63
原料	265.12	1.64		248.12	1.31
日化用品	49.82	0.31		47.97	0.25
其他业务收入	141.22	0.88		161.18	0.85

第三节　三七重点品种发展例举

一、三七药材

本品为五加科植物三七的干燥根和根茎。秋季花开前采挖，洗净，分开主根、支根及根茎，干燥。支根习称"筋条"，根茎习称"剪口"。

图 5–4　三七主根

主根呈类圆锥形或圆柱形，长 1～6cm，直径 1～4cm。表面灰褐色或灰黄色，有断续的纵皱纹和支根痕（图 5–4）。顶端有茎痕，周围有瘤状突起。体重，质坚实，断面灰绿色、黄绿色或灰白色，木部微呈放射状排列。气微，味苦回甜。

筋条呈圆柱形或圆锥形，长 2～6cm，上端直径约 0.8cm，下端直径约 0.3cm。

剪口呈不规则的皱缩块状或条状，表面有数个明显的茎痕及环纹，断面中心灰绿色或白色，边缘深绿色或灰色。

二、三七饮片

三七粉是植物三七的根茎制品（图5-5），是用三七主根打成的粉，其成分与三七主根一样，富含三七皂苷、三七多糖、三七素、黄酮等。三七粉一般直接用温开水送服，或加工成熟三七粉服用，做成药膳来吃也是不错的选择。

图5-5　三七及三七粉

【功能主治】（《中国药典》2015年版）散瘀止血，消肿定痛。用于咯血，衄血，便血，崩漏，外伤出血，胸腹刺痛，跌扑肿痛。

【功能主治】（云南省中药饮片标准）散瘀止血，消肿定痛，益气活血。用于跌扑肿痛、内外出血、气虚血瘀、脉络瘀阻、胸痹心痛、中风偏瘫、气虚体弱；软组织挫伤、出血性疾病、高血压、冠心病、脑卒中、高脂血症、糖尿病血管病变、免疫功能低下见上述证候者。

【用法用量】3～9g；研粉吞服，一次1～3g。外用适量。

【注意事项】孕妇慎用。

三、三七提取物

三七总皂苷由三七的主根或根茎经加工而制得，一直被认为是决定三七药效的最重要的活性成分。

【制法】取三七粉碎成粗粉，用70%的乙醇提取，滤过，滤液减压浓缩，滤过，过苯乙烯型非极性或弱极性共聚体大孔吸附树脂柱，用水洗涤，水洗液弃去，以80%的乙醇洗脱，洗脱液减压浓缩，脱色，精制，减压浓缩至浸膏，干燥，即得。

【性状】本品为类白色至淡黄色的无定型粉末；味苦、微甘。

【测定】本品按干燥品计算，含三七皂苷 R_1 不得少于5.0%、人参皂苷 Rg_1 不得少于25.0%、人参皂苷 Re 不得少于2.5%、人参皂苷 Rb_1 不得少于30.0%、人参皂苷 Rd 不得少于5.0%，且三七皂苷 R_1、人参皂苷 Rg_1、人参皂苷 Re、人参皂苷 Rb_1、人参皂苷 Rd 总量不得低于75%（供口服用）或85%（供注射用）。

【制剂】口服制剂、注射剂。

四、三七药品

（一）血塞通

血塞通剂型包含片剂、颗粒剂、丸剂、胶囊及注射剂等。

1. 血塞通片

【成分】三七总皂苷。

【性状】本品为糖衣片，除去糖衣后，显白色或微黄色；味苦、微甘。

【功能主治】活血祛瘀，通脉活络，抑制血小板聚集和增加脑血流量。用于脑络瘀阻，中风偏瘫，心脉瘀阻，胸痹心痛；脑血管病后遗症，冠心病心绞痛属上述症状者。

【注意事项】孕妇慎用。

2. 血塞通胶囊

【成分】三七总皂苷。

【性状】本品为胶囊剂，内容物为浅黄色的粉末。

【功能主治】活血祛瘀，通脉活络，抑制血小板聚集和增加脑血流量。用于脑络瘀阻，中风偏瘫，心脉瘀阻，胸痹心痛。现代脑血管病后遗症，冠心病，心绞痛属上述症候者。

【注意事项】孕妇及过敏体质者慎用。

3. 血塞通软胶囊

【成分】三七总皂苷。

【性状】本品为软胶囊，内容物为黄色至棕黄色油状混悬液；味苦。

【功能主治】活血祛瘀，通脉活络。用于瘀血闭脉证的中风中经络恢复期，症见偏瘫，半身不遂，口舌歪斜，舌强言謇或不语。或用于心血瘀阻型冠心病心绞痛，症见胸闷，胸痛，心慌，舌紫暗或有瘀斑。

【禁忌】孕妇忌用。

4. 血塞通滴丸

【成分】三七总皂苷。

【性状】本品为浅黄色的滴丸；味苦、微甜。

【功能主治】活血祛瘀，通脉活络。抑制血小板聚集和增加脑血流量。用于脑络瘀阻，中风偏瘫，心脉瘀阻，胸痹心痛；脑血管后遗症，冠心病心绞痛属上述证候者。

【注意事项】孕妇慎用。

5. 血塞通颗粒

【成分】三七总皂苷。

【性状】本品为白色颗粒；味苦、微甜。

【功能主治】活血祛瘀，通脉活络。抑制血小板聚集和增加脑血流量。用于脑络瘀阻，中风偏瘫，心脉瘀阻，胸痹心痛；脑血管后遗症，冠心病心绞痛属上述证候者。

【注意事项】孕妇慎用。

6. 血塞通注射液

【成分】三七总皂苷。

【性状】本品为近无色至黄色的澄明液体。

【功能主治】活血祛瘀，通脉活络。用于中风偏瘫，瘀血阻络症；动脉粥样硬化性血栓性脑梗死、脑栓塞、视网膜中央静脉阻塞见瘀血阻络证者。

【注意事项】出血性脑血管病急性期禁用；人参、三七过敏者禁用。

7. 注射用血塞通（冻干）

【成分】三七总皂苷。

【性状】本品为淡黄色无定形粉末或疏松固体状物；味苦、微甘；有引湿性。

【功能主治】活血祛瘀，通脉活络。用于中风偏瘫、瘀血阻络及脑血管疾病后遗症、视网膜中央静脉阻塞属瘀血阻滞证者。

【注意事项】孕妇慎用；连续给药不得超过 12 天；禁用于脑溢血急性期；禁用于既往对人参、三七过敏的患者；禁用于对酒精高度过敏的患者，用药期勿从事驾驶及高空作业等危险作业。

（二）血栓通

1. 血栓通胶囊

【成分】三七总皂苷。

【性状】本品为胶囊剂，内容物为淡黄色的粉末；味苦、微甘。

【功能主治】活血祛瘀，通脉活络。用于脑络瘀阻引起的中风偏瘫，心脉瘀阻引起的胸痹心痛；脑梗死，冠心病心绞痛常见上述症候者。

【注意事项】孕妇慎用。

2. 血栓通注射液

【成分】三七总皂苷。

【性状】本品为近无色至淡黄色的澄明液体。

【功能主治】活血祛瘀，扩张血管，改善血液循环。用于视网膜中央静脉阻塞，脑血管病后遗症，内眼病，眼前房出血等。

【注意事项】低血压者慎用。

3. 注射用血栓通（冻干）

【成分】三七总皂苷。

【性状】本品为类白色或淡黄色无定形粉末或疏松固体状物；味微苦、微甘；有引湿性。

【功能主治】活血祛瘀，通脉活络。用于瘀血阻络，中风偏瘫，胸痹心痛及视网膜中央静脉阻塞症。

【注意事项】孕妇慎用；禁用于脑溢血急性期；禁用于既往对人参、三七过敏的患者。

（三）云南白药

云南白药是我国传统医学的瑰宝，具有止血祛瘀、活血定痛、消炎生肌、祛毒排脓等功效，特别是对内脏出血更有神奇功效，成为主治各种跌打损伤、红肿疮毒、妇科血症、咽喉肿痛和慢性胃病的特效药品，被誉为中华瑰宝、伤科圣药[12]。云南白药于 1979、1984、1989 年三度获国家优质产品金质奖章，产品云南白药散剂、云南白药胶囊为国家一级中药保护品种。

1. 云南白药

【成分】国家保密配方，本品含草乌（制），其余成分略。

【性状】本品为灰黄色至浅棕色的粉末；具特殊香气，味略感清凉，并有麻舌感。

保险子为红色的球形或类球形水丸，剖面呈棕色或棕褐色；气微，味微苦。

【功能主治】化瘀止血，活血止痛，解毒消肿。用于跌打损伤，瘀血肿痛，吐血，咯血，便血，痔血，崩漏下血，手术出血，疮疡肿毒及软组织挫伤，闭合性骨折，支气管扩张及肺结核咯血，溃疡病出血以及皮肤感染性疾病。

【注意事项】①服药一日内，忌食蚕豆、鱼类及酸冷食物；②外用前务必清洁创面；③临床上确需使用大剂量给药，一定要在医师的安全监控下应用；④用药后若出现过敏反应，应立即停用，视症状轻重给予抗过敏治疗，若外用可先清除药物；⑤运动员慎用；⑥包装所附药勺为分剂量的用具，使用时先盛满药粉，沿瓶壁压紧，用瓶口刮平，每平勺约 0.25g；⑦本品所含草乌（制）为炮制后的乌头属类药材，通过独特的炮制、生产工艺，其毒性成分可基本消除，在安全范围内。

2. 云南白药胶囊

【成分】国家保密配方，本品含草乌（制），其余成分略。

【性状】本品为硬胶囊，内容物为灰黄色至浅棕黄色的粉末；具特异香气，味略感清凉，并有麻舌感。保险子为红色的球形或类球形水丸，剖面呈棕色或棕褐色；气微，味微苦。

【功能主治】化瘀止血，活血止痛，解毒消肿。用于跌打损伤，瘀血肿痛，吐血，咯血，便血，痔血，崩漏下血，手术出血，疮疡肿毒及软组织挫伤，闭合性骨折，支气管扩张及肺结核咯血，溃疡病出血以及皮肤感染性疾病。

【注意事项】①服药一日内，忌食蚕豆、鱼类及酸冷食物；②外用前务必清洁创面；③临床上确需使用大剂量给药，一定要在医师的安全监控下应用；④用药后若出现过敏反应，应立即停用，视症状轻重给予抗过敏治疗，若外用可先清除药物；⑤运动员慎用；⑥保险子放置在标有"保险子"字样的透明胶囊内；本包装内有 2 粒透明胶囊，每粒透明胶囊内装 1 粒保险子，共 2 粒保险子；使用时将透明胶囊的帽体分离即可将其取出，请勿吞服透明胶囊；⑦本品所含草乌（制）为炮制后的乌头属类药材，通过独特的炮制、生产工艺，其毒性成分可基本消除，在安全范围内。

（四）丹参益心胶囊

丹参益心胶囊是云南特安呐制药股份有限公司的独家产品，属经典彝药。

【成分】三七、灯盏细辛、回心草、紫丹参、制何首乌、延胡索。

【性状】本品为胶囊剂，内容物为棕褐色细颗粒及粉末；气微香，味苦。

【功能主治】活血化瘀，通络止痛。用于瘀血阻滞所致冠心病、心绞痛。

【注意事项】孕妇禁用。

（五）复方丹参片

【成分】丹参、三七、冰片。

【性状】本品为薄膜衣片，除去包衣后显棕色至棕褐色；气芳香，味微苦。

【功能主治】活血化瘀，理气止痛。用于气滞血瘀所致的胸痹，症见胸闷、心前区刺痛；冠心病心绞痛见上述症候者。

【注意事项】孕妇慎用。

（六）复方丹参滴丸

复方丹参滴丸是天士力制药集团股份有限公司的独家产品，多年来凭借良好的疗效、创新的剂型和稳定的消费群体在市场占有率和单产品产销规模方面稳居同行业前列。

【成分】丹参、三七、冰片。

【性状】本品为棕色的薄膜衣滴丸，除去包衣后显黄棕色至棕色；气香，味微苦。

【功能主治】活血化瘀，理气止痛。用于气滞血瘀所致的胸痹，症见胸闷、心前区刺痛；冠心病心绞痛见上述证候者。

【注意事项】孕妇慎用。

（七）片仔癀

片仔癀是国家一级中药保护品种，国家级非物质文化遗产，属国家级绝密配方；1965年被国家中医药管理局和国家保密局列为绝密的国家重点保护中药制剂；2002年被国家质量监督检验检疫总局认定为原产地标记保护产品。片仔癀是具备国际影响力的中药品牌，在海外享有很高的美誉度，连续多年位居全国单项中成药出口金额首位。

【成分】牛黄、麝香、三七、蛇胆等，国家保密配方。

【性状】本品为类扁椭圆形块状，块上有一椭圆环。表面棕黄色或灰褐色，有密细纹，可见霉斑。质坚硬，难折断。折断面微粗糙，呈棕褐色，色泽均匀。偶见少量菌丝体。粉末呈棕黄色或淡棕黄色，气微香，味苦，微甘。

【功能主治】清热解毒，凉血化瘀，消肿止痛。用于热毒血瘀所致痈疽疔疮，跌打损伤。

【注意事项】①忌食辛辣、油腻食物；②服用 3 天后症状无改善，或服药期间伴有恶寒发热等全身症状者，应到医院就诊；③对局部病变切忌碰撞、挤压；④局部病灶红肿热痛反应剧烈，初起疮顶即有多个脓头者均应到医院就诊；⑤对本品过敏者禁用，过敏体质者慎用；⑥本品性状发生改变时禁止使用；⑦儿童必须在成人监护下使用；⑧请将本品放在儿童不能接触的地方；⑨如正在使用其他药品，使用本品前请咨询医师或药师。

【禁忌】孕妇忌服。

（八）七生力

【成分】人参皂苷 Rg_1。

【性状】本品为白色肠溶衣片，除去包衣显白色；无臭，味苦。

【功能主治】活血化瘀，益气通络。用于气虚血瘀所致头昏乏力，健忘等症。

【注意事项】孕妇禁用。

（九）七生静

【成分】人参皂苷 Rb_1。

【性状】本品为肠溶衣片，除去包衣显白色；无臭，味苦。

【功能主治】益气宁心，活血化瘀。用于气虚血瘀所致失眠、健忘、乏力等症。

【注意事项】孕妇禁用。

（十）外伤药

1. 复方片仔癀软膏

【成分】片仔癀粉，蛇药片。

【性状】本品为浅棕黄色的软膏，具特殊的油腻气味。

【功能主治】清热，解毒，止痛。用于带状疱疹、单纯疱疹、脓疱疹、毛囊炎、痤疮。

【注意事项】①忌食烟、酒及辛辣油腻食物；②孕妇慎用；③本品为外用药，禁止内服；④用药后局部出现皮疹等过敏表现者停用；⑤热毒较重伴有恶寒发热者应去医院就诊；⑥对局部病变不宜挑破，切忌挤压；⑦对本品过敏者禁用，过敏体质者慎用；⑧本品性状发生改变时禁止使用；⑨儿童必须在成人监护下使用；⑩请将本品放在儿童不能接触的地方；⑪如正在使用其他药品，使用本品前请咨询医师或药师；⑫运动员慎用。

2. 云南白药气雾剂

【成分】国家保密方，本品含草乌（制）、雪上一枝蒿（制），其余成分略。

【性状】云南白药气雾剂为非定量阀门气雾剂。在耐压容器中的药液为淡黄色至黄棕色的液体；喷射时，有特异香气。云南白药气雾剂保险液为非定量阀门气雾剂，在耐压容器中的药液为黄色至黄棕色的液体；喷射时，有特异香气。

【功能主治】活血散瘀，消肿止痛。用于跌打损伤，瘀血肿痛，肌肉酸痛及风湿疼痛。

【禁忌】①孕妇禁用；②对云南白药过敏者忌用。

3. 肿痛气雾剂

【成分】七叶莲、三七、雪上一枝蒿、滇草乌、金铁锁、玉葡萄根、灯盏细辛、金叶子、重楼、火把花根、八角莲、披麻草、白及等19味。

【性状】本品为棕色液体。

【功能主治】消肿镇痛，活血化瘀，舒筋活络，化痞散结。用于跌打损伤，风湿关节痛，肩周炎，痛风关节炎，乳腺小叶增生。

【禁忌】局部破损或感染者慎用。

五、三七保健品

2011年以来，随着政府刺激内需政策效应的逐渐显现以及国家经济形势的好转，三七保健品下游行业进入新一轮景气周期而带来三七保健品市场需求的膨胀，三七保健品行业的销售回升明显，供求关系得到改善，行业盈利能力稳步提升。同时，在国家"十二五"规划和产业结构调整的大方针下，三七保健食品行业有望迎来新的发展契机。

（一）三七口服液

【保健功能】辅助降血压、增强免疫力。

【功效成分】每 100ml 含总皂苷 400mg。

【主要原料】鲜三七提取物、纯化水。

【适宜人群】血压偏高者、免疫力低下者。

【不适宜人群】少年儿童、孕妇、乳母。

（二）三七力康片

【保健功能】抗疲劳、耐缺氧。

【功效成分】每 100g 含三七总皂苷 3.63g、粗多糖 2.15g。

【主要原料】三七提取物、灵芝孢子粉、羟丙甲纤维素、硬脂酸镁。

【适宜人群】易疲劳者、处于缺氧环境者。

【不适宜人群】少年儿童。

（三）三七人参黄芪酒

【保健功能】缓解体力疲劳。

【功效成分】每 100ml 含总皂苷 130mg。

【主要原料】三七、人参、炙黄芪、蜂蜜、白酒。

【适宜人群】易疲劳的成人。

【不适宜人群】少年儿童、孕期及哺乳期妇女。

（四）三七提取物软胶囊

【保健功能】辅助降血脂。

【功效成分】每 100g 含总皂苷 7g。

【主要原料】三七提取物、大豆油、蜂蜡、明胶、甘油、纯化水、柠檬黄、日落黄、对羟基苯甲酸丙脂、对羟基苯甲酸乙酯。

【适宜人群】血压偏高者、免疫力低下者。

【不适宜人群】少年儿童、孕妇、乳母。

（五）唐脂康胶囊

【保健功能】调节血脂、调节血糖。

【功效成分】每 100g 含三七总皂苷 3.8g、粗多糖 10.48g、吡啶甲酸铬 32mg。

【主要原料】三七、何首乌提取物、桑叶提取物、吡啶甲酸铬。

【适宜人群】血脂偏高者、血糖偏高者。

【不适宜人群】少年儿童。

（六）三七菊茶

【保健功能】调节血脂、辅助降血压。

【功效成分】每 100g 含总皂苷 2.48g、茶多酚 1.05g。

【主要原料】三七、菊花、茶叶、葡萄糖。

【适宜人群】血脂偏高者、血压偏高者。

【不适宜人群】少年儿童。

六、三七药膳

在中医理论的指导下，将有滋补、保健作用，并且口感好、无毒副作用的三七与有关的中药、食物相配伍，经过精心烹制而成的既可防病、治病，又是美味佳肴的食品，称三七药膳。三七药膳"寓医于食"，既将药物作为食物，又将食物赋予药用，药借食力，食助药威；既具有营养价值，更具有防病治病、保健强身、延年益寿的功效。因此，三七药膳既不同于一般的中药方剂，又别于普通的饮食，是一种兼有药物功效和食品美味的特殊膳食。它可以使用者在心理上感觉是一种享受，在享受中身体得到滋补，疾病得到治疗。

（一）三七汽锅鸡

三七汽锅鸡是云南具有独特风味的滋补名菜，早在清代乾隆年间，就在滇南文山、砚山一带民间流传。三七与鸡肉的结合，不但味道鲜美可口，重要的是具有补气养血、活血化瘀、止痛的功效。患有三高的中老年人，产后妇女及注重养生的人士食用三七汽锅鸡是最好的选择。长期食用三七汽锅鸡具有补脾肾、益气血、止血消瘀、补血、美容抗衰老、调理月经等作用，一年四季皆可食用（图 5-6）。

图 5-6 三七汽锅鸡

【原料】土鸡、三七根、盐、胡椒粉、葱、姜、鸡精。

【方法】将鸡切块用凉水浸泡，再用沸水焯透，捞出放入汽锅中；将泡鸡的水倒入锅中，加入盐、胡椒粉、鸡精稍煮再撇出沫，倒入汽锅中，放入葱段、姜片；坐蒸锅倒水放入汽锅蒸 30～40 分钟后捞出葱段、姜片，汤中加三七粉即可。

【功效】滋补养血。

（二）三七炖排骨

【原料】排骨、三七须根、盐、姜片。

【方法】三七须根 40～50g，用冷水浸泡半小时左右，加排骨 500g、盐少许，生姜两片，用文火炖 1～2 小时，即可，三七须根可一起食用。

【功效】益气养血，益阳强壮。治疗崩漏、产后虚弱、自汗、盗汗，也治疗老年人的头风痛、腰肌酸软无力等症。

（三）三七山楂粥

【原料】三七粉、山楂（连核）、粟米。

【方法】将 100g 粟米淘洗干净，放入砂锅，加适量水，先用大火煮沸，加入山楂片，改用小火煨至粟米酥烂、粥黏稠时调入 3g 三七粉，拌和均匀即可。

【功效】活血，滋肾养肝，化痰降脂。适用于脂肪肝患者。

（四）三七花茶

【原料】三七花。

【方法】4～6 朵三七花直接用 200ml 开水冲饮，或同茶共同泡饮（图 5-7）。

【功效】清热，护肝，降压，镇静安神。

图 5-7 三七花茶

七、三七日化品

（一）云南白药牙膏

云南白药品牌享誉中外，是中国止血愈伤、消肿止痛、活血化瘀类产品的百年品牌。云南白药牙膏是以牙膏为载体，借鉴国际先进口腔护理、保健技术研制而成的口腔护理保健产品。它选用高档软性洁牙磨料和高级润湿剂，膏体细腻，清新爽口，有效祛除口腔异味。在日常刷牙中即可使牙龈、牙周、牙齿和口腔其他组织得到专业的护理、保健，令口腔更健康，牙齿更牢固，是新一代口腔护理、保健产品。

（二）诗莉薇

在黄帝内经"养于内，美于外"的启发下，盘龙云海将内调与外养结合在了一起，以珍贵中药为护肤源动力，持续推出了近 50 款集卓效、安全、无添加于一体的护肤品——诗莉薇。诗莉薇是盘龙云海-大美云南旗下的高端护肤品品牌，凭借云南得天独厚的自然生物资源，依托雄厚的科研实力和尖端生产技术，秉承"天然凝萃，纯净至美"的产品理念，打造源于神秘云南的护肤传奇，开发了一系列有机天然的高端化妆品，包括三七系列、松茸系列、石斛系列等。

（三）人羞花

"人羞花"系列化妆品属纯天然绿色美容护肤品，是以云南文山特产三七为主要原料，采用科学方法，吸取祖国传统医学精华精制而成的天然绿色美容佳品。三七具有加强人体细胞新陈代谢和免疫能力的功能，以其为原料的"人羞花"系列护肤品经皮肤直接吸收后，能促进皮肤新陈代谢和微循环，增强皮肤的免疫力，消除、排解沉积在皮肤表面的黑色素，滋养肌肤，使皮肤充满弹性，自然润泽白皙，光滑细腻。

参考文献

[1] 云南省人民政府办公厅. 云南省三七产业"十三五"发展规划：云政办发〔2016〕118 号[Z/OL]. (2016-10-26) [2017-06-01]. http://www.yn.gov.cn/yn_zwlanmu/qy/wj/yzbf/201611/t20161104_27445. html.

[2] 朱燕，崔秀明，王朝梁. 云南三七产业发展战略研究[J]. 人参研究，2000，12（2）：8.

[3] 宁云锋. 新康界 2015 年心血管系统药物市场知多少 [Z/OL].（2016-05-18）[2017-06-01].
https://mp.weixin.qq.com/s/gUt1TZDW4QwYA0qaWCTMyA.

[4] 上海证券交易所. 云南白药集团股份有限公司 2015 年度报告[EB/OL].（2016-04-29）[2017-06-08].
http://www.sse.com.cn/disclosure/bond/announcement/corporate/c/2593242847393379.pdf.

[5] 上海证券交易所. 昆药集团股份有限公司 2015 年度报告[EB/OL].（2016-03-31）[2017-06-09].
http://www.sse.com.cn/assortment/stock/list/info/announcement/index.shtml?productId=600422.

[6] 上海证券交易所. 广西梧州中恒集团股份有限公司 2015 年度报告 [EB/OL].（2016-03-29）
[2017-06-09].
http://www.sse.com.cn/disclosure/listedinfo/announcement/c/2016-03-29/600252_2015_n.pdf.

[7] 上海证券交易所. 天士力制药集团股份有限公司 2015 年度报告[EB/OL].（2016-03-29）[2017-06-09].
http://www.sse.com.cn/disclosure/listedinfo/announcement/c/2016-03-29/600535_2015_n.pdf.

[8] 深圳证券交易所. 广东众生药业股份有限公司 2015 年度报告[EB/OL].（2016-04-20）[2017-06-10].
http://disclosure.szse.cn/finalpage/2016-04-20/1202204892.pdf.

[9] 上海证券交易所. 黑龙江珍宝岛药业股份有限公司 2015 年度报告. [EB/OL].（2016-04-26）
[2017-06-10]. http://www.sse.com.cn/disclosure/listedinfo/announcement/c/2016-04-26/603567_2015_n.
pdf.

[10] 上海证券交易所. 漳州片仔癀药业股份有限公司 2015 年度报告. [EB/OL].（2016-04-15）
[2017-06-10].
http://www.sse.com.cn/disclosure/listedinfo/announcement/c/2016-04-15/600436_2015_n. pdf.

[11] 全国中小企业股份转让系统. 七丹药业 2015 年年度报告摘要. [EB/OL].（2016-03-23）
http://www.neeq.com.cn/disclosure/2016/2016-03-23/1458730445_100428.pdf.

[12] 王婷安. 云南白药临床应用新进展[J]. 现代医药卫生，2012，28（9）：1358.

第六章

科 技 篇

第一节　三七科技创新平台的发展现状

三七作为传统中药材大品种,多年来受到国家、省、州各级领导部门与社会经济等各方面的支持,是国家首个获批成立特产局、专业研究院、国家级工程研究中心的中药材品种。随着三七产业的发展,一批省级研究平台、产业技术创新联盟相继成立以及多个研究团队的加盟,为三七产业的发展提供了科技支撑体系。

在国家层面,以黄璐琦院士为首对三七的资源生态进行系统研究的科研团队、上海中医药大学王峥涛教授领衔的三七综合开发利用团队;在云南省,则形成了以中国科学院昆明植物研究所周俊院士为首的化学成分研究团队、以云南农业大学朱有勇院士为首的三七连作障碍研究团队、以昆明理工大学崔秀明研究员为首的三七质量控制及质量标准研究团队三个团队;文山州则早在 1985 年就成立"文山州三七研究所",现更名为"文山学院三七研究院";1997 年成立"三七特产局",现更名为"文山州生物资源开发和三七产业局";三七产业协会等。此外,省内外大批科研院所、高校等也有一批专家开展三七的研究工作。

在科研平台建设方面,依托云南三七科技有限公司建立了"三七资源保护与利用技术国家地方联合工程研究中心";依托昆明理工大学建立了"国家中医药管理局三七资源可持续利用重点研究室";依托文山学院文山三七研究院建立了"云南省三七工程技术研究中心";依托上海中医药大学建立"中国三七研究中心";依托香港科技大学建立了"国际文山三七研究中心",形成了"云南省文山三七产业技术创新战略联盟""云南省三七标准化技术创新战略联盟""世界中医药联合会三七国际技术创新联盟"等多个科研技术创新平台。

一、三七资源保护与利用技术国家地方联合工程研究中心

2015 年 12 月 31 日,"三七资源保护与利用技术国家地方联合工程研究中心"获得国家发展和改革委员会批复,是目前国内唯一单药材命名的国家级工程研究中心。"三

七资源保护与利用技术国家地方联合工程研究中心"创新平台通过产学研融合，将国内在三七资源保护、三七资源利用和三七资源信息等方面的领军人才，以技术点为核心，通过工程中心组建技术创新团队，将技术创新与平台建设融为一体，加快了技术引进和技术转移，提高了创新平台的技术创新能力。形成了三七资源调查与动态监测技术、三七毛状根组织培养技术、三七有机种植技术、三七无轮作障碍工厂化种植技术、自动化控制与在线检测技术、三七创新药物研究与开发、三七新型纳米给药系统研究与开发、三七数据库与信息网络化技术等一批具有产业化基础的技术积累，为构建三七科技链提供了技术保障，同时对三七全产业链的形成和发展起到推动作用。该创新平台拥有 2200m² 的实验平台，还拥有三七仿生种植工厂 50 亩，三七工厂化种植大棚 20 亩。2014 年完成首次全省范围内的三七资源普查，开发了云南省三七资源普查软件，实现了三七资源普查智能化、软件化、数字化、资源监测的动态化，开创了国内运用智能化、软件化、数字化、资源监测的动态化，开创了国内运用智能化普查软件进行中药单品种资源普查的先例，获得软件著作权：三七调查系统 V1.0；为克服三七连作障碍，与朱有勇院士合作，完成 50 亩三七仿生种植工厂建设，开展克服三七连作障碍实验研究和三七仿生种植体系构建，在育苗、重茬土的处理等方面取得阶段性成果；开展三七有机种植体系建设，拥有有机生态三七种植试验基地 10 亩，进行生态防控体系研究等。该创新平台可引导三七技术创新、集成、示范与转化，如图 6-1 所示：

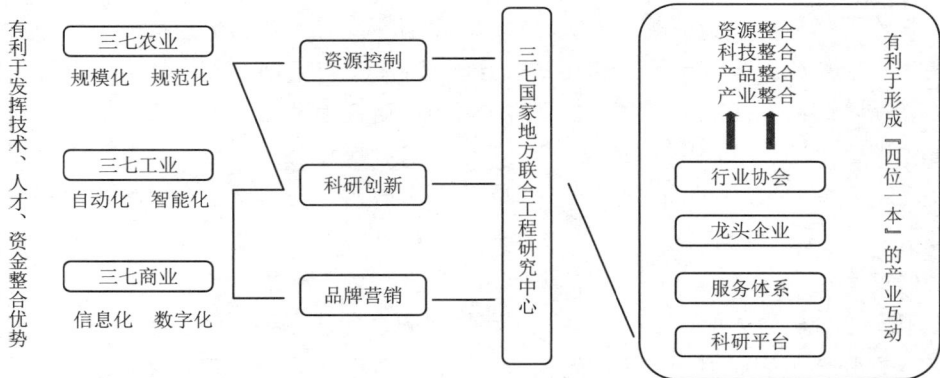

图 6-1　"三七资源保护与利用技术国家地方联合工程研究中心"创新平台作用示意图

二、云南省三七工程技术研究中心

云南省三七工程技术研究中心是 2013 年通过云南省科技厅认定的省级工程技术研究中心。该中心依托文山学院，联合文山苗乡三七实业有限公司、云南七丹药业股份有限公司、文山华信三七股份有限公司、昆药集团血塞通药业股份有限公司等 4 家三七龙头企业共同组建，截至目前，其在科研平台建设、人才培养、创新产出、运行与管理等方面取得了一定成绩，为三七产业的发展起到持续的科技支撑作用。

三、文山三七研究院

文山学院三七研究院始建于 1985 年，前称为文山州三七科学技术研究所，2008 年更名为文山三七研究院，2012 年整体并入文山学院，更名为文山学院文山三七研究院，是全国唯一专门从事三七研究的科研单位。

文山三七研究院是富有文山学院特色与地方区域产业特点的、国内外占有重要地位、知名的中药材三七研究机构，它为解决制约三七产业发展的重大关键问题奠定了科学基础，为文山学院高校转型发展提供支撑，通过成果转化为三七产业的发展提供科技服务，为三七种植户提供示范培训和技术支持。它对三七产业的支撑作用主要表现在以下几个方面：①为产业提供了标准支撑，先后制定了《三七》《三七栽培技术规程》《原产地域保护——文山三七》共 3 项国家标准，通过国家质量监督检验检疫总局评审，其中《原产地域保护——文山三七》作为国家标准获得国家质量监督检验检疫总局发布，是三七产业中首个国家标准；②为三七原产地域产品保护、文山三七证明商标的申报提供了大量翔实的史料，并完成相关标准的制定及栽培技术规范的整理；③建立了规范的三七种植技术体系，完成三七从选地——建棚——播种——田间管理——采挖——产地初加工的整个种植流程标准操作规程的制定，极大地提升了文山三七的种植规范；④对三七的综合开发利用起到了引领作用，先后与三七相关企业合作，完成了 3 个药品、10 余个保健食品及 20 余种三七中药饮片的开发；⑤为三七种植户提供示范培训和技术支持，切实解决农民生产中碰到的技术问题。研究院每年都与地方政府、龙头企业联合开展三七规范化栽培技术培训，对三七种植专业大户进行关键技术培训和跟踪监督指导，传播三七规范化栽培技术知识，提升农民三七种植水平，从而降低农民三七种植风险。

四、文山三七产业技术创新战略联盟

2014 年 6 月 18 日，云南省文山三七产业技术创新战略联盟成立大会在文山顺利召开，13 家联盟成员单位参加了成立大会，会议选举产生理事会成员，文山市苗乡三七实业有限公司董事长余育启担任联盟第一届理事长。至此，文山三七产业技术创新联盟成为文山州民政局首个批复成立的技术创新战略联盟。

自云南省文山三七产业技术创新战略联盟建设工作开展以来，各成员单位充分发挥技术优势和资源整合优势，承担实施了《文山三七种植新区评价及栽培技术优化和新型育种模式研究与示范》项目，在三七工厂化育苗、新品种选育、病虫害防治研究等方面取得了阶段性成效。针对制约三七产业链发展的关键技术问题，联盟研究提出了产业发展的科技支撑项目，并完成了项目《文山三七产业链关键技术开发及产业化集成运用示范》的可行性研究。在三七的安全性、新型干燥、仓储加工、资源综合利用、重大品种培育等方面也开展了关键技术研究，为三七产业科技创新与产业发展奠定了坚实基础。

五、云南省三七标准化技术创新战略联盟

为进一步推动三七产业又好又快发展，云南省科技厅于 2014 年 10 月批准昆明圣火药业集团有限公司、昆明理工大学、中国中医科学院中药资源中心、中国科学院昆明植物研究所、上海中医药大学等 14 家企业、科研单位及高校，成立了"云南省三七标准化技术创新联盟"，旨在研究制定三七种子种苗、种植、加工、产品等生产过程的国际标准和国家标准，推进三七产业技术开发与进步，为国家三七产业标准化政策与规划研究提供支撑，促进三七产品进入国际市场，培养三七产业标准化人才。

六、文山三七产业协会

文山三七产业协会是由全国从事三七种植、加工、流通、科研和相关单位的法人、自然人自愿结成的行业自律组织，它是连接政府与会员、会员与国内外经贸、科研等组织的桥梁和纽带。

文山三七产业协会业务范围主要包含以下几方面：①按照市场经济规律指导从事三七种植、加工、流通、科研等行业开展生产经营活动，促进三七产业又好又快发展；②研究三七产业中存在的问题，及时向州委、州政府和有关部门提出意见和建议；③参与制定、修订三七行业有关标准工作，组织有关标准的宣传贯彻和执行；④组织收集、整理和传递国内外三七产业信息，开展信息交流和咨询服务，为企业生产经营决策提供依据；⑤开展专业技术和企业管理交流培训，组织技术交流、技能竞赛、新技术新成果推广应用以及管理咨询；⑥积极创建大健康文山三七品牌服务平台，积极宣传三七文化及其养生治疗功效，在大众媒介积极推广"文山三七"品牌，提高三七美誉度；⑦组织、引导、规范和授权"文山三七"驰名商标、地理标志等知识产权的使用和保护；⑧团结一切可以团结的个人和企业，合作共赢，努力实现三七全产业链稳定健康发展，积极参与整合投资三七相关产业链，稳步推动三七产业发展。

目前，对三七科研成果有贡献的科研机构超 500 家，活跃在三七科研一线的高级科研人才 2000 余人，对三七规范化种植、药效物质基础、药理作用机制、临床应用及评价等开展大量的基础研究工作。自 1979 年至今，CNKI 等数据库正式收载的三七科研论文 12 600 篇，专利也超过 10 000 个，是目前基础研究较为扎实的中药材代表性品种。

第二节　三七科技研究进展

一、文山三七产业协会重组

2014 年 8 月 8 日在文山召开了第三届文山三七产业协会第一次会员代表大会，曾立品先生当选为文山三七产业协会会长。随后主持召开了多次文山产业协会会员代表大会，就三七产业面临问题、应对政策、发展思路与战略目标与协会成员进行广泛交流。

2016 年 8 月 9 日，第三届文山三七产业协会第四次会员大会在文山云南特安呐公司三厂房会议厅召开。

大会听取并审议协会工作报告。大会指出，文山三七产业协会自 2014 年 8 月换届以来，在近两年的时间里，协会新领导班子紧紧围绕协会的宗旨，以服务会员、服务行业、服务政府为目标，以促进行业诚信自律建设为主题，以推进行业健康发展为主线，求真务实，勇于担当，确实抓好加强三七协会的管理体系建设，提高资源控制力、加强三七品牌建设与文化传播，提高品牌影响力、加强营销策划及销售渠道建设，提高市场推广力、加强产业科技创新的体系建设，提高科技创新能力以及加强企业集群发展与示范带动，打造大制造平台等重点工作，做出了一些看得见、摸得着的成绩。

面对 2016 年下半年的工作任务，大会提出，协会将进一步加强协会的自身建设、积极配合重点龙头骨干企业不断开辟三七产品市场、积极配合省州党委政府实施好三七战略收储工作、按照省人民政府的要求，完成云南三七产业战略收储联盟的组建任务、按照州委、州人民政府的要求，联合会员建立有机三七种植基地，继续进一步扩大文山三七的对外宣传、继续推进"文山三七"商标开展国际注册工作、对文山三七产业协会网站进行改版、积极推进与文山印象传媒公司共同打造"文山三七价格信息平台"、联合编著《中国三七产业年度发展报告》、继续抓好协会宣传广告牌的设立工作等 11 个方面的工作。

近年来，文山三七产业协会在政府与广大七农和三七加工、流通企业间搭建好桥梁，进一步加强政策、资金、信息等相互沟通交流，发挥好纽带和桥梁作用。此次会议的召开，将进一步推进文山三七产业持续、健康、有序发展起到积极的促进作用。

二、三七产业领军企业组建

2015 年 7 月 31 日，云南三七科技有限公司增资扩股云南特安呐制药股份有限公司签字仪式在文山举行。中共文山州委书记纳杰，云南城投集团董事长许雷、党委书记杨涛，州委常委、文山市委书记李云龙等出席。州委常委、常务副州长孙勇致词。

孙勇在致词中说，加快三七产业发展，培育三七支柱产业，是州委、州政府作出的发挥资源优势，推动文山经济社会发展的重大战略决策。云南三七科技有限公司与云南特安呐制药股份有限公司签署增资扩股协议，是双方寻求发展、实现共赢的一次重要合作，为促进文山三七产业发展增添了新的动力。希望双方充分发挥各自优势和特点，精诚团结，共同努力，立足文山、着眼三七，朝着国内一流三七龙头企业的目标奋进，为文山三七产业发展做出更大的贡献。州直有关部门要解放思想，增强服务意识，提高办事效率，加强协调和指导，全力解决好增资扩股后续事宜。

云南城投集团副董事长兼云南三七科技有限公司董事长冯学兰、云南特安呐制药股份有限公司董事长唐修文代表双方签署了协议。在特安呐将来的发展中，双方在资本运作、人才供需、技术需求、技术创新、成果转化、生产销售等领域进行全方位合作，全力推动特安呐制药公司健康快速发展。

三、云南省完成首次全省范围三七资源普查

为避免三七产业链上游原料价格大幅波动给全产业链带来的不良影响，全面掌握云南三七种植面积与分布现状和全省适宜种植三七的土地资源情况，也为促进以三七区域特色优势资源为示范的云南省区域战略性新兴产业集聚发展工作，同时为推进三七产业健康、持续、稳定发展，提供准确、详实、可靠的决策依据。2014 年 6 月云南省三七生物技术与制药工程中心在云南三七科技有限公司的支持下，联合北京师范大学和云南省农业厅技术推广总站开展了有三七种植以来的首次云南三七资源普查工作。

此次普查与云南省农业厅农业技术推广总站合作，依托农技推广系统人员遍及每一个自然村的优势，将普查推进到每一个农户，普查数据细化到房前屋后 0.1 亩的菜园子。同时，为了实现普查的信息化、数字化，与北京师范大学合作开发了基于地理信息系统（GIS）的智能化三七普查软件。开创了政企合作+智能化普查软件进行三七资源普查模式。立足产业层面，着眼全省，产业担当和责任，服务区域经济发展，成为首次三七资源普查的最大特点。普查项目包括在种面积、种植结构（一/二/三年三七的面积）、种植户详细信息、种植成本细分、产地加工、已种土地面积、生产适宜区未种土地存量等。

此次普查除采用遥感技术普查登记外还采取实地抽查核实、采样的方式进行。最终形成一份产业报告、一本中药资源普查指导专著、获得一份软件著作权。

自此次三七资源普查数据公布以来，相关普查数据为产业决策、产业发展提供了客观有效的数据支撑，得到了各级政府和社会各界的认可和支持。

四、《三七药材》及《三七种子/种苗》国际标准制定获得 ISO 立项

由昆明理工大学、中国中医科学院中药资源中心、澳门科技大学、文山学院等单位共同申报的《三七种子/种苗》和《三七药材》两项国家标准制定项目获得国家标委会批准立项，正式进入 ISO 标准制定程序。这是继 2003 年《地理标志产品——文山三七》国家标准制定后，再次获得国家立项的两个标准。崔秀明、胡旭佳作为云南省专家代表出席了日本京都国际标准组织 ISO/TC249 第五次委员会。

与人参等品种拥有多项国家标准相比，三七的国家标准制定显然有些滞后，目前仅有《地理标志产品——文山三七》一项国家标准。《三七药材》及《三七种子/种苗》获得国家标准立项，标志着三七标准化进程进入到一个新的阶段，对促进三七产业的标准化发展，提高三七的知名度，提升三七的产品质量，扩大三七的市场份额均具有积极的推动作用。

五、云南省完成三七饮片质量标准修订

三七是我国主产、原产的道地名贵药材，自古因其功效卓著颇受众多医家推崇，被誉为伤科圣药——金疮杖疮之要药。自 1953 年版至 2015 年版《中国药典》三七项下，饮片（三七粉）的功能主治均为：散瘀止血，消肿止痛。用于咯血，吐血，衄血，便血，崩漏，外伤出血，胸腹刺痛，跌扑肿痛。但随着现代人的疾病谱发生变化，以及市场需

求日益扩大，三七药理、药效研究及临床应用范围逐渐被深度挖掘。现代医学研究表明，三七对血液系统、心脑血管系统等方面的疾病都具有独特的治疗保健作用。并且，各类科研项目研发、生产出的三七及三七复方制剂已成为优势明显的心脑血管疾病防治中成药品种，不再仅仅局限于止血、定痛等传统伤科应用。此外，有大量研究还表明，三七有效成分同人参相似，具有类似人参的滋补强壮作用，具耐缺氧、抗疲劳、抗衰老、抗炎、免疫调节、多靶点抗肿瘤作用。当然从三七诸多现代药理基础研究到临床应用还有待进一步深入研究，但在血液、心脑血管、神经系统疾病防治方面三七及三七复方制剂已经成为临床应用最广泛、最重要的中成药品种，已成事实。如血塞通（血栓通）系列、复方丹参滴丸、片仔癀系列。特别是三七单药材提取物三七总皂苷制剂"血塞（栓）通系列"2014年单品系列临床销售突破150亿元，是当前市值最大的中成药品种，其功能主治也集中在心脑血管疾病，如血塞通片（胶囊等口服制剂）具有"活血祛瘀，通脉活络，抑制血小板聚集和增加脑血流量功效，临床用于脑路瘀阻，中风偏瘫，心脉瘀阻，胸痹心痛；脑血管病后遗症，冠心病心绞痛属上述证候者"。血塞通注射剂还可适用于视网膜中央静脉阻塞，眼前房出血，青光眼，脑血管后遗症的治疗，也可用于治疗病毒性肝炎。

2015年公司委托"北大纵横管理咨询集团"开展第三方专业化全国三七产品及三七饮片市场销售情况专项调研。调研组走访北京、昆明、深圳、广州、沈阳、西安、上海、济南、成都、苏州、无锡等12个城市近300家终端门店，发放问卷25 000份，有效问卷19 000份。从消费者购买三七粉的动机分析结果表明：在长期使用三七粉的人群市场，最主要用于高血脂、高血压等日常治疗，占比45%，其中认为有明显效果的占76%；其次是用于中风等心脑血管类疾病后遗症康复，占比36%，认为有明显效果的占69%；而对于《中国药典》强调的三七外伤用药功能，只占2%的人群承认会用于"止血定痛"功能而做家庭常用药储备。根据当前市场消费结构，进行三七粉功能主治项调整符合市场需求。同时，此项工作对促进云南三七产业发展也极具价值。

根据三七现代临床应用进展及药理药效研究成果，省局组织有关专家，召开了三七系列饮片质量标准功能主治项修订专家论证会。结合专家建议，经省局研究，现将三七超细粉等三七系列饮片标准的【功能主治】项由原"散瘀止血，消肿定痛。用于咯血，吐血，衄血，便血，崩漏，外伤出血，胸痹刺痛，跌扑肿痛"修订为"散瘀止血，消肿定痛，益气活血。用于跌扑肿痛，内外出血，气虚血瘀，脉络瘀阻，胸痹心痛，中风偏瘫，气虚体弱；软组织挫伤，出血性疾病，高血压，冠心病，脑卒中，高脂血症，糖尿病血管病变，免疫功能低下见上述症候者"。

三七系列饮片标准功能主治项的修订，意味着一个超越药食同源的重大举措，一个关乎于千亿三七产业造福人类的工程，一个以实际行动推动云南万亿生物医药产业的号角吹响啦！

三七是传统名贵药材，有"参中之王"的美誉，有极高的药用价值。在传统医学中，三七具有止血、活血化瘀、消肿定痛的功效。

此次三七超细粉质量标准功能项的修订，对整个三七大产业的发展而言是具有划时代意义的伟大一步。三七粉的标准和功能主治增补修订后，将最大限度发挥三七的药用价值，大大提升三七整体行业的产品品质，为进一步打造文山三七品牌，促进文山三七产业持续、健康、有序发展奠定基础，三七产业将有望成为全国中医药行业规模化、标准化和产业化的典范。

六、三七获国家中医药管理局首家 7S 道地保真药材认证

7S 道地保真中药材全程质量控制体系是国家中医药管理局现代中药资源动态监测信息和技术服务中心联合中国中药协会、解放军全军中药研究所、成都中医药大学、华邑检测认证等科研监测机构和专家团队通过对中药材全产业链的数年调研和潜心研究而构建的行业指控标准，并根据 7S 体系打造中药材全产业链道地保健质量监督服务平台。

目前的中药材真假难辨，存在以次充好、道地性不明、农药、重金属、熏蒸硫磺等安全问题，7S 道地保真中药材全程质量控制体系在中药材面临的无价值评判标准，无规范包装缺失商品性，无产品追溯，消费者没有可信任购买渠道的发展困境中应运而生，7S 道地药材保真能通过中药材种植标准化，加工及等级、检测、包装的标准化，真正实现"来源可知、去向可追、质量可查、责任可究"。7S 道地保真体系能真正实现三七从田间到用户的 7 个流程全部覆盖"道地保真"，这将帮助三七产业实现升级，同时也是中药材行业的一次巨大革新。

中国中医科学院中药研究所研究员胡世林介绍，三七药用历史大约 500 年，而文山三七的崛起大约 100 年，而现在文山三七更是一枝独秀，是全国唯一的三七生产基地，以年产量 1 万～2 万吨的产值居全国之冠。胡世林认为，文山三七产业链面临前所未有的发展机遇，三七的发展和中药的质量发展一样迫切的需要规范化和标准化，唯有实行三七质量的全程管理问题，才能实现走向世界的三七目标。而 7S 道地保真体系（图 6-2）真正可以实现三七从原产地到种子种苗种植生产加工到消费者的无缝对接。胡世林强调，云南文山作为三七之乡，理应通过透明、公开的 7S 质量控制体系来让消费者获得放心的中药。

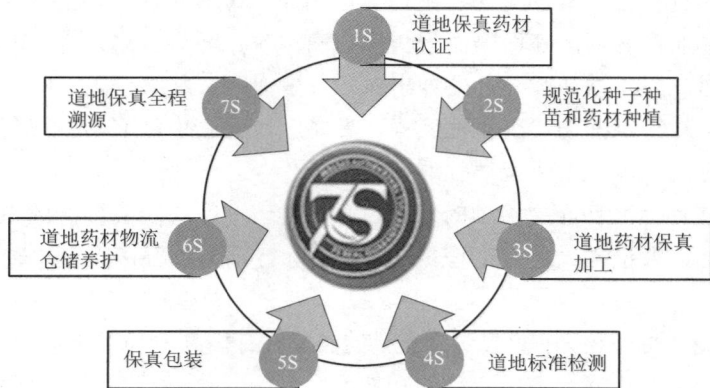

图 6-2　7S 道地保真质量控制体系图

1S：道地保真药材认定确保药材产地道地性

中国中医科学院中药资源中心遵照《国家地理标志产品保护规定》，依据现代中药资源动态监测信息和技术服务中心全国中药资源普查监测数据，组建道地药材专家委员会制定《道地药材通则》，对中药材核心产区的历史沿革、环境特征、遗传特征、质量标准、种植、采收等进行核定，确保药材产地道地性。

2S：种质的优选和规范化的种植确保中药材来源道地性

依照《国家基本药物所需中药材种子种苗繁育基地建设标准》《中药材生产质量管理规范》形成《道地保真药材种植通则》，指导道地药材种子种苗优选，种植规范化。中药材的种子种苗基地化、规范化建设属于创新性的规范，借此能帮助国家食品药品监督管理总局实现对整个三七种植过程中的全部质量管理。

3S：保真标准化药材加工

经 7S 体系输出的商品均在标准化条件下加工生产，除了符合 GMP 条件下的生产规范要求，同时商品等级评定委员会结合现行中药材商品规格等级标准，形成道地保真中药材商品等级科学划分体系。"通过这两个步骤确保上游药材的等级划分能更好地体现药材的价值，优质药材卖出优价，为中药材生产、流通、应用等环节提供定价依据，实现中药材优质优价，保障消费者透明消费。"

4S：保真标准化检测

确保中药材的安全性、有效性和质量稳定性。在采纳现行《中国药典》标准的基础上，根据中药材特性采取生物检测、化学检测、形式检测三位一体的多元化检测方法，引进与欧盟同步的农药残留和重金属安全性检测标准，实现国内国际双重检测标准，确保中药材的安全性、有效性和质量稳定性。

5S：保真规范化包装

规范道地药材产品包装，实现保真防伪，有效防止二次污染。目前中药材包装基本上属于"粗大黑"，存在没有包装或者包装不规范等问题。7S 整合了《药品生产质量管理规范》《国家中医药管理局中药饮片包装管理办法（实行）》和《食品安全国家标准》，制定《保真包装通则》，同时创新的应用新技术规范道地药材产品包装环节，实现保真防伪、防开启电子铅封、RFID 等技术有效防止二次污染。

6S：保真恒控仓储，确保中药材品质稳定性和安全性

目前的中药材是没有有效期的，而每年因仓储环节而造成的中药材浪费难以数计。7S 针对中药材特性，采用恒控仓储技术，建立智能化 24 小时恒控可视仓储系统，确保中药材品质稳定性和安全性。

7S：道地保真全程溯源

实现道地药材从田间到消费的无缝质量管理。

7S 参照国家中药材流通追溯体系，结合物联网技术对道地药材生产全过程实施监控记录，实现产品从原产地到终端消费全过程无缝质量管控，构建第三方独立质量监督查询平台，为消费者打造安全、可信赖的放心中药材。消费者通过扫描商品包装上的加密二维码即可获取产品从种子种苗种植到生产加工的全产业链过程。

7S 并不是打破原有的 GMP 或者 ISO 标准而是通过创新的措施和手段，整合质量管理体系，解决目前条块化的短板问题，实现全产业链、全过程的直接管理。7S 道地保真中药材全程质量控制体系从道地药材认定、种质优选和规范化种植、保真标准化药材加工、保真标准化检测、保真规范化包装、保真恒控仓储、道地保真全程溯源 7 个方面为三七产业发展及目前中药材所面临的问题提供解决方案，而"云三七"7S 道地保真可确保文山三七从原产地到终端消费者的全过程实施保真有效控制，实现原产地与消费市场的无缝对接，打造放心三七药材产业链，为消费者构建放心药材消费指引。

7S 道地保真体系将让中药材走进质量时代，使中药材真正从价格竞争走向质量竞争，"人人重视质量、人人创造质量、人人享受质量"，将为中药材融入大健康的时代创造更多机会。

2015 年 5 月 7 日，国家中医药管理局现代中药资源中心在云南文山发布了 7S 道地保真质量控制体系实施成果认证。云南三七科技有限公司旗下品牌"云三七"成为我国首个 7S 道地保真品牌认证的品牌。

近年来，由于中药材受种质、环境、生长年限等诸多因素的影响，疗效常常不稳定，即便是同种异地出产的药材，如三七、人参、当归等，产地不同药效差异很大，因此古人对药材的道地性早有清楚的认识，《本草纲目》中对药材的产地有详细的记载，很多带产地的中药名如川芎、云木香、广藿香、浙贝母、秦皮等说明了道地药材的重要性。

"云三七"7S 道地保真可确保文山三七从原产地到终端消费者的全过程实施保真有效控制，实现原产地与消费市场的无缝对接，打造放心三七药材产业链，为消费者构建放心药材消费指引。

七、三七新品种选育工作取得重大突破

2015 年 1 月"苗乡三七 1 号"和"滇七 1 号"被云南省林业厅园艺植物新品种注册登记办公室授予《云南省园艺植物新品种注册登记证书》，"苗乡三七 1 号"和"滇七 1 号"的选育成功标志着文山三七新品种选育取得重大突破，结束了三七人工种植 400 年没有品种的历史。

"苗乡三七 1 号"和"滇七 1 号"是由文山市苗乡三七实业有限公司和云南农业大学联合开展科技攻关，经过 10 余年的努力，通过三七种质资源收集、开展三七品系比较，5 代集团选择（2000—2012 年）等育种程序，成功选育出的新品种。"苗乡三七 1 号"的主要特征是茎整体为绿色，花序梗颜色为绿色，"滇七 1 号"的主要特征是茎杆整体为深紫色，两个品种具有高产和抗性强的特性，三年七的存苗率和产量均高于农家栽培群体，适合在海拔 1600～2200m 地区栽培。"苗乡三七 1 号"和"滇七 1 号"的成功选育，解决了我国三七人工种植无高产、抗性强优良品种的问题，对于推进文山三七产业持续发展具有重要意义。

八、三七花、茎叶药食同源申报工作取得进展

文山三七食药同源申报工作于 2012 年正式启动，历时近 5 年，终于 2016 年 5 月 13

日获云南省卫计委批准将文山三七花、茎叶列入普通地方特色食品进行管理，同时已启动三七花、茎叶食品安全地方标准立项。2016 年 9 月 23 日，文山州召开"文山三七花、茎叶进入食品开发领域"新闻发布会。标志着名贵中药材三七的地上部分进入食品领域，其开发利用的政策瓶颈得以根本解决，为云南三七产业进一步发展提供了法律保障。

三七花、茎叶纳入普通地方特色食品原料进行管理，这是云南省第一个获准进入地方特色食品的品种。这将突破三七进入食品领域的政策瓶颈，为三七食品的开发扫清政策性障碍，为拓宽三七产品开发的领域和空间，以及开拓三七食品大市场创造前置条件，必将形成三七食品开发和三七企业发展的又一轮热潮。三七食品的开发将进一步充实和完善三七全产业链，使文山三七这一特色生物资源发挥更大的经济价值，极大地放大三七产业的综合效应，实现七农增收，财政增税，增加更多的社会就业岗位，为文山州打造三七千亿元产业增添新的发展路径，助推文山三七做大做强，实现千亿发展目标。此外，它将为我省特色生物资源产业的发展提供有力的支持和服务，也为我省同类生物资源作为特色食品开发利用提供良好的范例。

九、三七科技与云南农业大学合作推进三七无轮作种植技术体系

2014 年 12 月 27 日，云南三七科技有限公司与云南农业大学战略合作协议在昆明签订，省委常委、省委高校工委书记、滇中产业新区党工委书记李培，中国工程院院士、省科协主席、云南农业大学名誉校长朱有勇，云南省城市建设投资集团有限公司董事长许雷出席签约仪式。

协议的签订旨在全方位整合高校科研力量、人才资源和企业资金、管理、生产、营销资源，加强产学研合作，推动我省三七产业转型升级，为提升我省生物产业发展水平注入新活力。

云南农业大学将组织西南边境生态屏障与特色农业协同创新中心等相关机构科研力量，与云南三七科技有限公司合作开展三七产业发展关键技术研发攻关，帮助解决企业生产技术难题，构建产学研结合的技术创新体系，提升企业自主创新能力；集成和共享技术创新成果，加强技术辐射与研发成果的应用和推广，采取技术转让、咨询、股份制合作等多种形式进行科技成果转化，推动我省三七产业化发展进程；结合三七产业发展的趋势和要求，双方将加强人员交流互访，联合培养技能型人才、管理型人才和企业家型人才；联合组织科研力量开展与三七相关的关键技术攻关，论证筛选、组织申报、承担实施国家和省级重大科技攻关项目及产业化关键技术攻关。

第三部分

三七产业发展的趋势分析

第七章

环 境 篇

第一节 三七产业发展的社会环境

一、人口老龄化

2015 年末中国大陆总人口（包括 31 个省、自治区、直辖市和中国人民解放军现役军人，不包括香港、澳门特别行政区和台湾省以及海外华侨人数）137 462 万人，比上年末增加 680 万人，详见图 7-1。全年出生人口 1655 万人，出生率为 12.07‰；死亡人口 975 万人，死亡率为 7.11‰；人口自然增长率为 4.96‰，比上年下降 0.25 个千分点。人均预期寿命 76.34 岁。

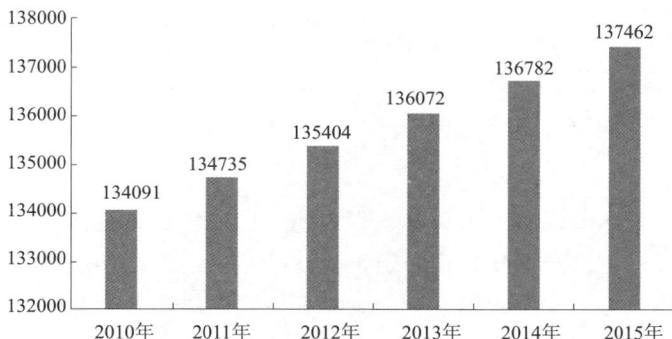

图 7-1　2010-2015 年中国人口总量（万人）增长趋势图

数据来源：国家统计局、中商产业研究院

2015 年年末全国人口数量及构成详见表 7-1。

从年龄构成看，16 周岁以上至 60 周岁以下（不含 60 周岁）的劳动年龄人口 91 096 万人，比上年末减少 487 万人，占总人口的比重为 66.3%；60 周岁及以上人口 22 200 万人，占总人口的 16.1%；65 周岁及以上人口 14 386 万人，占总人口的 10.5%。从城乡结构看，城镇常住人口 77 116 万人，比上年末增加 2200 万人，乡村常住人口 60 346 万人，减少 1520 万人，城镇人口占总人口比重为 56.1%。

表 7-1　2015 年年末全国人口数及其构成

指　标	年末数（万人）	比重（%）
全国总人口	137 462	100.00
其中：城镇	77 116	56.1
乡村	60 346	43.9
其中：0~15 岁（含不满 16 周岁）	24 166	17.6
16~59 岁（含不满 60 周岁）	91 096	66.3
60 周岁及以上	22 200	16.1
其中：65 周岁及以上	14 386	10.5

数据来源：国家统计局、中商产业研究院

　　值得注意的是，中国人口老龄化较为严重。据全国老龄委公布的《中国人口老龄化发展趋势预测研究报告》预计到 2020 年，老年人口达到 2.48 亿，老龄化水平达到 17.2%（图 7-2）；2025 年，60 岁以上人口将达到 3 亿，成为超老年型国家。

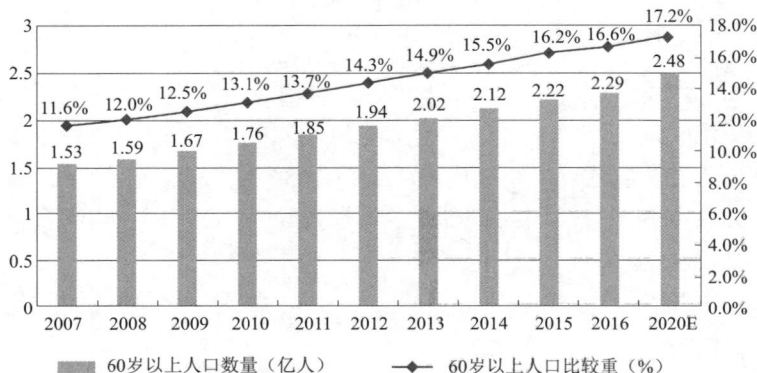

图 7-2　2007—2020 年中国 60 岁以上人口数量及比重

数据来源：湖南商学院学报

　　人口老龄化，意味着老年人口在总人口中所占的比例越来越大，而且达到了一定的规模和程度。增加的这部分老年人口，由于机体抵抗力的减弱和城市污染的增加，就会滋生疾病，从而增加城市的医疗消费。而老年人生病一般不敢轻易地自己购药治疗，而会主动求医治疗。由于在当期的医疗体制下，财政对医院的转移支付机制尚不完善，医患之间存在严重的信息不对称现象，医护人员往往利用自身的信息优势，给病人开中高端的药物，以提升自身的收入。这就使得城市的医疗消费往往倾向于中高水平的医疗消费。老龄人口所得的病，很大一部分是慢性疾病，慢性疾病的性质决定了治疗的长期性。因此，部分老人的当期收入可能未必足以购置，从而激发了预防性储蓄的动机，诱致当期老年人口跨期进行医疗消费。

　　城市老人的消费能力不可低估。2014—2050 年，中国老年人口的消费潜力将从 4 万亿左右增长到 106 万亿左右，占 GDP 的比例将从 8% 左右增长到 33% 左右，是全球老龄产业市场潜力最大的国家。

据现代药理研究发现三七含有多种三七皂苷、黄酮苷和生物碱等，有明显的扩血管、降压及改善心肌耗氧量等作用，三七在防治心脑血管及老年慢性疾病等方面有显著的效果。这也预示着三七产业在人口老龄化的社会环境下会有很大的发展潜力。

二、卫生费用与医疗保健消费支出稳步增长

据《2015 年我国卫生和计划生育事业发展统计公报》，2015 年全国卫生总费用预计达 40 587.7 亿元，其中政府卫生支出 12 533.0 亿元（占 30.88%），社会卫生支出 15 890.7 亿元（占 39.15%），个人卫生支出 12 164.0 亿元（占 29.97%）。人均卫生总费用 2952 元，卫生总费用占 GDP 百分比为 6.0%。

据国家统计局统计，2014 年，我国城镇居民家庭人均医疗保健消费支出达到 1305.6 元，2010—2014 年，城镇居民家庭人均医疗保健消费支出逐年递增，复合增长率达到 8.7%；2014 年，农村居民家庭人均医疗保健消费支出达到 753.9 元，2010—2014 年，农村居民家庭人均医疗保健消费支出逐年递增，复合增长率达到 23.5%（图 7-3）。中国居民的医疗保健消费支出水平持续提高，保健意识加强。

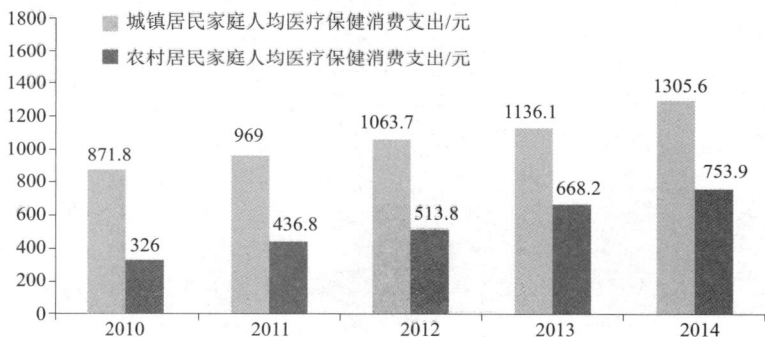

图 7-3　2010—2014 年中国城镇和农村居民家庭人均医疗保健消费支出增长情况

数据来源：国家统计局、中商产业研究院

《2015 年国民经济和社会发展统计公报》数据显示，全年全国居民人均可支配收入 21 966 元，比上年增长 8.9%，扣除价格因素，实际增长 7.4%。全国居民人均消费支出中，人均医疗保健消费 1165 元，占比 7.4%。

三七是中医诊疗中用于治疗或预防心脑血管、糖尿病等慢性病，因此，在卫生费用与医疗保健消费支出稳步增长的情况下，对于三七产业的发展也是一个利好。

中医药具有临床疗效确切、预防保健作用独特、费用相对低廉等特色优势，在我国医药卫生体系中的作用越来越突出。2009—2015 年，中医诊疗服务量占医疗服务总量由 14.3% 上升到 15.7%，表明中医诊疗服务接受程度逐年提高，且未来仍有较大发展空间。同时公立中医类医院比公立医院门诊次均费用低 11.5%，住院人均费用低 24%，中医诊疗服务性价比高，且独立性高适合基层推广，未来在医保控费及分级诊疗的大背景下将更受青睐。

第二节　三七产业发展的市场环境

一、医药工业现状

（一）全国医药工业现状

工业增加值：2015 年规模以上医药工业增加值同比增长 9.8%，增速较上年下降 2.7 个百分点，高于工业整体增速 3.7 个百分点。医药工业增加值在整体工业增加值中所占比重达到 3.0%，较上年增长约 0.2 个百分点，反映出医药工业对整体工业增长贡献进一步加大。

主营业务收入（表 7-2）：2015 年医药工业规模以上企业实现主营业务收入 26 885.19 亿元，同比增长 9.02%，高于全国工业增速 8.22 个百分点，但较上年降低 4.42 个百分点。各子行业中，中药饮片加工增速高于行业平均水平。

表 7-2　2015 年医药工业主营业务收入完成情况

行　业	主营业务收入（亿元）	同比（%）	比重（%）
化学药品原料药制造	4614.21	9.83	17.16
化学药品制剂制造	6816.04	9.28	25.35
中药饮片加工	1699.94	12.49	6.32
中成药制造	6167.39	5.69	22.94
生物药品制造	3164.16	10.33	11.77
卫生材料及医药用品制造	1858.94	10.68	6.91
制药专用设备制造	182.02	8.94	0.68
医疗仪器设备及器械制造	2382.49	10.27	8.86
医药工业	26 885.19	9.02	100

数据来源：中华人民共和国工业和信息化部　消费品工业司

利润（表 7-3）：2015 年医药工业规模以上企业实现利润总额 2768.23 亿元，同比增长 12.22%，高于全国工业增速 14.52 个百分点，较上年下降 0.93 个百分点。全年利润增速高于主营业务收入增速，显示医药工业盈利水平有所提升。

表 7-3　2015 年医药工业利润总额完成情况

行　业	主营业务收入（亿元）	同比（%）	比重（%）
化学药品原料药制造	351.03	15.34	12.68
化学药品制剂制造	816.86	11.2	29.51
中药饮片加工	123.90	18.78	4.48
中成药生产	668.48	11.44	24.15

行　　业	主营业务收入（亿元）	同比（%）	比重（%）
生物药品制造	386.53	15.75	13.96
卫生材料及医药用品制造	169.86	13.04	6.14
制药专用设备制造	19.00	1.63	0.69
医疗仪器设备及器械制造	232.56	5.34	8.40
医药工业	2768.23	12.22	100

数据来源：中华人民共和国工业和信息化部　消费品工业司

销售利润率情况（表 7-4）：2015 年医药工业整体销售利润率为 10.3%，较上年同期提高 0.3 个百分点。

从整体情况来看，2015 年全年，医药工业销售利润率一直保持在 10% 左右的平稳水平。七大子行业中销售利润率高于医药工业整体水平的依次为：生物药品制造业、化学药品制剂制造业和中成药生产业。

比较来看，2015 年医药工业七大子行业中，除医疗仪器设备及器械制造业外，其余子行业的利润率同比均有不同程度的提高，其中，中成药生产业和生物药品制造业的销售利润增幅居首。

表 7-4　2015 年医药工业销售利润率情况

行　　业	利润率（%）	同比变化（百分点）
化学药品原料药制造	7.6	0.3
化学药品制剂制造	12.0	0.3
中药饮片加工	7.3	0.3
中成药生产	10.8	0.5
生物药品制造	12.2	0.5
卫生材料及医药用品制造	9.1	0.0
医疗仪器设备及器械制造	9.8	−0.5
医药工业	10.3	0.3

数据来源：中华人民共和国工业和信息化部　消费品工业司

固定资产投资：2015 年医药制造业累计完成固定资产投资总额 5811.9 亿元，同比增长 11.9%，增速较上年同期下降 3.2 个百分点。GMP 改造期限已至，制药企业新版 GMP 认证已基本完成，医药制造业固定资产投资增速回归接近制造业平均水平。

2015 年医药工业主营业务收入增速进一步放缓，但利润总额表现不俗，增速总体保持平稳。从各子行业发展情况来看，在主营业务收入中，中药饮片加工业增速最高，达 12.49%；卫生材料及医药用品制造业和生物制造业依次位列第二、第三；在利润总额中，中药饮片加工业以 18.78% 的增速位列第一，生物药品制造业和化学药品原料药制造业增速位列第二、第三。

2015 年在国家 GDP 增速放缓，医药政策不断出台，行业发展环境多变的大背景下，我国医药工业总体发展较好，营收利润保持着稳定且较快的增长，工业增加值增速也在全国工业各行业排名靠前。对整个医药产业而言，2015 年也是我国医药产业转型升级的大年，GMP 升级改造基本完成，2015 年版《中国药典》全面实施，仿制药一致性评价工作稳步开展。此外，飞行检查、环保达标、药品临床自查等监管力度的加强又从侧面推进了医药产业升级，未来医药产业走过这样一段艰苦的转型升级之路后，涅槃重生，将迎来质的飞越。

2016 年 1 月 18 日，中国国家认证认可监督管理委员会与国家中医药管理局签署合作协议，将共同推动中医药健康服务认证工作，建立中医药健康服务认证体系，推动中医药科研实验室、重点研究室等医疗服务机构纳入国家统一的实验室资质认定制度，我国中医药产业水平将上升到一个新的高度；中医药产业作为医药产业的主要组成部分，未来发展潜力巨大，将在国家政策扶持的有利发展环境下，在医疗服务的各个环节上发挥着越来越重要的作用。

（二）云南省医药工业现状

2015 年，全国医药工业行业，主营业务收入同比增长 9.02%，比云南省医药工业营业收入同比增长 8.4%，高出 0.62 个百分点，利润总额同比增长 12.2%，比云南省医药工业利润总额同比增长 5.9%，高出 6.3 百分点，医药工业增加值同比增长 9.8%，而云南工业增长值为负增长；2015 年全国医药工业整体销售利润率为 10.3%，较上年同期提高 0.3 个百分点，而云南省医药工业销售利润率则为 10.08%，同比增长也为负增长；2015 年云南医药工业主要指标增长（表 7–5），明显低于全国行业水平，除了影响全国行业增幅下降的共性因素外，主要是受 GMP 认证和企业并购等因素的影响。

表 7–5　2015 云南省医药工业经济主要完成情况

指标名称	本年实际（万元）	同比增长（%）
医药总产值	3 625 724	4.2
工业增加值	1 949 100	−1.1
新产品产值	184 234	−19.2
出口交货值	65 886	−1.9
营业收入	4 597 536	8.4
利润总额	496 699	5.9
利税总额	728 458	2.2
资产总额	5 271 589	12.3
负债总额	2 789 525	22

数据来源：云南省医药行业协会《云南省生物医药工业经济运行报告（2015 年度）》

2015 年，全省统计的医药生产企业共 138 家，其中规模以上企业 116 家。医药工业产值超亿元的企业有 62 家，其中中药生产企业 26 家；化学制剂、化学原料药生产企业

8 家；生物制药企业 2 家；中药饮片加工企业 10 家；植物提取物及天然健康产品生产企业 15 家。医药产值超 10 亿元企业有 5 家，其中中药生产企业 3 家，化学药生产企业 1 家，天然健康产品生产企业 1 家。

医药工业营业收入超亿元的企业 55 家，其中中药生产企业 23 家；化学（含原料药）生产企业 6 家；生物制药企业 2 家；中药饮片生产企业 11 家。营业收入超 10 亿元的企业 5 家，其中中药生产企业 3 家，化药制剂企业 1 家，天然健康产品企业 1 家。

医药生产企业利润 1000 万元以上企业 38 家，其中中药生产企业 15 家；化学药生产企业 6 家；中药饮片生产企业 7 家；植物提取及天然健康产品生产企业 9 家；医疗器械生产企业 1 家。实现利润超 1 亿元的企业 5 家，其中中药企业 4 家，化学药企业 1 家。

2015 年云南省中成药、中药饮片加工行业的运行情况：

2015 年，我省中成药生产企业完成产值 2 343 804 万元，同比增长 7%，中成药产值占全省医药工业总产值 46.4%；中成药生产企业实现营业收入 3 527 778 万元，同比增长 16%；中成药生产企业实现利润总额 447 819 万元，同比增长 14%，占全省医药工业利润总额的 90% 以上。

中药饮片加工产值 307 607 万元，同比增长–8%；占全省医药工业产值 8.4%；营业收入 230 934 万元，同比增长–23%，占全省医药工业营业收入 5%；利润总额 24 752 万元，同比增长 5%，占全省医药工业利润 5%。

针对个体养生保健需求为主的中药饮片及天然保健品发展迅速，如三七粉、铁皮石斛、天麻、松花粉等，2015 年我省中药饮片销售增长最快的品种就是三七粉，年销售超 3 亿元，但因 2015 年三七、铁皮石斛等我省重点道地药材价格均出现大幅下跌，导致企业销售量虽然呈增长，但产值、营业收入明显下降。

2015 年，是"十二五"收官之年，虽然 2014 年我省生物医药产业各主要指标出现断崖式跌停，2015 年增幅仍低于全国平均水平，由于"十二五"前三年增长较快，总体上我省生物医药产业仍取得较快发展，生物医药产业仍然是我省工业经济各行业中发展较好的行业。另云南在大品种的培育上，仍有较大潜力，全省目前拥有的全国独家品种、剂型达 250 多个，单品种销售超过 1000 万元的所占比例很小，在植物提取物的深加工上仍有很大发展空间。

二、慢性病的市场环境

慢性病主要指以心脑血管疾病（高血压、冠心病、脑卒中等）、糖尿病、恶性肿瘤、慢性阻塞性肺部疾病（慢性气管炎、肺气肿等）、精神异常和精神病等为代表的一组疾病，具有病程长、病因复杂、健康损害和社会危害严重等特点。

国家卫生和计划生育委员会《中国疾病预防控制工作进展（2015）》报道，随着环境污染、食品安全、不健康生活方式及人口老龄化影响，我国慢性病发病呈现快速上升趋势，心脑血管疾病、恶性肿瘤等慢病导致的死亡人数占全国总死亡人数 86.6%，导致的疾病负担占总疾病负担的 70%。

全国第三次居民死亡原因抽样调查统计，心脑血管疾病、恶性肿瘤和其他慢性退行性疾病成为我国城乡居民最主要的死亡原因，并与老龄化、高血压、血脂异常等"生活方式病"相伴增加。据《中国心血管病报告2015》统计，2014年，中国心血管病死亡率居疾病死亡构成的首位，高于肿瘤和其他疾病。农村心血管病死亡率从2009年起超过并持续高于城市水平。心血管病占居民疾病死亡构成在农村为44.60%，在城市为42.51%，即每5例死亡者中就有2例死于心血管病。2014年中国农村、城镇居民主要疾病死因构成比例如图7-4所示。

中华医学会糖尿病分会2013年公布我国糖尿病患者约1.39亿，30岁以上人群患病率达11.6%。

《中国居民营养与慢性病状况报告（2015）》中提到：坚持中西医并重，充分发挥中医药的作用，中医药强调"上工治未病，未病先防、已病防变、愈后防复发"，这些都是有利于促进慢性病的防控和防治工作，使得中医药在防治慢性病方面，包括慢性病康复方面发挥更好地作用。

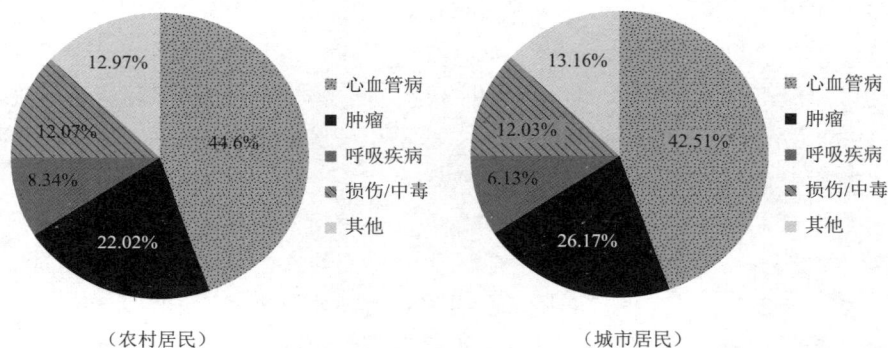

（农村居民）　　　　　　　　　　（城市居民）

图7-4　2014年中国农村、城市居民主要疾病死因构成比（%）

《中国慢性病防治工作规划（2012—2015）》提出了9个目标，并启动了7项策略与措施来做保障，尤其是在慢性病防治工作中，坚持中西医并重，充分发挥中医药"简、便、验、廉"和"治未病"的特点，已得到国际社会广泛认可，中医药在常见病、多发病、慢性病及疑难病症、重大传染病防治中的作用得到进一步彰显。打通医养结合、朝向心脑血管疾病预防用药，三七饮片或将成为三七产业消耗原料，增长市场最快的板块。随着我国新型工业化、城镇化的深入发展，以及人口老龄化进程的加快，三七在高血压、冠心病、脑卒中、高脂血症、糖尿病血管病变、免疫功能低下等慢性病、老年病防治方面的功效，将是进入中老年慢性病市场的健康产品的重要资源，市场前景巨大。

但同时值得注意的是，三七原料缺乏生产全过程的质量控制体系，原料产品的安全性和稳定性有待提升；作为预防心脑血管疾病的产品，对重大疾病防治的价值尚缺乏对三七有效性、安全性、经济性系统分析，长期使用缺乏科学的研究数据支持，需要进一步深入研究完善。

三、健康产业的市场环境

健康产业是一种有巨大市场潜力的新兴产业。涉及医药产品、保健用品、营养食品、医疗器械、保健器具、休闲健身、健康管理、健康咨询等多个与人类健康紧密相关的生产和服务领域。随着社会医疗水平提高，特别是随着世界性老龄化社会的到来，各种老年性、营养过度性疾病的大量发生，人们对医疗资源的需求已由过去的治疗为主转变为预防为主。"以疾病为中心"向"以健康为中心"的医疗观念正在形成，观念的转变极大地推动了健康行业的发展。中国健康行业是被公认为是继 IT 行业之后又一个朝阳产业。

随着社会发展和人们生活水平的普遍提高，以及人类生活方式的改变，健康产品的总需求急剧增加。在发达国家，健康产业已经成为带动整个国民经济增长的强大动力，健康行业增加值占 GDP 比重超过 15%，而在我国，健康产业仅占中国国民生产总值的 4%～5%，低于许多发展中国家。中国人口多，改革开放的势头好，大健康产业处于起步阶段，发展的潜力很大。

《国务院关于促进健康服务业发展的若干意见》（国发〔2013〕40 号）指出，到 2020 年，基本建立覆盖全生命周期、内涵丰富、结构合理的健康服务业体系，打造一批知名品牌和良性循环的健康服务产业集群，并形成一定的国际竞争力，基本满足广大人民群众的健康服务需求。健康服务业总规模达到 8 万亿元以上，健康支出占 GDP 比例将达到 6.5%～7.0%，成为推动经济社会持续发展的重要力量。十八届五中全会首次提出推进健康中国建设，"健康中国"上升为国家战略，健康产业受到了国家政策和各级政府的支持。由中共中央、国务院印发的《"健康中国 2030"规划纲要》中明确指出要发展健康产业，建立起体系完整、结构优化的健康产业体系，形成一批具有较强创新能力和国际竞争力的大型企业，成为国民经济支柱性产业。从优化多元办医格局、发展健康服务新业态、积极发展健身休闲运动产业、促进医药产业发展几方面入手。到 2030 年，健康产业规模显著扩大，建立起体系完整、结构优化的健康产业体系，形成一批具有较强创新能力和国际竞争力的大型企业，成为国民经济支柱性产业。而作为中国传统医学的中医药产业，基于"治未病"的理念，在健康服务领域有比较优势。

中医药强调的是养生保健。提倡把养生融入到群众的日常生活中去，我的健康我做主，就是要掌握养生保健的科学方法，要针对不同的人群、不同的个体采取不同的养生指导，以便于提高健康素养。现代医疗技术创新与中医药"治未病"思想结合，健康需求已从治病本身拓展到预防保健。且慢病防治非急性感染或损伤，避开西医抗生素及手术优势，日常调理中医药优势更明显，三七在心脑血管系统、神经系统、消化系统及代谢紊乱，滋补强壮等保健方面更具药效优势。

基于三七悠久的用药历史，现代药理药效研究表明三七对心脑血管系统、代谢系统、血液系统、神经系统、免疫系统疾病防治均有确切效用，以及三七绒根、剪口、花、茎、叶、果梗都含有大量的皂苷成分，其皂苷总量与种类不亚于主根部位的科学结论，结合国家《中医药发展战略规划纲要》《中医药健康服务发展规划》的产业导向，三七产业应该定位于：道地药材资源产业和大健康产品产业。积极开发以三七为原料的药品、食品、保健品、日化品、添加剂等相关产品，提高三七资源开发的深度和广度，对促进三七产业具有重要作用。

第三节　三七产业的发展战略

三七是文山及云南最具优势特色的生物资源，原料优势得天独厚，是文山经济社会发展的重要支柱产业，在云南云药产业乃至全国现代医药和健康产业中亦占有重要的地位。

一、三七产业的发展潜力和优势

最近几年，对三七的研究成为中药（民族药）行业内的热点，三七产业的发展具有明显的潜力和优势。

（一）资源优势

三七对生长环境要求极其特殊，云南占有全国三七95%的种植面积和产量；文山三七原料供应影响到全国86%的中药生产企业和国外消费市场，这就形成了三七资源的独特性和不可替代性。三七种植已经成为云南省适宜种植地区农业产业结构调整和农民增收的重要途径，有效解决了农村劳动力的出路问题。

（二）市场发展潜力巨大

从三七的利用价值来看，现代医学研究发现三七含有三七皂苷、黄酮、多糖、三七素等多种有效成分。且在治疗血液系统、心血管系统疾病等方面具有明确和稳定的疗效，在免疫调节、抗衰老等方面具有良好的保健功能。人们健康意识不断的增强，现代医疗模式和观念已由单纯的疾病治疗转变为"预防、保健、治疗、康复"相结合的模式，随着社会环境和市场环境需求的不断加剧，更进一步拓宽了三七在医药和健康产品产业方面的开发和利用空间。

（三）具备加快产业发展的良好基础

首先，三七产业发展符合我国发展生物产业的国家发展战略；其次，三七是可再生的、能够满足工业化大生产的云南独有的特色生物资源，发展三七产业符合国家转变发展方式，调整产业结构的要求；第三，通过多年的发展，三七产业在种植、加工、市场、科研及管理等方面形成了一定基础，积累了一定的经验，面临云南省明确将生物医药和大健康产业列入"十三五"规划八大重点产业之首，将生物医药产业作为战略性新兴产业培育的重大机遇，三七产业已经具备了提升产业规模和效益，实现快速发展的良好条件。

二、三七产业面临的困难和问题

尽管三七产业的发展取得了明显的效果，但同大多数中药产品一样，依然还存在一些困难和问题，成为制约三七产业进一步发展的瓶颈。

（一）三七产业种植业供求严重失衡

近年来，受三七市场价格抬升带来的利益驱使，三七种植业发展极其迅猛，特别是

2012-2014 年，州内三七种植面积迅猛发展，三七种植盲目跟风现象突出，导致市场供求严重失衡，种植投入亏损风险集中暴发，市场价格暴跌，至今仍处于低迷状态，严重影响了三七产业的健康发展。

（二）受制于食品药品政策规定，三七应用领域拓展有限，地上部分资源开发尚处于起步阶段

三七在民间已有 400 多年的药食同源历史，但由于没有进入国家卫生部《可用于药品和食品目录》名单，还不是药食同源植物，所以三七还不能当普通食品使用，导致三七应用范围仅仅限于药品和保健食品；三七地上部分花茎叶食药同源申报工作历时近 5 年，于 2016 年 5 月 13 日，云南省卫计委正式批复同意将三七花、茎叶作为普通地方特色食品原料进行管理，同年启动三七花、茎叶食品安全地方标准立项，即将发布《干制三七花》《干制三七茎叶》的食品安全地方标准，有望为三七地上部分的食品、保健品、日化品开发提供了有力的法规支持和依据，但三七地上部分的开发目前刚刚处于起步阶段，产品开发还有待后续发力。

另医药卫生体制改革、降价、控费、控制药占比，实施辅助用药控制等一系列政策；一些省份的中药饮片地标饮片禁止跨区域销售；《药品、医疗器械广告管理办法》对处方药与非药食同源中药材、饮片的有关广告限制投放规定等，制约了三七产业快速增长。

（三）种植加工环节的关键技术问题还没有得到有效解决，科技创新能力不足

种植环节：① 新品种选育滞后。三七由于长期种植，种质资源退化严重，新品种选育工作滞后于三七产业发展的需要，到目前为止还没有新品种在生产中推广应用；根本原因是三七的育种基础研究薄弱，遗传背景不清，育种工作缺乏必要的理论指导导致。② 连作障碍问题突出。导致三七种植成本增加，适宜种植三七的土地资源匮乏。

加工环节：在云南三七产区，现阶段三七产业仍处于产业链低端，以农业种植和原料初级加工为主，产品科技含量不高、附加值低，三七加工企业产品雷同，集约化程度低，具有竞争实力和影响力的大品牌和大型企业不多；产业内部结构不合理，种植、加工、市场等各环节发展不协调。市场流通不规范，缺少以质量标准为核心的、管理规范的专业化销售龙头企业。

（四）品牌影响力和市场推广能力不够

相比"人参、高丽参、西洋参"的品牌塑造，云南三七的健康名片影响力不足。弱小散乱的三七产业格局，个体农户及文山州内大多三七企业缺乏规模及必要责任感，小农意识浓重，各扫门前雪，无共赢意识，缺乏大型龙头企业带动；缺乏销售通路；无战略部署，缺少品牌战略实施拉动。缺少大的覆盖广的大型药品流通企业和物流体系；七农销售渠道运营管理水平、工业厂家产品品牌营销能力都亟待提升。

（五）产品质量科技支撑不足

三七种植对土地资源透支使用，零售市场掺杂使假、以次充好时有发生以及重金属

和农残残留等问题正在积累着产业信任危机爆发的风险，解决消费者信任危机是三七产业长足发展的重大问题。

三、我国三七产业发展的战略及建议

（一）加强三七种植业组织体系建设，提高资源控制力

建设"政府+协会+企业+合作社"四位一体的三七农业种植的组织协调体系；建设骨干企业联盟为主体的三七战略收储机制和收储三七的质量标准，依据三七市场供求关系的变化，设定收储目标。政府依据企业实际收储量的多少，给予贴息支持。通过三七收储，调节市场供求，稳定三七价格，提高云南对三七资源的掌控力、话语权。在平衡市场价格的同时，为三七产业做大做强做储备。

（二）发挥公共技术体系的支撑作用，协助政府争取市场准入

在"药食同源、新资源食品、医保、基药、地标品种跨省销售"等的关键环节，不仅要求省政府部门加强与国家主管部门的政策沟通，也要求有主体企业与产业公共技术服务平台等机构配合政府提供相关的科学技术基础研究支撑及专家协调沟通。以"政府+企业+中介"组织攻关模式，推进对三七产品市场准入许可工作。

（三）加强三七产业链各环节的科技攻关，提升科技创新能力

全面提升三七产业发展科技创新能力，以创新促发展，重点支持做好以下工作。

1. 重点支持三七无轮作生态种植技术研究。开展优质品种筛选，培育及推广实验研究；大田有机三七种植及林下生态有机三七种植技术研究；三七立体设施种植；三七工厂化种植及克服连作障碍种植技术研究。

2. 重点支持三七已上市产品的二次开发。要把二次开发的重点放在安全性评价、临床研究、循证医学研究上，提升二次开发的水平。通过二次开发，为三七品种进入国家医保目录、基药目录、预防用药、临床学术推广，提供依据。目前。三七粉的使用人群和用量是最大的，要研究制定三七粉合理安全服用指南。

3. 重点支持三七的综合开发利用。借鉴韩国高丽参的发展经验，研究开发，包括三七食品、饮品、化妆品等健康消费品产品体系，逐步减少三七初级产品的消费，提升三七深加工产品的消费。

（四）实施产品质量保障工程，建立贯穿全产业链的质量标准和质量控制体系

实施标准化和国际化发展战略加强三七质量标准体系研究，完善三七质量评价监督体系，从源头上控制和提高三七产品质量，使三七产品的生产、加工等各环节都有相应的标准可循，为三七原料及制品在国外登记、注册，开拓市场提供支持和服务。在现有三七生产、经营规范及云南省地方标准基础上，结合《中华人民共和国药典（2015年版）》增补编制工作，提升三七及相关产品质量标准，完善三七品质分级鉴别、农残重金属检查、三七素、三七多糖含量测定等项目，建立较完善的中药材外源性有害残留物限量标准，健全以药效为核心的中药材质量整体控制模式，提升中药材分级质量控制水平。同

时，加强三七市场质量检验检测体系建设，加强市场化三七检验机构人才队伍、设备、设施建设，鼓励第三方检验检测机构发展，加大对市场经销的三七药材、饮片的抽样检验频度，加强市场质量监督，建立长效追责制度。

（五）加强文化传播和品牌建设，提高品牌影响力

扶持一批以企业为主体的三七文化传播与品牌建设项目。如通过"云三七"的产业链竞争，逐步实现从三七提升到"云三七"再到"国药三七"，最后到"中国参"的战略规划。统一品牌、统一包装、统一标准、建立文山三七品牌传播体系，由政府、协会、产业聚合推动央视、卫视、新媒体的组合，推进全国媒体走近文山、走进三七，树立"文山三七"地理标志、道地保真药材品牌形象。邀请全国学术权威专家研究三七、讲解三七、丰富三七养生保健的科学内涵，提供三七保健适用方式，营造全民三七养生、预防、康复的文化氛围，形成三七大健康文化传播与消费热潮。

（六）全力开拓市场，加强营销策划及销售渠道建设

1. 做大做强现有三七市场，构建连接国内中药材专业交易市场、种植企业、加工企业的三七产品交易体系

以文山三七国际交易中心为核心，着重建设好红籽、籽条、鲜三七、干三七、三七商品等市场，建立三七专业的仓储物流控制体系，加快三七流通追溯体系建设，加大执法打假力度，规范三七市场主体的经营行为和交易行为。引导七农合理避险，科学分销，创建大仓储，小宗贸易公平交易平台；加强三七终端销售市场及专卖店开拓。建立三七连锁专营体系，在全国建立"三七健康体验中心"，弘扬三七健康文化，设立体验服务中心。

2. 拓展中老年市场

由于三七在预防和治疗心血管病方面具有独特疗效，心血管病的主要患者集中于中老年人，当前三七的主要消费群体也集中于中老年人。第一，着力拓展市场，提高三七产品在老年群体上的使用率和覆盖率，如果以全国心血管病患者 10% 为目标进行测算，3000 万人每人每年消费 2000 元的三七产品，市场规模将达到 600 亿元。第二，重点围绕 4.2 亿中年人，让中年人吃三七预防心脑血管病成为生活方式。如果以 10% 为靶向，每人每年消费 500 元三七产品，市场规模将达到 2100 亿元。这既解决我国血管病患病人数快速增长的问题，又为三七产业带来巨大的商机，催生出巨大的市场。

3. 强化网络市场

充分发挥"文山三七"电子交易市场、三七网上商城和相关商品交易所的作用，引导并鼓励产、供、销各环节开展电子交易；提高三七企业电子商务应用范围和发展水平，加大电子商务在三七流通领域的应用。建立电商平台，推动文山网销：B2B、O2O。全面扶持三七销售网络建设，鼓励三七饮片、三七制剂进店进院。

（七）实施国际化发展战略

三七不仅仅是文山的、也是中国的，更应该是全世界的。三七要真正发展壮大、成

为世界知名品牌，就必须实施国际化发展战略。三七的主要出口地是日本，但现在基本上是以药材出口为主，短期内不可能以药品形式进入发达国家市场。可从以下几个方面在国际竞争争取并发展国际市场。

①以国际性制药公司合作，利用他们的平台和研发优势，建立标准提取物的国际标准，以标准提取物进入国际市场是最容易被接受的产品形式；②强调三七的保健功效，扩大新消费者阶层，开发新的三七加工产品领域来实现市场的多元化；③利用互联网的发展在全世界范围内建立虚拟电子商务市场开拓更大的市场空间；④建立国际三七研究中心，实施三七研究开发和信息的国际竞争战略，通过多种宣传形式，召开各种形式的国际学术论坛，向消费者提供三七的相关信息，扩大文山三七在海外影响力。

（八）积极促进三七产业人才引进、人才培养，建设人才队伍，提高产业聚合力

人才引进内外兼收：介于云南在产业界技术高端人才引进上受地域及经济限制，产业急需懂技术、懂专利、懂市场、懂经营的综合性人才。因此，应该十分注意省院省校教育和人才培养问题，并且注重跨区域跨专业联合，一方面可以进行技术创新，另一方面可以培养优化自己的人才队伍。建议创造良好的工作、生活环境，吸引国内外人才改善云南当前的人力资源配置。设立三七产业高层次引智引才绿色通道，为政府发展三七产业提供决策咨询服务于人才支撑保障。

第八章

政策篇

第一节　国家中药（民族药）产业政策

近年来，国家中药产业相关政策措施统计见表 8–1。

表 8–1　国家中药产业相关政策措施统计汇总

年份	文件名称
2009 年 4 月	《国务院关于扶持和促进中医药事业发展的若干意见》
2015 年 4 月	《中药材保护和发展规划（2015—2020 年）》
2015 年 4 月	《中医药健康服务发展规划（2015—2020 年）》
2016 年 2 月	《中医药发展战略规划纲要（2016—2030 年）》
2016 年 3 月	《关于促进医药产业健康发展的指导意见》
2016 年 8 月	《中医药发展"十三五"规划》
2016 年 10 月	"健康中国 2030"规划纲要》
2016 年 11 月	《"十三五"国家战略性新兴产业发展规划》
2016 年 12 月	《关于进一步促进农产品加工业发展的意见》
2016 年 12 月	《中国的中医药》白皮书
2016 年 12 月	《中华人民共和国中医药法》

一、《国务院关于扶持和促进中医药事业发展的若干意见》

2009 年 4 月 21 日，国务院下发了《国务院关于扶持和促进中医药事业发展的若干意见》（以下简称《若干意见》），提出要坚持中西医并重的方针，充分发挥中医药作用。

意见指出，扶持和促进中医药事业发展，反映了党和国家高度重视和支持中医药事业发展的鲜明态度和坚强决心，是贯彻落实科学发展观的必然要求，是全面建设小康社会的重大任务，也是深化医药卫生体制改革的战略性举措。《若干意见》是新中国成立以来党和国家发展中医药事业方针政策的高度概括和系统总结，充分借鉴和吸纳了近年来各地在扶持和促进中医药事业发展方面探索创新的有益经验，对在医改中充分发挥中医药作用，推进中医药事业发展具有重要指导意义。

《若干意见》全面系统地提出了中医药事业发展的目标任务，明确了推进中医药医疗、保健、教育、科研、产业、文化全面发展的发展思路。基本任务主要有以下七个方面：一是发展中医医疗和预防保健服务。提出要加强中医医疗服务体系建设，积极发展中医预防保健服务。二是推进中医药继承与创新。提出要做好中医药继承工作，加快中医药科技进步与创新。三是加强中医药人才队伍建设。提出要改革中医药院校教育，完善中医药师承和继续教育制度，加快中医药基层人才和技术骨干的培养，完善中医药人才考核评价制度。四是提升中药产业发展水平。提出要促进中药资源可持续发展，建设现代中药工业和商业体系，加强中药管理。五是加快民族医药发展。提出要加强民族医疗机构服务能力建设，重视民族医药人才队伍建设，加强民族医药继承和科研工作。六是繁荣发展中医药文化。提出要加强中医药文物古迹保护和非物质文化遗产保护传承，推进中医药机构文化建设，开展中医药科学文化普及教育。七是推动中医药走向世界。提出要积极参与国际组织开展的传统医药活动，拓展中医药服务贸易，加强中医药知识和文化对外宣传。

在提升中药产业发展水平方面，意见提出要促进中药资源可持续发展，建设现代中药工业和商业体系，加强中药管理。在完善中医药事业发展保障措施方面，意见提出要加强对中医药工作的组织领导，加大对中医药事业投入、医疗保障政策和基本药物政策要鼓励中医药服务的提供和使用、加强中医药法制建设和知识产权保护、加强中医药行业管理。随着中医药事业和中药产业的现代化发展对中药资源数量需求的增加和质量要求的提高，采取有效措施，保障中药资源的可持续发展具有现实的迫切性和长远的历史意义。

二、《中药材保护和发展规划（2015—2020 年）》

2015 年 4 月 14 日，工业和信息化部、中医药局、发展改革委、科技部、财政部、环境保护部等 12 个部门联合发布了《中药材保护和发展规划（2015—2020 年）》（以下简称《规划》）。这是我国第一个关于中药材保护和发展的国家级专项规划，对中药材产业和中医药事业的健康可持续发展，深化医药卫生体制改革、保障人民用药安全、提高人民健康水平，促进农民增收和生态文明建设，具有十分重要的意义。

《规划》根据中药材保护和发展现状，提出了 2020 年的发展目标：中药材资源保护与监测体系基本完善，濒危中药材供需矛盾有效缓解，常用中药材生产稳步发展；中药材科技水平大幅提升，质量持续提高；中药材现代生产流通体系初步建成，产品供应充足，市场价格稳定，中药材保护和发展水平显著提高。

《规划》明确了七项主要任务：一是实施野生中药材资源保护工程，开展第四次全国中药资源普查，建立全国中药资源动态监测网络，建立中药种质资源保护体系；二是实施优质中药材生产工程，建设濒危稀缺中药材种植养殖基地、大宗优质中药材生产基地、中药材良种繁育基地，发展中药材产区经济；三是实施中药材技术创新行动，强化中药材基础研究，继承创新传统中药材生产技术，突破濒危稀缺中药材繁育技术，发展中药材现代化生产技术，加强中药材综合开发利用；四是实施中药材生产组织创新工程，培育现代中药材生产企业，推进中药材基地共建共享，提高中药材生产组织化水平；五是构建中药材质量保障体系，提高和完善中药材标准，完善中药材生产、经营质量管理规范和中药材质量检验检测体系，建立覆盖主要中药材品种的全过程追溯体系；六是构建中药材生产服务体系，建设生产技术服务网络和生产信息服务平台，加强中药材供应保障；七是构建中药材现代流通体系，完善中药材流通行业规范，建设中药材现代物流体系。

为确保目标任务顺利实现，《规划》从完善相关法律法规制度和中药材价格形成机制、加强行业监管工作、加大财政金融扶持力度、加快专业人才培养、发挥行业组织作用、营造良好国际环境等方面提出一系列保障措施。其中一些政策措施的提出，在中药、天然药物注册时，应明确中药材原料产地，使用濒危野生中药材的，必须评估其资源保障情况，这对保护野生中药材资源，保证中药质量和安全十分重要。在加大财政金融支持政策方面，《规划》提出鼓励发展中药材生产保险，构建市场化的中药材生产风险分散和损失补偿机制，鼓励金融机构改善金融服务，在风险可控和商业可持续的前提下，加大对中药材生产的信贷投放，为集仓储、贸易于一体的中药材供应链提供金融服务，这将为中药产业的健康发展提供有力的资金支持。

三、《中医药健康服务发展规划（2015—2020 年）》

2015 年 4 月 24 日，国务院办公厅印发了《中医药健康服务发展规划（2015—2020年）》（以下简称《规划》），这是促进中医药健康服务发展制定的专项规划，也是我国第一个关于中医药健康服务发展的国家级规划。《规划》认为中医药（含民族医药）强调整体把握健康状态，注重个体化，突出治未病，临床疗效确切，治疗方式灵活，养生保健作用突出，是我国独具特色的健康服务资源；强调中医药治未病养生保健作用，发挥中医药优势，推进中医药健康服务。三七临床疗效确切，预防治疗方式灵活，是中药健康服务优势品种。

中医药健康服务是运用中医药理念、方法、技术维护和增进人民群众身心健康的活动，主要包括中医药养生、保健、医疗、康复服务，涉及健康养老、中医药文化、健康旅游等相关服务。充分发挥中医药特色优势，加快发展中医药健康服务，是全面发展中医药事业的必然要求，是促进健康服务业发展的重要任务。

《规划》提出了 2020 年发展目标：基本建立中医药健康服务体系，中医药健康服务加快发展，成为我国健康服务业的重要力量和国际竞争力的重要体现，成为推动经济社会转型发展的重要力量。

此外，《规划》还提出了四个具体目标：

——中医药健康服务提供能力大幅提升。中医医疗和养生保健服务网络基本健全，中医药健康服务人员素质明显提高，中医药健康服务领域不断拓展，基本适应全社会中医药健康服务需求。

——中医药健康服务技术手段不断创新。以中医药学为主体，融合现代医学及其他学科的技术方法，创新中医药健康服务模式，丰富和发展服务技术。

——中医药健康服务产品种类更加丰富。中医药健康服务相关产品研发、制造与流通规模不断壮大。中药材种植业绿色发展和相关制造产业转型升级明显加快，形成一批具有国际竞争力的中医药企业和产品。

——中医药健康服务发展环境优化完善。中医药健康服务政策基本健全，行业规范与标准体系不断完善，政府监管和行业自律机制更加有效，形成全社会积极支持中医药健康服务发展的良好氛围。

为实现发展目标，《规划》明确了七项主要任务：一是大力发展中医养生保健服务，支持中医养生保健机构发展，规范中医养生保健服务，开展中医特色健康管理；二是加快发展中医医疗服务，鼓励社会力量提供中医医疗服务，创新中医医疗机构服务模式；三是支持发展中医特色康复服务，促进中医特色康复服务机构发展，拓展中医特色康复服务能力；四是积极发展中医药健康养老服务，发展中医药特色养老机构，促进中医药与养老服务结合；五是培育发展中医药文化和健康旅游产业；六是积极促进中医药健康服务相关支撑产业发展，支持相关健康产品研发、制造和应用，促进中药资源可持续发展，大力发展第三方服务；七是大力推进中医药服务贸易，吸引境外来华消费，推动中医药健康服务走出去。

为确保目标任务顺利实现，《规划》一方面强调完善政策，包括放宽市场准入、加强用地保障、加大投融资引导力度、完善财税价格政策；另一方面从加强组织实施、发挥行业组织作用、完善标准和监管、营造良好氛围等方面提出一系列保障措施。

四、《中医药发展战略规划纲要（2016—2030 年）》

2016 年 2 月 22 日，国务院印发了《中医药发展战略规划纲要（2016—2030 年）》（以下简称《纲要》），这是继 2009 年 4 月出台国务院关于扶持和促进中医药事业发展若干意见后，国务院又一次就中医药工作进行全面部署。

《纲要》以推进中医药继承创新为主题，以提高中医药发展水平为中心，以完善符合中医药特点的管理体制和政策机制为重点，以增进和维护人民群众健康为目标的指导思想。提出了"坚持以人为本、服务惠民；坚持继承创新、突出特色，坚持深化改革、激发活力，坚持统筹兼顾、协调发展"基本原则。

《纲要》提出了两个阶段性目标，到 2020 年实现人人基本享有中医服务，中医医疗服务体系进一步完善。规划首次提出每千人口公立中医院床位达到 0.55 张，每千人口卫生机构中医职业类（助理）医师达 0.4 人，中药工业总产值占医药工业总产值达到 30%以上，中医药产业成为国民经济重要支柱之一。到 2030 年中医药服务领域实现全覆盖，中医药健康服务能力显著增强，对经济社会发展和人民群众健康保障的贡献率更加突出。

《纲要》提出了 7 个方面 24 项重点任务。一是切实提高中医药服务能力，完善覆盖城乡的中医医疗服务网络。二是大力发展中医养生保健服务，加强中医养生保健服务体系和能力建设。三是扎实推进中医药继承，加强中医药传统知识保护和技术挖掘，强化中医师承教育。四是着力推进中医药创新，加强中医药理论创新，重大疑难疾病攻关和重大新药创制，健全中医药协同创新体系。五是全面提升中医药产业水平，加强中药资源保护利用。六是大力弘扬中医药文化。七是积极推动中医药海外发展，加强中医药对外交流合作。

为确保目标和任务实现，还明确提出了五个方面的保障措施。一是健全中医药法律体系。二是完善中医药标准体系。三是加大中医药政策扶持力度。四是加强中医药人才队伍建设。五是推进中医药信息化建设。同时，对组织实施也作了进一步的明确和要求。一是加强规划实施的组织领导，进一步完善国家中医药工作部际联席会议制度，由国务院领导同志担任召集人。二是创新健全中医药管理体制，建立健全国家、省、市、县级中医药管理体系，切实加强中医药管理工作。三是要求营造良好的社会氛围，推动中医药进校园、进社区、进乡村、进家庭，将中医药基础知识纳入中小学课程，形成全社会"信中医、爱中医、用中医"的浓厚社会氛围和共同发展中医药的良好格局。

五、《关于促进医药产业健康发展的指导意见》

2016年3月4日，国务院办公厅发布了《关于促进医药产业健康发展的指导意见》（以下简称《意见》），强调了医药产业是支撑发展医疗卫生事业和健康服务业的重要基础，是具有较强成长性、关联性和带动性的朝阳产业，在惠民生、稳增长方面发挥了积极作用。

医疗产业是在十三五大框架下事关公共服务提升的极为重要的一个领域，故而《意见》特别制定了医药产业在十三五期间的发展目标——到2020年，医药产业创新能力明显提高，供应保障能力显著增强，90%以上重大专利到期药物实现仿制上市，临床短缺用药供应紧张状况有效缓解；产业绿色发展、安全高效，质量管理水平明显提升；产业组织结构进一步优化，体制机制逐步完善，市场环境显著改善；医药产业规模进一步壮大，主营业务收入年均增速高于10%，工业增加值增速持续位居各工业行业前列。

尤为重要的是，该《意见》在原研药、中药等医药门类的提升提出了发展纲要，在研发、生产、质检、国际临床研究和注册方面提出了指示。在研发基础设施建设方面提出了：优化科技资源配置，打造布局合理、科学高效的科技创新基地。意在强化我国医药及医疗生产企业的研发与生产能力。

《意见》明确了七个方面的重点任务包括：加强技术创新，提高核心竞争能力；加快质量升级，促进绿色安全发展；优化产业结构，提升集约发展水平；发展现代物流，构建医药诚信体系；紧密衔接医改，营造良好市场环境；深化对外合作，拓展国际发展空间；培育新兴业态，推动产业智能发展。该指导意见对创新的重视引人注目，在药物、器械、中药现代化三个领域提出创新要求。

《意见》提出六大保障，在多个角度提供保障措施，确保行业健康发展。六大保障措施包括：强化财政金融支持；支持创新产品推广；健全政府采购机制；深化审评审批改革；加快人才队伍建设；加强产业协同监管。

《意见》中关于"推进中医药现代化"，原文如下：

推进中医药现代化。开展中药、民族药及其临床应用技术标准研究，加强中药材种植（养殖）培育技术标准制定，建立中药道地药材标准体系，加强对中医药领域的地理标志产品保护。开展中药材良种繁育和现代种植（养殖）、生产技术推广，在适宜地区建设规范化种植（养殖）、规模化加工一体化基地。加快建立中药材资源动态监测体系，开展野生中药材资源利用的生态环境影响评估。加强中药材、中药生产、流通及使用追溯体系建设，提高中药产品质量和安全水平。开发现代中药提取纯化技术，研发符合中药特点的黏膜给药等制剂技术，推广质量控制、自动化和在线监测等技术在中药生产中的应用。在中医药优势治疗领域，推动经典名方二次开发及应用，研制一批疗效确切、安全性高、有效成分明确、作用机制清晰的中药产品。加强民族医药理论研究，推动藏药、维药、蒙药、傣药等民族药系统开发，提高民族医药医疗机构制剂水平，创制具有资源特色和疗效优势的新品种。

六、《中医药发展"十三五"规划》

2016年8月11日，《中医药发展"十三五"规划》发布，明确了今后五年中医药发展的指导思想、基本原则和发展目标。提出，到2020年，实现人人基本享有中医药服务。中医药医疗、保健、科研、教育、产业、文化发展迈上新台阶，标准化、信息化、产业化、现代化水平不断提高。《中医药发展"十三五"规划》总结了十二五期间我国中医药事业发展的成绩，展望了未来5年中医药产业发展方向、任务和重点。

（一）总结过去，中药工业增速居所有项目之首

在回顾十二五期间成绩时，可以明显看到（表8–2），中药企业营业收入在过去5年实现了19.92%的增速，远高于其他项目。在国家经济形势整体下行态势下，中药板块交出如此高分的答卷，实在难能可贵！这也说明，中药产业已成为国民经济的"黄金板块"和"价值洼地"，成果辉煌。

表8–2 "十二五规划"主要指标实现情况

指标类别	具体指标	实现情况		
		2010年	2015年	年均增长（%）
中医药医疗资源	中医医院（所）	3232	3966	4.18
	建有地市级中医医院的地市数所占比例（%）	94.0	99.7	1.18
	达到二级甲等中医医院水平的县级中医医院比例（%）	33.9	58.0	11.31
	中医医院床位数（万张）	47.1	82.0	11.73
	每万人口中医医院床位数（张）	3.52	5.96	11.11
	每万人口卫生机构中医执业（助理）医师数（人）	2.20	3.29	8.38
中医药服务	中医医院诊疗人次数（亿人次）	3.6	5.5	8.85
	中医医院诊疗人次占医院诊疗人次比重（%）	17.60	17.84	0.27
	中医医院出院人数（万人）	1275.7	2349.3	12.99
	中医医院出院人数占医院出院人数比重（%）	13.46	14.67	1.75

指标类别	具体指标	实现情况		
		2010 年	2015 年	年均增长（%）
中医药人力资源	卫生机构中医类别执业（助理）医师（万人）	9.7	11.4	3.28
	卫生机构中药师（士）（万人）	9.7	11.4	3.28
中药商业	中药工业规模以上企业主营业务收入＊（医院）	3172	7867	19.92
中医药教育	高等院校中医药类专业在校生人数（万人）	55.35	75.16	6.31

注：自 2013 年起国家用"中药工业规模以上企业主营业务收入"指标取代"中药工业总产值"指标。

文中还透露以下重要信息：一是中药资源逐步实现可持续健康发展中药资源普查试点全面展开，初步建成中药资源动态监测信息和技术服务体系；二是中药材家种生产发展迅速全国有 200 多种常用大宗中药材实现规模化种植，种植面积超过 3000 万亩；三是中药工业发展迅猛 2015 年中药工业规模以上企业主营业务收入超过了 7800 亿元，占我国医药工业规模以上企业中药业主营业务收入近 1/3；四是中药进出口贸易发展伴随着一带一路国家战略的实施，2015 年，我国中药进出口额达到 48.0 亿美元。

（二）展望未来，中药产业将继续保持高速增长态势

《中医药发展"十三五"规划》提出，"十三五"主要发展指标，到 2020 年，中医医院将达到 4867 所，中医总诊疗人次数将达到 13.49 亿人次，卫生机构中医类别执业（助理）医师将达到 69.48 万人，中药工业规模以上企业主营业务收入 15 823 亿元，高等院校中医药类专业在校生人数 95.06 万人（表 8-3）。

表 8-3 "十三五"规划对未来 5 年的预期

主要指标	2015 年	2020 年	年均增长（%）
中医医院（所）	3966	4867	4.18
中医医院床位数（万张）	82.0	113.6	6.74
每千常住人口公立中医医院床位数（张）	0.53	0.55	0.74
每千人口卫生机构中医执业类（助理）医师数（人）	0.33	0.40	3.92
中医总诊疗人次数（亿人次）	9.09	0.40	3.92
中医医院诊疗人次占医院诊疗人次比重（%）	17.84	18.08	0.27
中医医院出院人数（万人）	2349.3	4326.52	12.99
中医医院出院人数占医院出院人数比重（%）	14.67	16.00	1.75
卫生机构中医类别执业（助理）医师（万人）	45.2	69.48	8.98
卫生机构中药师（士）（万人）	11.4	13.40	3.28
中药工业规模以上企业主营业务收入（万元）	7867	15 823	15.00
中药工业规模以上企业主营业务收入占医药工业规模以上企业实现主营业务收入比重（%）	29.26	33.26	2.60
高等院校中医药类专业在校生人数（万人）	75.16	95.06	4.81

"十三五"规划中，将中药行业放在重中之重位置，对未来中药产业发展充满期望。其中，在主营业务收入预期中，预期增速达到15%，仍然居所有统计项目之首并提出：

一是在中药资源可持续利用方面要全面开展第四次全国中药资源普查，建立覆盖全国中药材主要产区的资源监测网络；突破一批濒危稀缺中药材的繁育技术瓶颈。保护药用种质资源和生物多样性；促进中药制剂原料精细化利用和生产过程资源回收利用，有效提升中药资源利用率。

二是在产业基础保障方面要建设一批集初加工、仓储、追溯等多功能为一体的中药材物流基地，建立中药材生产流通全过程质量管理和质量追溯体系；制定国家道地药材目录，加强道地药材良种繁育基地和规范化种植养殖基地建设，发展道地中药材生产和产地加工技术；制定中药材种植养殖、采集、储藏技术标准，利用有机、良好农业规范等认证手段加强对中药材种植养殖的科学引导；发展中药材种植养殖专业合作社和合作联社，提高规模化、规范化水平；支持发展中药材生产保险。

三是促进中药工业转型升级加快形成中药标准化支撑服务体系，引领中药产业整体提质增效，切实保障百姓用药安全有效；推动建立常用中药饮片供应保障体系。实施中药振兴发展工程，提升中药工业自动化、信息化、智能化水平，建立绿色高效的中药先进制造体系等。

（三）中药产业未来5年将迎来以下重大利好

1. 中医事业的高速发展，势必带来中药需求的增长 十三五规划中，提出"完善覆盖城乡的中医医疗服务体系""85%以上的社区卫生服务中心和70%以上的乡镇卫生院设立中医综合服务区（中医馆），信息化得到加强，中医诊疗量占诊疗总量的比例力争达到30%"等目标。

这意味着，十三五期间，中医将实现基层近8成的覆盖率，那么对中药的需求势必快速增长。

2. 放开私人办中医门槛，中药品质将得到真正提升 规划中鼓励社会办中医加快发展，到2020年非公立中医医疗机构提供的中医服务量力争达到20%；鼓励举办只提供传统中医药服务的中医门诊部和中医诊所等。

中医的私人门诊化、小型化，势必带来对中药品质评价体系的改变，即从官方的标准（GMP）转向偏重于传统评价标准。因为，是不是好中药能不能治好病，不是官方说行就行，而要通过临床疗效来评价。这样一来，必然带来中药品质的真正质的改变，而不是长期停留在表面功夫。

3. 原产地特别是道地药材产地，将迎来最佳发展机遇 中药产业走向源头走向产地，已成大势所趋，无论是追溯体系还是原料保障体系，脱离生产源头都将是无根之水无本之木。故十三五期间，国家肯定会加大原产地特别是道地药材产地的保护和扶持力度，中药材主产区的商家、企业和合作社，将迎来历史上最好的发展机遇。

4. 中药颗粒剂、破壁等新型饮片产业，将蓬勃发展 在标准化、自动化和绿色高效方面，颗粒剂、破壁饮片等新型中药加工技术，无疑走在前列。预计在十三五期间，类似的现代化技术探索和创新，将得到更大支持力度，从而带来这些领域蓬勃发展。

七、《"健康中国 2030"规划纲要》

2016 年 10 月 25 日，中共中央、国务院发布了《"健康中国 2030"规划纲要》（以下简称《纲要》），这是新中国成立以来首次在国家层面提出的健康领域中长期战略规划。实施和落实《纲要》是贯彻落实党的十八届五中全会精神、保障人民健康的重大举措，对全面建设小康社会、加快推进社会主义现代化具有重大意义。

《纲要》提出健康中国"三步走"的目标，即"2020 年，主要健康指标居于中高收入国家前列"，"2030 年，主要健康指标进入高收入国家行列"的战略目标，并展望 2050 年，提出"建成与社会主义现代化国家相适应的健康国家"的长远目标。

《纲要》突出大健康的发展理念。当前我国居民主要健康指标总体上优于中高收入国家的平均水平，但随着工业化、城镇化、人口老龄化发展以及生态环境、生活方式变化，维护人民健康面临一系列新挑战。根据世界卫生组织研究，人的行为方式和环境因素对健康的影响越来越突出，"以疾病治疗为中心"难以解决人的健康问题，也不可持续。因此，《纲要》确立了"以促进健康为中心"的"大健康观""大卫生观"，提出将这一理念融入公共政策制定实施的全过程，统筹应对广泛的健康影响因素，全方位、全生命周期维护人民群众健康。

《纲要》明确了今后 15 年健康中国建设的总体战略，要坚持以人民为中心的发展思想，牢固树立和贯彻落实创新、协调、绿色、开放、共享的发展理念，坚持以基层为重点，以改革创新为动力，预防为主，中西医并重，将健康融入所有政策，人民共建共享的卫生与健康工作方针，以提高人民健康水平为核心，突出强调了三项重点内容：一是预防为主、关口前移，推行健康生活方式，减少疾病发生，促进资源下沉，实现可负担、可持续的发展；二是调整优化健康服务体系，强化早诊断、早治疗、早康复，在强基层基础上，促进健康产业发展，更好地满足群众健康需求；三是将"共建共享　全民健康"作为战略主题，坚持政府主导，动员全社会参与，推动社会共建共享，人人自主自律，实现全民健康。

值得注意的是：《纲要》设立了"发挥中医药独特优势"专门篇章，更明确了中医药的重点任务，同时在全篇多处提及中医药，将其融入健康中国建设各方面。尤其提出在健康产业领域，健康服务业总规模将从 2015—2020 年的 8 万亿元，增加到 2030 年的16 万亿元。《纲要》的出台为中医药发展带来巨大空间。

八、《"十三五"国家战略性新兴产业发展规划》

2016 年 11 月 29 日，国务院印发了《"十三五"国家战略性新兴产业发展规划》（以下简称《规划》），对"十三五"期间我国战略性新兴产业发展目标、重点任务、政策措施等做出全面部署安排。

该《规划》指出，战略性新兴产业代表新一轮科技革命和产业变革的方向，是培育发展新动能、获取未来竞争新优势的关键领域。

《规划》提出，到 2020 年，战略性新兴产业增加值占国内生产总值比重达到 15%，形成新一代信息技术、高端制造、生物、绿色低碳、数字创意等 5 个产值规模 10 万亿元级的新支柱，并在更广领域形成大批跨界融合的新增长点，平均每年带动新增就业 100 万人以上。产业结构进一步优化，产业创新能力和竞争力明显提高，形成全球产业发展新高地。

《规划》确定了八方面发展任务。一是推动信息技术产业跨越发展，拓展网络经济新空间。二是促进高端装备与新材料产业突破发展，引领中国制造新跨越。三是加快生物产业创新发展步伐，培育生物经济新动力。四是推动新能源汽车、新能源和节能环保产业快速壮大，构建可持续发展新模式。五是促进数字创意产业蓬勃发展，创造引领新消费。六是超前布局战略性产业，培育未来发展新优势。七是促进战略性新兴产业集聚发展，构建协调发展新格局。八是推进战略性新兴产业开放发展，拓展国际合作新路径。

其中，"加快生物产业创新发展步伐，培育生物经济新动力"的发展任务原文就提到了：

"推动生物医药行业跨越升级。支持生物类似药规模化发展，开展专利到期药物大品种研发和生产，加快制药装备升级换代，提升制药自动化、数字化和智能化水平，进一步推动中药产品标准化发展，促进产业标准体系与国际接轨，加速国际化步伐。

加速生物农业产业化发展。以产出高效、产品安全、资源节约、环境友好为目标，创制生物农业新品种，开发动植物营养和绿色植保新产品，构建现代农业新体系，形成一批具有国际竞争力的生物育种企业，为加快农业发展方式转变提供新途径、新支撑。

提高生物技术服务对产业的支持水平。发展符合国际标准的药物研发与生产服务，鼓励医药企业加强与合同研发、委托制造企业的合作。推动基因检测和诊断等新兴技术在各领域应用转化，支持生物信息服务机构提升技术水平。为药品、医疗器械、种业、生物能源等生物产品提供检测、评价、认证等公共服务，加快产品上市进度，提升产品质量。"

九、《关于进一步促进农产品加工业发展的意见》

2016 年 12 月 28 日，国务院办公厅印发《关于进一步促进农产品加工业发展的意见》（以下简称《意见》），对今后一个时期我国农产品加工业发展做出全面部署。农产品加工业已成为农业现代化的支撑力量和国民经济的重要产业。进一步促进农产品加工业发展对促进农业提质增效、农民就业增收和农村一二三产业融合发展，对提高人民群众生活质量和健康水平、保持经济平稳较快增长有着十分重要的作用。

《意见》提出，到 2020 年，农产品加工转化率达到 68%，加工业主营业务收入年均增长 6%以上，农产品加工业与农业总产值比达到 2.4:1。到 2025 年，农产品加工转化率达到 75%，农产品加工业与农业总产值比进一步提高，基本接近发达国家农产品加工业发展水平。

《意见》从四个方面部署推进农产品加工业发展。一是优化结构布局；二是推进多种业态发展；三是加快产业转型升级；四是完善相关政策措施。加强财政支持，完善税收政策，强化金融服务，加大信贷支持力度，扩大担保业务规模，创新"信贷+保险"、产业链金融等服务模式。值得注意的是：加快农产品初加工发展和提升科技创新能力中都特别提到了重点支持中药材。

十、《中国的中医药》白皮书

2016 年 12 月，国务院新闻办发表《中国的中医药》白皮书。发展中医药已经明确列为国家战略，该书主要介绍了中医药的发展脉络及其特点，共包括四个部分，分别是中医药的历史发展、中国发展中医药的政策措施、中医药的传承与发展、中医药国际交流与合作。体现了国家对中医药作为国家战略的高度重视，以及推动中医药振兴发展的决心。

白皮书强调，中国发展中医药的基本原则和主要措施包括：坚持以人为本，实现中医药成果人民共享；坚持中西医并重，把中医药与西医药摆在同等重要的位置；坚持中医与西医相互取长补短、发挥各自优势；坚持继承与创新的辩证统一，既保持特色优势又积极利用现代科学技术；坚持统筹兼顾，推进中医药全面协调可持续发展；坚持政府扶持、各方参与，共同促进中医药事业发展。

中医药在国外使用的历史源远流长，近期里约奥运会、G20 峰会都出现了中医药热的现象，体现了国际社会对中医药的认可度显著上升。目前，中医药已传播到 183 个国家和地区，103 个国家认可使用针灸，其中 18 个将针灸纳入医疗保险体系。中国已经支持在海外建立了 10 个中医药中心，同时积极制定国际标准，促进国际中医药规范管理，WHO 将以中医药为主体的传统医学纳入新版国际疾病分类（ICD–11）。我们认为过去我国中医药在国际市场发展较为缓慢，随着中医药作为国家战略的推进，凭借几千年来的深厚底蕴，海外市场将成为未来发展趋势和新的增长点。

十一、《中华人民共和国中医药法》

2016 年 12 月 25 日，十二届全国人大常委会第二十五次会议审议通过了《中华人民共和国中医药法》，将于 2017 年 7 月 1 日起施行，对中医药事业发展，具有里程碑的重要意义。中医药法第一次从法律层面明确了中医药的重要地位、发展方针和扶持措施，为中医药事业发展提供了法律保障。

中医药法针对中医药自身的特点，改革完善了中医医师、诊所和中药等管理制度，有利于保持和发挥中医药特色和优势，促进中医药事业发展。同时，中医药法对实践中存在的突出问题作了有针对性的规定，有利于规范中医药从业行为，保障医疗安全和中药质量。在中医药法以及《中医药发展战略规划纲要（2016—2030 年）》等一系列政策文件的保障和促进下，正如习近平总书记去年在给中国中医科学院的贺信中提到的那样，"中医药振兴发展迎来天时、地利、人和的大好时机"。

第二节 云南省及各地中药（民族药）产业政策

一、云南省

云南省三七产业相关政策措施统计汇总，见表 8–4。

表 8–4 云南省三七产业相关政策措施统计汇总

年份	文件名称	发文单位
2014 年 9 月	《云南省加快中医药发展行动计划（2014—2020 年）》	
2015 年 5 月	《关于加快中药（民族药）产业发展的指导意见》	
2015 年 12 月	《关于贯彻落实中药材保护和发展规划（2015—2020 年）的实施意见》	云南省人民政府办公厅
2016 年 2 月	《云南省中医药健康服务发展规划（2015—2020 年）》	
2016 年 10 月	《云南省三七产业"十三五"发展规划》	

（一）《云南省加快中医药发展行动计划（2014—2020 年）》

2014 年 9 月 15 日，云南省人民政府正式公布了《云南省加快中医药发展行动计划（2014—2020 年）》（以下简称《行动计划》），争取用 7 年的时间举全省之力，通过完善管理体系、强化服务能力、加强人才队伍建设、推动科技创新等一系列措施，推动全省中医药、民族医药事业全面发展，造福全省各族人民。云南省政府推出这个《行动计划》的目的，就是要充分利用云南中医药资源优势，进一步加大中医药扶持力度，激发中医药发展活力和潜力；通过改革创新、"扬优扬特"，切实改变目前中医药服务"自身造血"功能不强的问题，采取多种投入方式，做强省级"龙头"，辐射和带动全省中医药事业的跨越发展。

总体目标：

到 2020 年底，建立健全中医药发展机制，基本健全中医药管理体系和中医药继承创新体系，中医药队伍建设明显加强，中医药服务实现全省全覆盖，中医药产业规模和效益大幅提升，中医药文化得到充分继承与弘扬，中医药健康服务得到进一步发展，国际交流与合作更加广泛深入，中医药在经济社会发展中的作用明显增强。

《行动计划》短短 5000 多字，简明扼要的指明了云南中医未来的发展方向和主要工作。七项重点任务包括完善中医药管理体系、健全中医药服务体系、提升中医药服务能力、健全中医药人才培养体系、推进中医药传承和科技创新、大力发展中医药产业、繁荣中医药文化。七项重点任务环环相扣，立足当前又着眼长远，彼此协调统一。

其中，"大力发展中医药产业"特别指出："大力推广三七道地药材所需中药材的规范化种植，积极开展林下中药材仿生种植，推进中药材种植 GAP 管理。推进'云药之乡'建设，带动中药材种植规范化、规模化发展。"原文如下：

"大力发展中医药产业

1. 加强道地药材品牌建设设立优质种源保护区，保护药用野生动植物资源，建立种子种苗繁育基地和种质资源库，培育天然中药材基地和中药材种苗推广基地加大云南道地药材品种的研究和登记工作，促进特色中药材大品种规范化、标准化、规模化、品牌化、产业化发展

2. 引导推广中药材规范化种植大力推广三七、天麻、灯盏花、重楼等道地药材、大宗药材、名贵特色药材和重点中成药品种所需中药材的规范化种植，积极开展林下中药材仿生种植，推进中药材种植 GAP 管理推进"云药之乡"建设，带动中药材种植规范化、规模化发展

3. 加快中药材精深开发利用有效利用现有资源，开发中药材下游中成药品种，提高中药材资源附加值，推广使用小包装中药饮片，最大限度发挥中药材资源效益加强药食同源中药材的种植及产品研发与应用，加快推进依托三七、灯盏花、石斛等优势中药材资源品种的二次开发，拓展功能疗效，延伸产业链，为中药大品种培育提供技术支撑

4. 建立中药材流通追溯体系通过对中药材种植和养殖企业、中药材经营户和经营企业、中药饮片和中成药生产经营企业、医疗机构以及零售药店等交易主体环节关键信息电子化的登记、管理，建立来源可追溯、去向可查证、责任可追究的中药材流通追溯体系

5. 支持民族医药产业发展建立一批民族医药药材生产示范基地，扶持一批云南民族药材知名品牌和知名生产企业，培育发展中药材、民族药材种植、研发、加工和营销产业链，并纳入中药材流通追溯体系保护发展"

（二）《云南省人民政府关于加快中药（民族药）产业发展的指导意见》

2015 年 5 月 20 日，省政府信息公开网站上发布了《云南省人民政府关于加快中药（民族药）产业发展的指导意见》，意在推进"云药之乡"建设，将中药（民族药）产业培育成为富民兴滇的新兴产业。到 2017 年，全省中药（民族药）总产值达到 900 亿元，年均增长 20% 以上。到 2020 年，总产值达到 1400 亿元，年均增长 15% 以上，建成国际化天然药物产业基地。

在产业布局方面，云南省将依托昆明国家生物产业基地及玉溪、楚雄、曲靖、红河等产业园区，打造"滇中现代中药（民族药）经济圈"，形成研发创新、高端制造、现代流通、市场销售的产业核心。同时，以产业链为主线，优化产业要素布局，辐射带动滇西南、滇东南、滇东北、滇西和滇西北等区域药材种植基地，文山三七、昭通天麻、保山紫皮石斛等产地交易市场及西双版纳傣药、楚雄彝药、迪庆藏药等云南特色民族药产业布局，形成产业集聚、错位发展、区域联动、各具特色的产业发展格局。

在基地建设方面，《意见》明确：到 2017 年全省中药材种植面积要达到 800 万亩，要建设 100 个省级中药材良种繁育基地、100 个省级中药材种植（养殖）科技示范园，

申报国家认证中药材 GAP 种植基地达 10 个以上。重点发展三七、天麻、当归、茯苓、木香、半夏等云南道地药材。

针对当前云药产业缺乏龙头企业、科技创新含量不高等制约短板，《意见》分别提出了企业培育、技术创新、品种培育、品牌培育等目标和任务。到 2017 年，要培育营业收入过 300 亿元的企业集团 1 户，100 亿元至 300 亿元企业集团 1 户，50 亿元至 100 亿元企业集团 2 户，10 亿元至 50 亿元企业 20 户，1 亿元至 10 亿元企业 90 户。在科技创新方面，2017 年要建成 2 个以上国家级产业技术创新战略联盟，10 个省级产业技术创新战略联盟，3 个以上国家基本药物中药材资源信息监测与服务站。同时，新增无公害/绿色/有机产品认证 10 个，地理标志保护产品 4 个，地理标志注册商标 4 件，中国驰名商标 3 件等。

在资金支持方面，拟上市医药企业最高可获 100 万扶持，针对销量大、具有市场潜力的重点中药材品种，建成标准化、规范化、规模化中药材生产基地，符合有关条件的给予资金扶持。省内企业成功并购省外企业并将工厂搬迁到云南省且投资额在 5000 万元以上的，省内优强企业并购规模以上省内企业且在 3 年内年销售额增加 5000 万元以上的，整合省内多户企业生产同一品种且 3 年内单产品年销售收入 10 亿元以上的，可按照"以奖代补"方式对项目予以支持，最高不超过 1000 万元。

新载入《国家药品标准》《国家中药保护品种》《国家医保目录》《国家基本药物目录》的品种，省级一次性奖励 100 万元；激活省内"休眠""半休眠"品种且在 3 年内实现年销售收入 2000 万元以上的，省级一次性奖励 100 万元。省级一次性给予拟上市医药企业 50 万～100 万元培育资金。

对新认定的国家级重点实验室、国家工程实验室、国家工程（技术）研究中心、国家认定企业技术中心及省级研发平台，分别给予 300 万元、100 万元的一次性补助。

中药（民族药）产业已经成为云南生物医药产业中规模和影响力最大的领域，近年来中药（民族药）工业产值占全省生物医药工业总产值的 80% 左右。未来，围绕资源开发的植物提取物、天然健康产品、中药材种植及饮片加工仍将是拉动云南生物医药产业持续发展的新增长点。

今后一段时期，国家仍将生物医药产业作为战略性新兴产业重点培育。云南生物医药产业也将借势发展，逐步建立和完善与市场经济相适应的行业管理体制和机制，加强建设重点中药材种植及天然健康产品产业发展的保障体系，积极培育市场化创新机制和新经济增长点，推进行业整合，优化资源配置。

（三）云南省人民政府办公厅《关于贯彻落实中药材保护和发展规划（2015—2020 年）的实施意见》

2015 年 12 月 3 日，云南省人民政府办公厅发布了《关于贯彻落实中药材保护和发展规划（2015—2020 年）的实施意见》（以下简称《实施意见》），其中称，中药材是发展生物医药产业的重要基础，我省要以道地药材和特色药材为重点，科学发展中药材种植养殖，到 2020 年，要成为国家中药材重要种植养殖基地，以及面向南亚东南亚的中药材生产交易和辐射中心。

《实施意见》要求，要充分发挥我省环境气候资源优势，按照不同海拔、纬度以及土壤等环境因素，选择适宜种植地区（滇中、滇南、滇东南、滇西北、滇东北），以现有"云药之乡"为基础，积极发展道地优势大宗药材。到2020年，我省中药材种植面积要达到1000万亩，建设100个以上省级中药材良种繁育基地、100个以上省级中药材种植养殖科技示范园，推进60个"云药之乡"建设，实现中药材农业产值600亿元且年均增长20%以上，中药（民族药）总产值1400亿元且年均增长15%以上。

《实施意见》特别指出：三七是我省重要的生物资源，被列为主要种植品种。着力推进具有种植优势和产业优势的三七等重点资源实现规模化、产业化和市场化。建立三七等重要中药材的收储机制。

（四）《云南省中医药健康服务发展规划（2015—2020年）》

2016年2月3日，云南省人民政府办公厅印发了《云南省中医药健康服务发展规划（2015—2020年）》的通知，文中提到："中药产业发展项目——加强中药资源保障体系建设，增强宏观调控能力，加强中药材资源保护、开发和合理利用，提升资源保障能力；培育新兴经济增长点，推进医药产业向大健康产品产业转型，培养发展植物提取物及天然健康产品产业，做强做大做特中药饮品产业，提升中药、民族药产业竞争力，重点推进三七、天麻、石斛等药材及新资源食品开发；落实'互联网+'行动计划要求，推进医药产业、医药服务与大数据、医药流通与物联网结合；继续推进实施大企业培育工程，着力打造云南白药、昆明制药、三七科技等千百亿级中药领军企业。"

（五）《云南省三七产业"十三五"发展规划》

2016年11月2日，云南省人民政府办公厅下发了《云南省三七产业"十三五"发展规划》，该发展规划提出的发展目标，到2020年，三七产业实现综合销售收入1000亿元，三七产业发展政策体系基本完善，三七道地药材资源控制力明显提升，三七健康消费产品产业体系基本形成，龙头骨干企业成为三七产业发展的主导力量。

据了解，全国95%以上的三七产自云南，三七产业是我省最具特色的优势生物资源之一。2015年，全省三七产业销售收入达223亿元，其中，三七种植销售收入达103亿元，占全省中药材种植销售收入总额的35%，全省以三七产品生产为主的企业达67户，实现三七产品销售收入120亿元。"十二五"期间，我省三七产业取得了较快发展，三七种植现代化水平逐步提高，大品种培育取得明显成效，研发体系逐步完善，培育形成一批龙头骨干企业，多层次市场流通渠道逐步形成。国家高度重视道地药材资源的保护和可持续利用，我省将生物医药和大健康产业作为8大重点产业之一，加之群众对健康产品需求旺盛，三七饮片及其制剂在南亚东南亚国家有较好声誉，三七产业迎来前所未有的发展机遇。

《规划》提出，加快三七产业供给侧结构性改革，发展道地药材、饮片、药品、保健品以及其他衍生产品体系，不断满足中医药向"治未病"转型、个性化治疗和大众健康管理消费的需求，促进三七产业可持续发展。制定三七初加工操作规范和标准，提升文山三七道地药材资源品质和价值；支持加工技术集成和工艺创新，做大做强三七粉产品，拓展三七切片产品市场；巩固发展三七中成药，提高现代剂型在三七中成药产品中的比重；研发以三七为主要原料的保健食品、功能性保健品、天然日化品；加快拓展康复治疗、美食养生服务，鼓励发展集三七科技旅游、种植体验、文化博览等为一体的新模式，促进一二三产融合发展。

《规划》明确，以标准化种植基地建设为重点，不断提高三七标准化种植技术水平，建立三七资源动态监测机制，力争将三七种植面积优化控制在 80 万亩左右；探索"互联网+"模式，建设三七产业物联网平台，构建从三七种植到初加工、制剂及健康产品生产的全过程追溯体系，实现来源可查、去向可追、责任可究；加强三七交易平台建设，建立以企业为主体的三七原料定制与长态储备制度，做大做强现有三七市场销售与物流配送体系，加强三七专营连锁店开拓；实施企业品牌战略，打造涵盖三七全系列产品品牌体系，到 2020 年末，重点打造云南白药、昆明制药、云南三七科技等年销售收入超过 100 亿元的三七产品生产领军企业，扶持发展昆明圣火药业、维和制药、苗乡三七等 10～20 户年销售收入超过 10 亿元的三七产品生产骨干企业；加快推进三七地下部分进入《按照传统既是食品又是中药材物质目录》或《新食品原料目录》；充分利用国内外创新资源开拓三七产品国际市场，鼓励企业在境外设立研发机构或生产基地。

实施《规划》的提出保障措施为：加强组织领导，强化政策执行；加大金融财政支持；优化产业发展环境，健全三七产业监管，鼓励建立三七产业发展联盟，推进三七产业传承和创新、国际化发展。

《规划》的提出，对于云南省三七产业的发展提供了强有力的方向指引和政策支撑。

二、昆明市

围绕强化大健康产业链发展的目标，以昆明市现代中药与民族药、新型疫苗和生物技术药物产业集聚发展试点为契机，以昆明国家生物产业基地、呈贡医疗医药康体产业园为依托，将云南省丰富的生物资源与昆明的生物医药企业优势相结合，重点发展天然药物及民族药、现代生物技术药物、特色化学原料药和制剂、现代中药，大力提升自主创新和科研成果产业化能力，加快培育具有较强创新能力和竞争力的龙头企业和名牌产品，把昆明打造成为面向南亚东南亚的生物制药产业基地。

发展目标：2017 年，生物医药产业总产值达到 270 亿元；2020 年，生物医药产业总产值达到 500 亿元，年均增长 19%以上。

重点任务：一是强化优质药材资源供给和就地转化，发展优质中药饮片、配方颗粒、提取物等深度开发产品；加快中医药与现代医药融合，创新开发天然药物，推动中药名方二次开发和经典民族药开发利用。二是提高疫苗研发及产业化能力，开发重组蛋白质药物、治疗性疫苗、血液制品，开拓基因检测、细胞治疗等新兴领域生物制品。三是鼓励化学药突破发展，重点突破国内短缺的原料药品种，鼓励原料药、制剂一体化发展。发展高端化学原料药和新型制剂，研发生产高水平仿制药物。四是支持医疗器械多元发展，前瞻布局"互联网+医疗"产业，培育医学影像设备、体外诊断设备等高端医疗器械，丰富移动医疗设备、远程医疗设备、中医学医疗器械等产品种类。五是延伸发展保健品、功能性食品饮料、天然化妆品、日化产品、香精香料等医药衍生产品，融合拓展高端健康服务、民族特色养生、在线健康咨询、基因检测、细胞免疫治疗等多元健康服务。

重点园区项目和企业：重点推进昆药生物医药科技园项目、云南特色植物药业产业基地项目、云南白药集团二期物流中心建设项目、中国医学科学院医学生物学研究所疫苗 GMP 生产线建设二期等。加快推进昆明国家生物产业基地，昆明市现代中药与民族药、新型疫苗和生物技术药物产业聚集发展区建设，培育云南白药集团、昆药集团、沃森生物、三七科技等领军企业。

三、文山州

近年来，文山州充分发挥资源优势，将发展中药材产业作为调整农业产业结构、提升农业产业化水平、拓宽群众增收渠道的一项重要工作，切实注重政策保障、培育龙头、大力宣传等多项措施，使全州以三七为主的中药材产业发展取得明显成效。2015 年，三七产业实现总产值 149.61 亿元，三七种植户 30 335 户，面积 45.23 万亩；全州以三七为主的中药材农民专业合作组织共计 205 个，其中 4 户获得了州级示范社的称号。目前，全州有 340 余户企业（个体工商户）从事三七流通业，三七原料已进入全国 20 个大中药材市场，三七销售网络覆盖全国，三七市场营销网络基本形成。以日本、泰国等东南亚国家为重点的国际市场正稳步增长，年均出口量达 1000 吨以上。2015 年，三七产业实现销售收入 160 亿元。

注重政策保障——制定《文山三七发展条例》，并于 2009 年 7 月 1 日起施行。该条例开创了文山州乃至全国生物资源进行立法的先河，是文山州三七产业发展史上又一新的里程碑。《三七发展条例》的颁布实施，一是有利于三七知识产权保护，二是有利于三七产品质量体系建设，三是有利于规范三七交易秩序，四是有利于三七产业健康发展。近年来，文山州先后出台了一系列政策措施，特别是 2015 年，专门针对三七产业先后出台了《关于推进三七产业实现跨越发展的意见》《关于印发加快培育三七产业龙头企业工作计划（2016—2020 年）的通知》《关于加快文山三七电子商务平台建设的意见》《关于文山壮族苗族自治州三七种子管理办法》和《关于加快文山三七产业园区发展的实施意见》等政策性文件。2016 年 12 月，为切实加强"文山三七"品牌维权打假工作，保障文山三七产品质量安全，维护生产经营者、消费者合法权益和健康安全，结合文山实际，文山州人民政府又颁布了《文山州"文山三七"品牌维权打假工作方案》，一系列的政策出台，为加快三七产业发展提供了政策保障。

注重标准化建设。目前，文山三七已建有地方标准、国家标准和道地药材标准。2003 年，《地理标志产品——文山三七》国家标准颁布实施，2016 年 1 月，《文山三七道地药材》标准颁布实施，3 月中旬，《文山州三七标准化种植规程》和《文山州三七标准化原产地初加工操作规程》通过专家评审，已报省质检局备案，将于近期作为地方农业规范颁布实施。这一系列标准的实施，对中药材及传统知识保护、实现中药材产业健康发展，带动云药标准化及中药现代化的发展具有深远意义。

注重科技攻关。为突破三七进入食品领域政策瓶颈，开发三七食品市场，拓宽三七应用领域。自 2012 年起，就积极开展三七药食同源申报工作，经过多年的努力，云南省卫生和计划生育委员会于 2016 年 5 月 13 日以《云南省卫生计生委关于三七花茎叶作为地方特色食品开发利用有关问题的批复》（云卫食品发〔2016〕5 号）文件批准将文山三七花、茎叶列入普通地方特色食品进行管理，为企业开发三七花、茎叶具体产品提供标准依据。同时，正积极开展文山三七（地下部分）进入《按照传统既是食品又是中药材物质目录》前期准备工作和三七连作障碍研究以及三七新品种选育，目前已取得一定进展。

四、红河州

（一）《红河州中医药健康服务发展规划（2016—2020 年）》

根据《云南省人民政府办公厅关于印发云南省中医药健康服务发展规划（2015—2020 年）的通知》（云政办发〔2016〕14 号）精神，近日，红河州人民政府办公室印发了《红河州中医药健康服务发展规划（2016—2020 年）》（红政办发〔2016〕139 号），以下简称《规划》。

《规划》中提到发展目标：到 2020 年，充分发挥红河州中医药资源优势，基本建成覆盖全生命周期、融健康管理与健康服务为一体的新型中医药健康服务模式。中医药健康服务提供能力大幅提升、服务技术手段不断创新、服务产品更加丰富、发展环境优化完善、产业规模大幅提升。建设一批中医药健康服务重点项目，培育一批中医药健康服务示范园区，打造一批中医药特色小镇和特色街区，推出一批富有红河特色的中医药健康文化宣传平台。中医药健康服务成为我州健康服务业重要组成部分和推动我州经济社会发展的重要力量。

通过"放宽市场准入、加强用地保障、家大投融资引导力度、完善财税价格政策、强化培育扶持、强化行业监管、加强人才培养、强化协同创新"等保障措施实现主要任务：

"一是夯实中医药健康服务基础。各县市人民政府认真履行对公立中医医院的投入责任，健全公立中医医疗服务体系。鼓励和支持社会力量投资兴办中医康复（护理）医院、老年病医院和临终关怀医院，鼓励有资质的中医专业技术人员特别是名老中医开办中医诊所，允许符合条件的药品零售企业举办中医坐堂医诊所，形成公立医院与社会办医相互促进、共同发展的多元化办医格局。创新中医医疗服务模式，拓展中医医院服务领域，推进多种中医方法综合应用的治疗模式，推行多专业一体化诊疗服务模式，发展"治未病"和康复等中医药服务，建立集医疗、康复、养生和保健于一体的全链条发展模式。

二是加快发展中医养生保健服务。健全中医养生保健服务体系，加强二级以上中医医院"治未病"中心（科）能力建设，在有条件的综合医院、专科医院设立"治未病"

科室，提供规范的"治未病"服务；支持公立中医医院与社会资本联合举办中医养生保健机构；鼓励社会资本利用我州丰富的旅游资源、中药资源和温泉资源优势，举办规范的中医养生保健机构，培育技术成熟、信誉良好的知名中医养生保健服务集团或连锁机构。规范中医养生保健服务，指导各类机构根据规范和标准提供服务。大力发展药膳产业，开发药食同用产品，倡导合理饮食调养。开展中医特色健康管理，积极传播中医药养生保健知识，引导人民群众自觉培养健康生活方式；将中医药优势与健康管理结合，探索融健康文化、健康管理、健康保险为一体的中医健康保障模式；鼓励保险公司参与中医健康管理服务，开发中医药养生保健保险等商业健康保险产品；指导健康体检机构规范开展中医特色健康管理业务。

三是支持发展中医特色康复服务。健全中医特色康复服务体系，鼓励设立中医特色康复医院和疗养机构，加强二级中医医院康复服务能力建设，指导乡镇卫生院和社区卫生服务中心提供中医特色康复服务，鼓励社会资本举办中医特色突出的康复医院、疗养院等。拓展中医特色康复服务能力，指导各级各类医疗机构开展康复医学与中医药学相融合、具有中医特色的康复服务，拓展中医康复服务手段。建立二级中医医院与社区康复机构双向转诊机制，推广中医康复技术，提升基层医疗卫生机构康复服务能力和水平。

四是积极发展中医药健康养老服务。发展中医药特色养老机构，鼓励新建以中医药健康养老为特色的养生养老机构；鼓励有条件的养老机构设置以老年病和慢性病防治为主的中医诊室；鼓励中医医院采取多种形式，探索具有中医特色的"医养结合"服务模式；鼓励社会资本举办集医疗、护理、康复、居住等为一体的养老机构。

五是凸显中药产业在健康服务中的支撑作用。推进中药材规范示范区建设，强化中药原料保障能力建设；完善以电子商务和现代仓储物流体系为特征的规范化、现代化中药材流通体系，延伸现代中药产业链条；以中药相关衍生品为延伸方向，拓宽中药产品服务领域，打造中药大健康产业。

六是培育发展中医药文化和健康旅游产业。加大对中医药文化和非物质文化遗产保护力度，加强民族民间古籍文献挖掘整理、研究开发等工作，继续开展名老中医药专家学术经验整理研究；加强民族民间医药古籍文献、单方验方、独特诊疗技术的挖掘和抢救性保护、研究与继承；培育中医药文化知名品牌和企业，逐步形成中医药文化产业链；推动中医药文化进校园。发展中医药健康旅游，立足我州丰富的地理、气候、民族文化优势，依托良好的旅游等第三产业基础，引进和培育大型高端医疗企业、养老企业，打造具有红河特色、优势突出的中医药康体文化养生品牌；鼓励各县市充分利用我州丰富的旅游和自然资源优势，发展中医药健康旅游；鼓励在酒店、景区和旅游度假区等具备条件的场所开设中医药机构，提供中医药健康服务项目；推动中医药资源有效融入旅游产业发展范畴，鼓励开发有特色的中医药健康旅游产品。

七是积极促进中医药健康服务相关支撑产业发展。支持自主知识产权药品、医疗机构制剂、医疗器械和其他相关健康产品研发、制造和应用，发展中医药健康服务产业集群，形成具有一定影响力的知名品牌。实施中药材生产质量管理规范，促进中药材种植业绿色发展，实现全州中药材种植面积达到 100 万亩以上；做好中药资源动态普查工作，加强中药资源动态监测与保护，建设中药资源动态监测和信息服务体系，完善中药材质量检验检测体系；建设中药材追溯系统，打造精品中药材；开展中药资源出口贸易状况监测与调查，保护中药资源和生物多样性。开展第三方质量和安全检验、检测、认证、评估等服务，培育和发展第三方医疗服务认证、医疗管理服务认证等服务评价模式，建立和完善中医药检验检测体系。

八是大力推进中医药服务贸易。借助国家"一带一路"发展战略，全面推进多层次、宽领域的中医药国际合作与交流；鼓励有条件的中医医院成立涉外健康服务区，为境外消费者提供中医药特色健康服务；整合推介中医药保健产品，提高境外消费者对中医药的认知度，带动境外中医药健康服务需求。推进中医药健康服务"走出去"；扶持优秀中医药企业、医疗机构到南亚东南亚国家开办中医药服务机构，建立和完善境外营销网络；鼓励援外项目与中医药健康服务相结合。"

《规划》中指出"中药产业发展项目"：培育新兴经济增长点，推进医药产业向大健康产品产业转型，培养发展植物提取物及天然健康产品产业，提升中药、民族药产业竞争力，重点推进三七、灯盏花、石斛、丹参、砂仁、红豆杉、银杏、肉桂等药材及美藤果新资源食品开发；落实"互联网+"行动计划要求，推进医药产业、医药服务与大数据、医药流通与物联网结合。

（二）《加快中医药发展行动计划（2014—2020年）》

近日，红河州人民政府办公室制定出台《加快中医药发展行动计划（2014—2020年）》（以下简称《行动计划》），旨在进一步加大中医药扶持力度，激发中医药发展活力和潜力，在深化医药卫生体制改革中推进中医药事业全面、持续、跨越发展。

《行动计划》提出："第一加强中医医疗服务体系建设，到2020年，实现每个县市均有1所县市级中医（民族医）医院。确保全州现有县级公立中医医院基本完成标准化建设，且80%以上达到二级甲等中医医院标准。实施基层中医药服务能力提升工程，除少数边远、民族地区以外，所有的社区卫生服务中心、95%以上的乡镇卫生院设有中医科和中药房，能够提供中医药服务；60%以上的社区卫生服务中心和乡镇卫生院建有中医药综合服务区；90%以上的社区卫生服务站、70%以上的村卫生室提供中医药服务。

第二支持社会资本举办中医医疗机构。社会资本举办的中医医疗机构，在土地使用、税收以及市场准入等方面享受加快民营经济发展的优惠政策，在财产权、经营权、人才引进、医疗保障、技术职称考评等方面享有与公立中医医疗机构同等的法律地位；鼓励有资质的人员开办个体中医诊所，支持符合条件的药品零售企业举办中医坐堂医诊所。

第三提升中医药服务能力。继续开展中医临床重点专科建设，争取建成15个省级中医临床重点专科。开展中医药与养生、养老、康复相结合的"医养结合"试点，借助中医药特色优势和中医医疗机构老年病科、康复科特色，充分发挥中医药在预防保健、养生康复和慢性病防治中的优势作用。

第四实施基层中医药人才培养工程。在全州遴选培养1名优秀中青年中医药领军人才和3名优秀中青年中医药学科带头人，参加省级优秀中医临床人才研修培养工作。加大 5 年制本科订单定向和 3 年制专科订单定向医学生培养力度，为县级中医医院、乡镇卫生院、社区卫生服务中心培养中医临床医学生。开展基层中医药师带徒工作，在全州县级医疗机构中遴选 10 名老中医药专家，通过 3 年的跟师学习，为基层培养 30 名学术继承人。实施乡村医生"能西会中"人才培养工程，培养 800 名能够提供中医药服务的乡村医生。"

《行动计划》要求：各县市、有关部门要切实加强对中医药工作的领导，进一步理顺管理体制、健全管理机构、充实管理人员。要建立政府牵头的多部门定期协商沟通机制，及时研究解决中医药发展中的重大问题，健全促进中医药发展长效机制，建立健全中医药工作考核评价制度。要积极争取多方投入，加大对中医药事业发展投入力度。各县市人民政府是加快中医药事业发展的主体，要切实落实医改对公立中医医院的投入倾斜政策，重点支持公立中医医院基础设施、重点学科建设和中医药人才培养等。各县市有关部门要切实履行职责，认真贯彻落实好中医药各项扶持政策，合理提高中医医疗服务项目价格，逐步建立有利于中医药发展的投入补偿、价格形成、收入分配和用人等机制，支持中医药事业健康、快速发展。

五、曲靖市

近年来，随着全国中药材产业的发展，市场对中药材的需求量逐年增大。曲靖市高度重视，抢抓机遇，全市中药材种植规模和效益逐年扩大，种植中药材已成为曲靖农民增收的又一重要途径。国家高度重视中医药事业的发展，国内中药市场迅速增长，一批传统的中药品牌在国内外市场的知名度和影响力不断提高。中药材、中药饮片和提取物市场呈现出良好的发展态势。目前曲靖市中药材的种植面积已达 22.2 万亩，中药材加工企业 6 个，建成中药材交易市场 2 个。

曲靖市中药材产业发展经多年的探索、努力，发展优势明显。沾益县形成了"一优二高三转变四明显"的发展特点。"一优"：沾益县种植药材经权威机构检测达到中华《药典》规定标准，推广种植成功、品质优良，打响了"珠源药材"品牌；"二高"：一是发展中药材产业符合国家政策，各级领导重视、关心程度高。二是经济效益好农民种植积极性高。由于中药材种植效益较好，种植面积逐年增加，农民种植热情高。"三转变"：一是种植由单一品种向多样化品种转变。二是企业引进由经销型向精深加工型发展转变。三是种植规模由零星分散种植逐步向规模化、规范化种植转变。"四明显"：一是中药材产业发展的自然条件优势明显；二是交通、区位优势明显，有利于中药材的集散、交易；三是野生药用植物资源丰富，品种齐全，中药材品种资源的开发拓展空间较大，中药材产业发展市场前景广阔，增值空间明显；四是药农增收明显，农户种植中药材年均亩产值达 3000 多元，户均增收 1500 多元，人均增收 500 多元。师宗县于 2010 年被云南省科学技术厅、省药品监督管理局认定为"云药之乡"并颁证授牌，主要标志品种为半夏和薏苡仁，已取得《药品生产许可证》，为曲靖市中药材产业发展带来了良好的发展机遇。

曲靖市面对中药材发展采取以下主要措施：一是政府重视，政策扶持。曲靖市委、市政府从战略高度重视中药材产业的发展，多次组织相关部门开展调研，出台了相关文件，编制了《曲靖市药业产业发展规划》，明确了市级财政每年安排 1 亿元专项资金扶持农业产业化经营，中药材重点用于基地建设，科技措施推广及培训，示范样板建设，市场信息服务体系建设，种植和营销大户及加工企业的扶持等方面。二是思路清楚，目标明确。建立优势明显，特点突出、功能完善，运行高效的中药材产业体系，把中药材产业建成促进我市经济增长的新兴特色产业，建成促进农民增收和推动社会主义新农村建设的富民产业。三是重点突出，措施具体。（1）是建立曲靖市中药材种质资源库，实施优良品种培育工程。（2）是建立规范种植体系，实施特色药材种植示范工程。（3）是优化种植区域，大力发展特色优势品种。（4）是建立健全组织服务体系。

为促进曲靖市中药材产业发展的建议如下：一是加大投入建议各级政府把中药材产业发展纳入财政预算，扶持资金重点用于中药材良种繁育基地及种质资源库建设、野生中药材驯化，中药材标准化种植基地、市场信息服务体系建设、技术培训补助及中药材加工企业扶持、中药材知名品牌奖励。二是产业化经营强化龙头企业拉动，依托优势，合理布局，突出重点，引进培育龙头企业，按照"规模适度，水平较高，效益显著"的原则，以科技为支撑，品种为重点，基地为载体，实行标准化种植，规模化生产，品牌化经营，实现财政、企业、农民三赢。三是强化培训加强对药农和中药材龙头企业从业人员的培训，提高药农科学种植水平，推进中药材规范化与规模化种植，提升宣威中药材产业的科技创新能力，提升中药材加工营销水平，促进中药材产业提质增效。

六、玉溪市

玉溪市生物医药产业在"十二五"期间，取得了较快发展，整体综合实力大幅提升。目前，全市生物医药产业布局以高新区为核心区，易门县 3 户、江川区 3 户，通海、元江县各 1 户各具特色的格局。

近年来，玉溪抢抓国家生物产业发展规划实施和云南大力发展云药产业的重大机遇，加快生物医药和大健康产业发展步伐，把玉溪市生物医药和大健康产业培育成为高技术领域的支柱产业和战略性新兴产业的重要增长极。经过多年发展，现已形成以新药为龙头、以普药为基础，以原药为后盾、以疫苗为特色的产业发展体系。目前有沃森生物、维和制药等 21 户生物医药企业，其中生物制药企业 13 户、植物提取企业 8 户，工业产值 20 余亿元。

同时玉溪生物医药产业也面临诸多问题，如经济总量较小，尚未形成规模效应，在当地消费品工业发展中的战略地位不足；对产业拉动面广、整体带动强的大型骨干企业少，难以对产业快速、健康发展形成有效支撑；以中成药、植物药、民族药为主的产品分散，产业结构与市场主流消费需求不相适应；原料资源导向型的医药产品在本地市场占比较小，竞争力弱等。面对这些成绩和困难，玉溪将在全力以赴打造玉溪生物医药产业园，推动生物医药产业跨越发展的同时，依托企业、高校和研究机构建立区域性的国际交流中心和中医药、民族医药研发基地，搭建互动平台；鼓励和扶持有条件的企业到境外发展，建立天然药材种植、销售、使用的进出口渠道；积极探索生物医药和大健康产业融入周边国家的新领域。2015年建立了生物医药发展专项资金池，推行政府、银行、企业PPP合作模式，以生产经营贷款的形式扶持生物医药产业发展，扶持效益更加突出。

　　2015年，维和药业在"新三板"挂牌上市，企业组织治理与经营管理采用现代先进企业经营管理模式。维和在三七大健康产业布局上，已从三七药品到三七饮片，如三七粉、三七花、三七头子等，实现了在三七产品链上全面升级。未来维和药业将从单一的制药企业，逐步升级为大健康解决方案的提供商。

第九章

金融篇

第一节 三七产业前景分析

随着科学的发展，人民生活节奏的加快及食品的多样化，导致心脑血管、高血脂及肝纤维化等现代疾病越来越多，而三七在治疗现代疾病方面具有不可替代的作用，有理由相信三七的用途将会越来越广泛。

从三七的市场需求来看，仅国内就有 1320 余家企业以三七为原料，占全国中药生产企业的 86%，生产 400 多个产品，获 3620 个生产批文，其中中成药品种超过了 300 多个，几乎涵盖了所有的中药制药企业。2012 年版《国家基本药物目录》涉及中成药 203 个，其中以三七为原料的产品就有 15 个。年销售收入上亿甚至几十亿以上的云南白药系列、复方丹参系列、血塞通、血栓通、漳州片仔癀、东北红药等产品均以三七为原料，三七原料的需求量以年均 20% 的速度增长。全国对三七原料的市场需求量比 10 年前扩大了近 10 倍。目前，三七市场份额的迅猛扩大，使得对三七的需求有增无减。整个三七原料市场需求量在 1.5 万吨左右，而且国内、外市场需求量还在不断放大，全国使用三七原料的厂家分布如表 9-1 所示。国际市场方面，三七出口已经由原来的日本和东南亚地区发展到欧美等发达国家，三七的出口量正以每年 20% 的速度增长，2015 年出口量达 1000 吨，呈现出良好的增长势头。

表 9-1 全国使用三七原料的厂家分布表

序号	省市区	厂家数量	序号	省市区	厂家数量
1	安徽省	39	9	河北省	45
2	北京市	28	10	河南省	62
3	福建省	15	11	黑龙江省	72
4	甘肃省	24	12	湖北省	50
5	广东省	98	13	湖南省	37
6	广西壮族自治区	61	14	吉林省	161
7	贵州省	33	15	江苏省	32
8	海南省	9	16	江西省	53

序号	省市区	厂家数量	序号	省市区	厂家数量
17	辽宁省	63	24	四川省	72
18	内蒙古自治区	20	25	天津市	21
19	青海省	5	26	新疆维吾尔自治区	7
20	山东省	46	27	宁夏回族自治区	5
21	山西省	41	28	云南省	67
22	陕西省	91	29	浙江省	37
23	上海市	11	30	重庆市	16

从三七的利用价值来看，现代医学研究发现三七含有三七皂苷、黄酮、多糖、三七素等多种有效成分。临床实践证明，三七在治疗血液系统疾病、消化系统疾病、心脑血管疾病等方面具有明确和稳定的疗效；在免疫调节、抗衰老等方面具有良好的保健功效。随着人们健康保健意识的增强，现代医疗模式和观念已由单纯的治疗疾病转变为"预防、保健、治疗、康复"等相结合的模式，进一步拓宽了三七在医药和保健产品产业方面的开发和利用空间。此外，随着我国小康社会的推进，医药消费层次的分化，多层次用药的需求，特别是城乡居民在医疗保健方面的支出大幅度增加，还将创造出更大的市场空间。

从生物医药大健康产业发展层面来看，三七产业的发展符合我国生物医药大健康产业的国家发展战略；三七是可再生的、能够满足工业化大生产的独特生物资源，三七产业的发展符合国家转变发展方式、调整产业结构的要求；此外，三七产业在种植、加工、贸易、科研等方面形成了一定的基础，积累了一定的经验，面临国家大力发展中医药产业和实施"一带一路"战略的重大机遇，三七产业已经具备了提升产业规模和效益，实现快速发展的良好条件。由此可见，三七产业发展具有巨大的市场潜力，三七产业开发利用的市场前景十分广阔。

第二节　三七价格分析

一、2000—2015 年三七总趋势

新中国成立后至 20 世纪末，由于计划经济体制的影响，国内经济市场并未完全放开，且在统计体系中，三七也未作为单独一项统计，自 1997 年文山三七局成立以后，三七价格变化的相关资料才得到完善。2000 年以来的十余年间，由于市场需求、价格等方面的影响，文山三七种植面积经历了增加——减少——增加的发展周期，2000 年三七主产区文山州的种植面积 5.37 万亩，平均单产为 76 公斤。2005 年，种植面积达到 12.42 万亩，单产 180 公斤，年产量 700 万公斤。三七产量高峰期是在 2007 年，种植面积 12 万亩，年产量达到 920 万公斤，此后三七种植面积开始下降，直到 2009 年，全州三七在地面积仅为 6.87 万亩，是高峰期 2005 年的一半左右。随后，种植面积开始回升，2010

年达到 8.42 万亩，2015 年 45.23 万亩，产量 3390 万公斤。从 2000 年至 2015 年文山州三七种植情况如表 9–2 所示。

表 9–2　2000—2015 年三七种植产业宏观数据

年份	种植面积（万亩）	产量（万公斤）	总产值（亿元）	销售收入（亿元）	年度均价（元/公斤）
2000	5.37	140	1.73	0.85	53.08
2001	5.43	190	2.02	1.20	57.17
2002	5.53	220	2.49	2.29	43.5
2003	6.56	380	4.19	3.46	52.92
2004	8.27	500	8.36	5.99	87.5
2005	12.42	700	11.10	6.42	98.17
2006	11.98	890	10.70	6.57	47.75
2007	12.0	920	11.01	7.50	51.42
2008	12.09	880	11.45	9.67	62.00
2009	6.87	450	12.50	11.56	109.42
2010	8.42	490	19.56	22.47	305.17
2011	9.79	470	25.02	27.02	327.58
2012	16.1	700	76.33	68.9	614.42
2013	29.23	1000	117.3	117.3	633.08
2014	52.18	1850	61.24	61.24	300.33
2015	45.23	3390	149.61	159.85	127.08

上图 9–1 中数据表明：

（1）三七多年生药材，受自然气候等多种原因影响，当年产量与当年种植面积并不完全对应。2002 年前受三七 GAP 推行影响，大量非生态适宜区三七种植减少，从 2003 年后又开始增加，至 2005 年三七产量急剧上升后，三七价格低迷，七农再次减少种植，至 2009 年种植面积达到新低，但 2009 年来文山遭遇持续的特大严重干旱及入冬后又出现频繁的低温冻害天气，极度影响三七的产量。

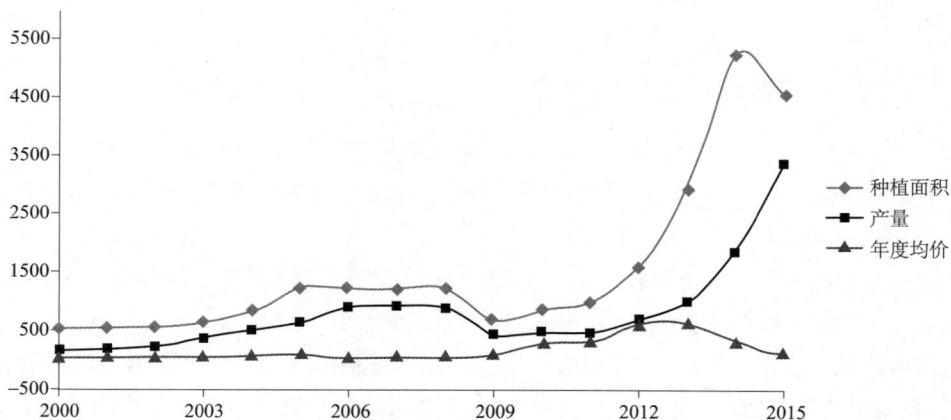

图 9–1　2000—2015 年三七种植情况及年度均价走势

（2）三七价格变化趋势受三七产量变化趋势影响。当产量减少时，价格就随之而升，当产量上升时，价格就随之下降。2009 年产量骤降，加重三七供不应求的紧张的关系，成为了 2009 年后三七价格持续走高的主要原因。据统计，2009—2010 年，三七受灾面积达 18 840 亩，造成经济损失 5466.75 万元。

（3）随着三七种植面积及产量的持续增加，三七行情不断下降。2015 年 120 头三七年均价格仅为 127 元/公斤，价格较去年跌幅高达 58%。

二、2000—2015 年三七月均价格

以 120 头规格的三七为例，2000—2015 年月均价格见表 9-3：

表 9-3　120 头三七 2000—2015 年月均价格

单位：元/公斤

年/月	1	2	3	4	5	6	7	8	9	10	11	12
2000	58	58	58	58	58	58	58	54	45	45	45	42
2001	65	65	65	65	65	65	65	59	43	43	43	43
2002	43	44	47	47	45	45	45	41	41	42	42	40
2003	40	50	51	52	52	52	52	54	55	59	58	60
2004	72	72	87	90	88	88	85	80	85	84	115	104
2005	106	106	98	105	108	108	110	113	106	88	62	68
2006	54	50	52	46	47	47	47	45	45	50	47	43
2007	48	48	48	52	52	52	55	55	55	52	52	48
2008	53	53	50	55	68	65	65	68	68	68	68	63
2009	65	70	75	95	95	95	100	98	105	130	155	230
2010	200	220	330	510	400	270	256	260	280	300	340	296
2011	292	296	337	326	323	331	336	349	335	320	322	364
2012	388	413	489	591	730	740	700	670	660	643	660	689
2013	686	660	690	723	720	740	720	706	634	480	408	430
2014	450	500	458	460	374	280	302	220	140	160	130	130
2015	155	145	145	135	110	125	130	120	120	120	110	110

由表 9-3 和图 9-2 可以直观地看到，2009 年 12 月到 2012 年 6 月，文山州以 120 头三七为例，价格涨跌幅度过大，一共有 3 次比较大的涨跌：2009 年 12 月到 2010 年 4 月，三七价格从 296 元/公斤上升到 510 元/公斤，价格上涨为原来 1.72 倍。经过几个月的价格涨跌，2012 年 6 月，三七价格达到 740 元/公斤，创造了前所未有的记录。价格上涨的原因，一方面是 2009—2010 年云南省遭遇严重旱情，根据三七"三年一熟"的特性，一次干旱可以影响市场三年，使得三七价格不断上涨。另一方面是 2000—2008 年是三七价格的低谷期，三七的贱卖让很多农户不再种植三七，而市场需求却在增加，三七供不应求，导致价格暴涨。

经过几次轮番上涨之后，三七价格回落趋势明显，从 2013 年 6 月到 2013 年 11 月，

三七价格从740元/公斤下跌到408元/公斤，直到2014年2月三七价格开始有小幅回升趋势，之后又开始一直下降，在2014年11月跌至130元/公斤。这次三七价格下跌的主要原因是三七产量严重供过于求，2012、2013年三七价格一路飙升，农户看到三七行情

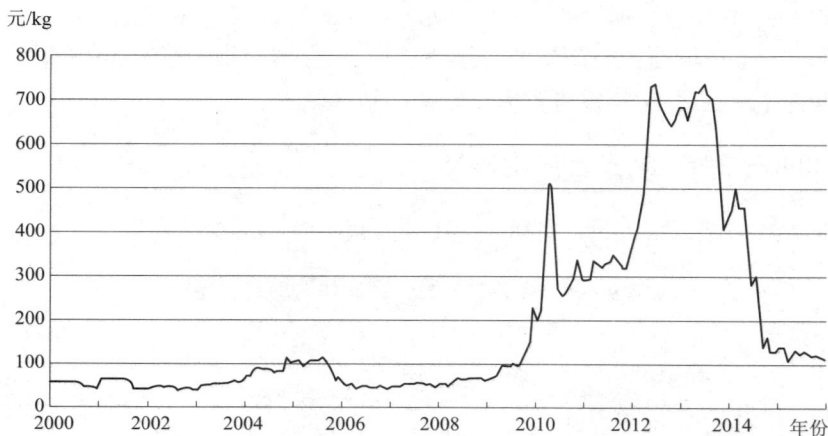

图9-2　120头三七2000—2015年月均价格走势图

好就开始大面积种植，文山州的三七产量大幅增加，而需求量的增加远远低于供给量，必然导致三七价格暴跌。2015年度三七整体行情下跌，全年跌幅29.0%。全年价格最高点出现在1月份155元/公斤；5、11、12月出现最低点110元/公斤，年均价格仅为127元/公斤。

第三节　三七产业投资分析

一、投资风险分析

（一）产业政策风险

药物的使用直接关系到人们的身体健康和生命安危，因此国家在行业准入、生产、销售经营和质量控制等各方面制订了一系列严格的法律、法规，以加强对医药行业的监管。目前，我国对医药行业的药品生产和药品经营实行许可证制度，药品生产企业必须取得《药品生产许可证》及《药品注册批件》，并需拥有药品GMP车间；药品经营企业必须取得《药品经营许可证》。

近年来，国家发展和改革委员会多次降低药品最高零售价，药品降价有利于降低患者经济负担，受到了社会的广泛关注和欢迎。但作为生产企业来说，不断降低的药品价格，以及不断上升的原材料价格、能源价格和人力成本，正在逐步蚕食企业的利润空间，虽然药企采取了多种措施降低成本，但利润空间的不断压缩也提升了企业的经营风险，总体来看，三七及相关药品行业存在着一定的行业政策风险。

（二）原材料风险

由于三七功效明显，不断被拓展用途，保健、医疗用量持续上升，尤其是我国进入心脑血管疾病高发期，相关研发产品层出不穷，且需求量巨大，目前用量仍处于上升趋势。近年来，因为天气等原因（干旱、霜冻），市场需求不断被扩大，导致价格连年攀升并居高不下。在众生药业、昆明制药等多家企业公布的财务数据中，三七逐渐成为采购金额最大的原材料。由于国家医改政策的约束，三七药品价格只跌不涨，三七原料供应又只涨不跌，市场维护十分艰难，使得许多以三七为主要原料的本来利润空间极低的药品不得不减产甚至停产。

为应对原料价格风险，部分制药企业通过工艺优化、规模化生产等措施，降低生产成本、提升原料提取率，提高劳动生产率以此消化了部分成本压力，同时，也在逐步参与到三七的原材料种植环节，从源头上控制产品的质量、用量和价格，但三七价格的上涨趋势如果不能通过国家有效的调控手段进行控制的话，也将对企业的生产经营造成较大影响。

（三）市场竞争风险

三七产业市场竞争风险主要来自于《国家基本药物目录》和中医药保护条例等规章制度的调整。由于药品行业受监管程度较高，市场的调节作用相对弱化，《国家基本药物目录》调整将带来市场竞争格局的变化，导致市场竞争变化的不确定性。

（四）技术研发风险

基于未来发展所需，当前制药企业的研发投入不断加大。随着国家监管法规、注册法规的日益严格，要求的日益提升，以及新药开发本身起点高、难度大，新药研发存在不确定性以及研发周期可能延长的风险。

二、投资策略及建议

根据产业发展态势以及医药市场的变化，三七产业投资应当在国家政策的引导下进行产品创新、管理创新等活动。具体来说，三七产业投资应注意以下几点：

（1）以保增长为基础，综合实现产品增长、营销模式创新以及营销队伍建设。持续优化营销组织机构，完善产品体系建设和盈利模式，完善营销人才激励体系建设，完善营销职能部门建设和对于市场支持能力的建设。

（2）重视国家政策研究，以国家相关政策为指导，重视质量体系的建设，在优化现有质量管理体系的基础上预警完善、长效适用的安全管理体系等的体系建设。

（3）利用创新平台强化研发投入和研发管理，继续完善研发管理体系建设，围绕核心治疗领域加大引入新产品力度，强化未来的战略优势，并形成短期、中期、长期合理匹配的新产品研发格局。为产能提升和技术质量提升，保证市场供应奠定坚实基础。

（4）积极向上游产业延伸，适时参与中药材 GAP 种植，药材饮片深加工，并利用现有多业态营销网络拓展新业务。

（5）坚持优化运营流程，改善运营质量、提升运营效率，提升资金使用效率。

（6）进一步实施多层次的人才培养计划。按层次对高级、中级及基层员工制定不同的培养计划，通过内培外引的方式，引进外部优秀人才，培养内部优秀人才逐步成长，建立完善的人才梯队，以满足企业快速发展需要。

第四节　三七产业发展预测

一、文山三七种植预测

2015 年，云南省文山州三七种植在地面积 45.23 万亩，占全省种植面积的 59.2%，采挖面积 26.15 万亩，占全省采挖面积的 68.8%；产量 3386 万公斤，占全省产量的 69.1%。实现现价总产值 149.61 亿元，同比增长 144.3%；销售收入 159.85 亿元，同比增长 87.6%；税金 1.09 亿元，同比下降 6.61%；利润 5.17 亿元，实现扭亏为盈；产业增加值占全州 GDP 的 11.9%，详见表 9-4。造成税金下降的主要原因是三七原料价格持续低迷，三七流通业利润率降低，流通业税金大幅减少。虽然税金有所下降，但是整个三七产业恢复了快速发展态势。

表 9-4　2013—2015 年文山州三七统计数据

年份	文山三七在地面积（万亩）	采挖面积（万亩）	产量（万公斤）	总产值（亿元）	销售收入（亿元）	利润（亿元）
2015	45.23	26.15	3386	149.61	159.85	5.17
2014	52.18	14.77	1847	61.24	85.23	亏损
2013	29.23	6.99	1000	117.3	170.6	41.44

数据来源：文山壮族苗族自治州生物资源开发和三七产业局

预计未来几年，文山州三七种植面积稳定增加。到 2020 年，文山州三七种植面积将优化控制在 80 万亩左右。

二、文山三七产量预测

三七在 2012 年已经出现产量大于需求，但当时的产需矛盾并不明显。从 2013 年开始产量已经慢慢拉开距离，三七的价格也开始在 2013 年下半年步入下滑轨道，2014 年产需距离开始越来越大。目前扩种的三七已经逐渐进入市场，导致 2015 年的三七产量过盛。2014 年，三七的全国产量约 3.2 万吨，同比增加 53%。2015 年中国三七产量达到 5 万吨。2013—2020 年中国三七产销量规模及预测趋势如图 9-3 所示：

由于前几年三七高价位的刺激，农户种植面积暴增，扩种的三七已陆续进入收获期，因此，2016 年三七的产量将达到峰值，供过于求的状态会持续一段时间，未来几年，三七的产量会有所下降，产需逐渐趋于平衡。

根据文山现有的种植面积来看，预计到 2020 年，文山三七的产量将达到 4 万吨。

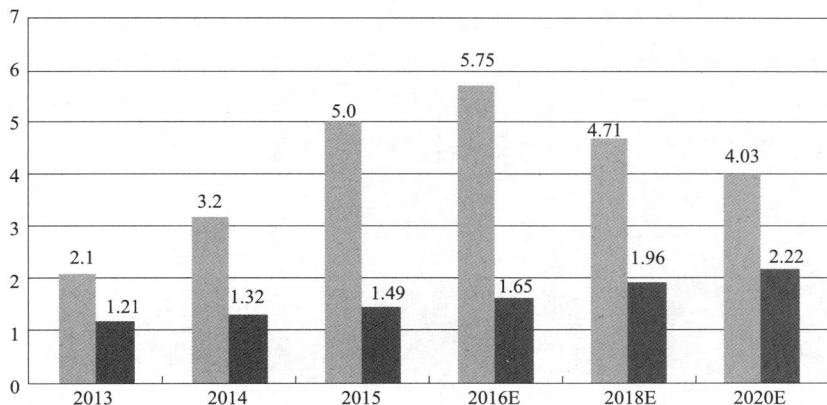

图 9-3 2013—2020 年中国三七产销量规模及预测趋势图（单位：万吨）

三、三七市场价格预测

（一）2015 年三七市场行情

2015 年，文山三七原料价格虽仍在低位上运行，但是文山三七产业整体实现了快速增长，实现扭亏为盈。从产值方面看，2015 年文山州内现价总产值较 2014 年几近翻了三倍。然而，总产值的大幅增长并非来源于产业升级，比如提高精深加工水平，而是主要来源于产量的扩大。

2015 年部分规格三七月均价格详见表 9-5，价格走势如图 9-4 所示。

表 9-5 2015 年部分规格三七价格一览表

单位：元

	1月	2月	3月	4月	5月	6月	7月	8月	9月	10月	11月	12月
20头	360	360	360	350	350	500	540	600	600	600	600	600
40头	200	190	190	180	160	210	210	180	180	190	200	200
60头	180	165	165	150	140	160	160	160	160	160	150	150
80头	165	155	150	130	130	140	140	140	140	140	130	130
120头	155	145	145	135	110	125	130	120	120	120	110	110
无数头	145	135	135	100	100	110	110	110	110	105	100	100
剪口	200	200	240	200	190	240	240	170	170	190	170	170
须根	80	80	80	20	35	45	45	35	35	35	35	35
三七花	180	180	190	170	175	220	220	230	230	180	180	180

数据来源：康美中药网

从图 9–4 中可以看出：第 1 季度各规格三七价格整体趋于稳定，波动较小；20 头三七价格在第 2、3 季度呈稳步上升趋势，至 8 月份达到最高值，后续保持稳定；40 头价格全年趋于稳定，年初与年底价格变化幅度较小，6 月份呈现最高值；60、80 头和 120 头三七全年波动不大，1 月份出现了最高值，之后趋于稳定并有小幅下降；无数头三七第 1 季度价格略高，后三季度价格下降并趋于稳定；剪口价格上半年价格出现了最高值 240 元，自 8 月份起，价格跌至全年最低，并趋于平缓；三七须根价格 3 月份达最高点，4 月份价格明显降低，5 月份后价格趋于稳定，维持在 35 元；三七花全年价格最高出现在第 3 季度，1、4 季度价格相差不大，2 季度价格波动较大，4 月与 6 月价格差为 50 元。

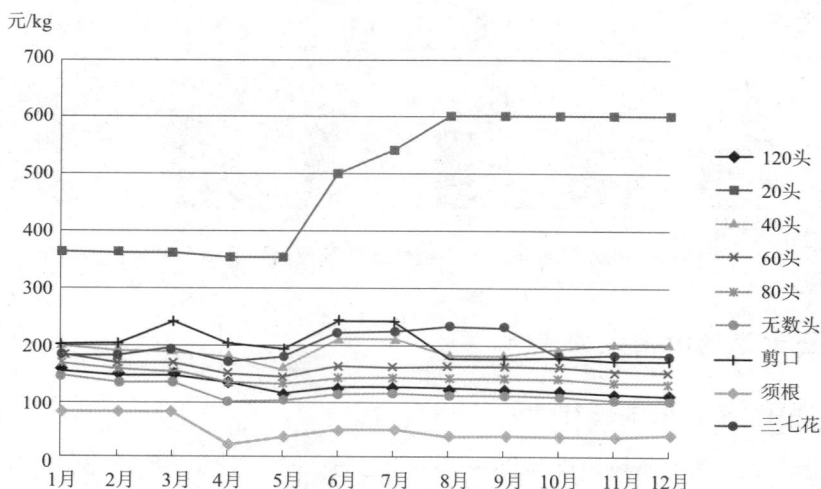

图 9–4　2015 年部分规格三七价格走势分析

数据来源：康美中药网

（二）2015 年三七市场分析

影响三七市场状况的因素是多方面的，主要包括以下几点。

1. 盲目种植和供求矛盾

目前全国三七年需求量为 1.5 万余吨，而仅仅文山州 2014—2015 两年的三七产量估计够未来 5 年的用量，再加上其他地区的三七，供求矛盾导致这次价格下跌给产业的打击巨大，产量成倍增加，三七价格开始进入又一轮调整阶段，影响云南整体三七产业的良性发展。

2. 自然气候

云南地区 2015 年 1 月 9 日的大雪，逼迫很多种植户提前采挖冬七和二年七。

3. 行业周期

2014 年整个中药材行情进入下降周期，药材市场自古以来便有"升三年，降三年，不升不降又三年"的基本规律。这轮市场周期自 2009 年起步，至 2012 年 10 月份达到顶峰，至此完成"升三年"的过程；2012 年下半年至 2013 年上半年期间，三七保持高价位行情，从 2013 年下半年开始下降，至 2014 年完成了"降三年"的过程；下一步将进入"不升不降又三年"的阶段。因此，2015 年的市场疲软，也是其市场规律的自然体现。

4. 国家标准规范

随着国家对中药材及饮片的监管不断加强，质量标准不断提高和规范，药企采购标准也会提高。中药材是中医药的重要组成部分。加强中药材管理、保障中药材质量安全，对于维护公众健康、促进中药材产业持续健康发展、推动中医药事业繁荣壮大，具有重要意义。

5. 宏观经济

无论国际还是国内，整体经济环境不景气。自 2007 年爆发金融危机以来，经济复苏举步维艰。大宗商品价格不断跳水，如黄金、石油、铁矿石、煤炭等价格大跌，表明全球经济复苏乏力，不容乐观。而我国经济进入习李时代后，"积极的财政政策与稳健的货币政策"取代了"积极的财政政策与宽松的货币政策"。中国经济随之步入由"快速发展"向"缓慢发展"的新常态。

（三）2016 年三七市场预测

2016 年采挖的三七多为 2014 年种植，2014 年三七一路狂跌，价格的过度波动使 2012—2014 年期间高投入种植三七的农户亏损严重，特别是给小户和散户带来了严重的亏损，同时给三七产业发展带来了不利的影响，其产量远远大于市场需求。

三七是中国非常特有的药材品种，其关注度、人气、需求量都在与日俱增，随着三七行情暴跌一定能够触发一部分潜在消费，特别是因为以前高价使三七成为奢侈品所限制的终端需求，将在三七价格遭毁灭式暴跌过程中释放。

随着人们大健康意识的提高，以及社会对心血管类药品需求的提升，三七的国内需求量将大幅提高。

国家对中药材不断规范，进一步提高有益人体健康的药材、中药饮片、中成药标准，使原来低门槛、粗放种植更科学、规范，将原来鱼目混珠的三七驱之门外，促进三七产业及价格进入良性循环轨道。

互联网商务在三七产业迅速推进，从产到终端消费实现直通车，屏蔽中间环节，让终端价格更实惠，加大促进终端消费需求增长。

由于种植三七可用土地循环周期为 10～30 年，可以用来种植三七的土地越来越少，只有在土地连作障碍方面取得成就并解决三七种植出远门的现象才能保证三七价格。

由于 2015 年三七价格压制较低，现今三七库存充足，药农惜货不愿出售，价格上调，商家不愿购货，多处于观望态度，三七整体行情持稳为主。预计 2016—2017 年三七呈稳中上涨趋势，三七将顺应中药材整体发展趋势，稳步上行。长期看来，三七价格行情以动荡上行为主。

第十章

品 牌 篇

一、云南省举办百年云药新闻发布会

"魅力彩云南 特色云系列"新闻发布会之"百年云药篇"在昆明海埂会堂举行。

作为三七的主产地，文山州由副州长李春林代表州委州政府出席发布会并发布新闻。据李春林介绍，文山三七是云南最具特色的优势生物资源，三七产业是云南省的特色优势产业，在全国全省生物医药产业中占有一席之地。中国 95%以上的三七产自云南文山，除云南白药和片仔癀外，众生药业、天士力集团、珍宝岛药业、同仁堂等知名药企均需云南三七供应原料，中国以三七为原料的中成药品种有 360 余种，药品批号 3620余个，涉及制药企业 1350 余家，其中多种药品分别被列入《国家基本药物目录》和《国家医保目录》。中国生物制药企业直接使用三七的产品产值已超千亿，其中，2014 年，文山州三七加工业实现总产值 30.84 亿元，销售收入 23.08 亿元。以三七为主要原料的云南白药集团，2014 年利润总额在中国医药百强企业中排名第三。三七产业市场稳定、容量巨大，有广阔发展空间。

在记者答问环节，香港卫视云南办记者就"如何解决三七的连种障碍"提问，受邀参加本次发布会的云南制药龙头企业——云南三七科技有限公司副董事长曾立品，以及云南省中药材种植行业协会会长苏豹分别作了解答。苏豹表示，三七的连种问题，不单是记者和市场在关心和担忧，也是政府和科研部门重点要解决的问题，目前已经有五位中科院院士做这个课题的攻关，攻关方向主要是品种扶壮，而现在已经找到种子改良的方法，找到了能使三七的种子更强壮的机制，解决缩短连种休整期指日可待。

二、云南省发展中医药大会召开

2015 年 7 月 9 日，云南省发展中医药大会在昆明召开。会议强调，要扎实推进中医药强省战略的实施，全力抓好中医药发展的各项工作，为全省各族人民的健康事业做出新的重大贡献。省委书记李纪恒，省委副书记、省长陈豪，国家卫计委副主任、中医药管理局局长王国强出席会议并讲话。

李纪恒在讲话中指出，振兴发展中医药，是云南医药卫生事业改革发展的必然要求，是云南经济结构调整的重要突破口，是农民增加收入、脱贫致富的有力举措，是云南争当生态文明建设排头兵的重要内容，是云南与周边国家加强交流合作的桥梁和纽带。各级各部门一定要坚决贯彻落实中央和省委、省政府关于中医药发展的决策部署，抓住机遇，加强顶层设计，科学谋划，完善机制，优化政策，综合施策，重点突破，全力推动云南中医药事业振兴和产业发展。并强调各级党委、政府要认真履行好保护、扶持和发展中医药的职责，定期协调、研究、解决中医药发展中的困难和问题。各有关部门要各司其职、通力协作、形成合力，共同关心、重视、支持中医药发展。卫生部门要建立高效、有序、有力的中医药管理运行机制，切实做好中医药发展的宏观管理和指导工作。各地要把中医药事业纳入全省国民经济和社会发展"十三五"规划，认真落实国家和省出台的中医药扶持政策，进一步加大对中医药医疗机构和产业的支持力度。此外，明确提出加快产业发展、加强服务体系建设、提升中医药服务能力、培养高素质人才队伍、强化传承和创新、繁荣中医药文化等六点振兴云南中医药发展的要求。

省长陈豪就加快中药产业发展提出5点要求，一要全面摸清云南中药产业发展的基础，摸清"家底"，做到心中有底数，正确决策、对症施药，有针对性地指导今后我省中药产业的发展。二要适应大健康产业发展的需要，科学确定云南中药产业发展的思路和目标，着力构筑集健康相关产品的生产、加工、研发、销售和服务于一体的中药产业发展格局。三要突出抓好中药产业发展的重点，用医药升级的标准来改进中药，高标准发展中药产业。四要找准加快中药产业发展路径，提高创新能力，大力培育龙头企业，强化资源保护和原料基地建设，加快提升品牌影响力，促进全省中药产业做大做强。五要强化中药产业发展的保障措施，加大扶持力度，盘活资源要素，强化市场监管，扩大对外开放。

会上局长王国强强调，发展中医药事业，是一项重大的民生工程和民心工程，希望云南充分发挥中医药在深化医改中的重要作用，全面提升中医药服务能力，深入推进中医药继承创新，进一步加强中医药人才培养，大力弘扬中医药文化，加快推动中医药产业发展，切实加强民族医药工作，不断扩大中医药对外交流合作。相信云南中医药事业一定能够在中医药强省战略的实施中取得更大的发展，一定能够为维护云南各族人民健康、实现云南跨越式发展、谱写好中国梦云南篇章做出更大的贡献。

三、文山三七产业论坛

2015年5月5日，由中共文山州委、文山州人民政府主办，国家中医药管理局支持，中国中医科学院、中国中药协会、文山三七产业协会协办的文山三七产业发展论坛在中国三七之乡——文山成功举办。开幕式由文山州州长张秀兰主持，文山州委书记纳杰、中国中医科学院常务副院长刘保延、国家中医药管理局副局长闫树江，云南省卫计委副主任、云南省中医药管理局局长郑进等领导出席了开幕式。

中国医药管理局原副局长、国家现代中药资源动态监测和技术中心主任李大宁，科技部中国科学技术发展战略研究院副院长王宏广，中国科学院院士、中科院昆明植物所原所长周俊，中国工程院院士、中药药理学专家李连达，中国工程院院士、云南省科协主席朱有勇，中国中药协会会长房书亭，上海现代中医药股份有限公司总经理卞化石等领导嘉宾分别就中国三七产业的发展机遇和挑战、三七的运用开发、如何推动三七产业发展、三七资源普查等相关课题进行了演讲。

四、文山三七产业新闻发布会

2015 年 5 月 5 日，文山州委、州政府召开文山三七产业发展大会，对文山三七的发展形势进行分析，找出三七产业发展的攻坚点、突破口，提出要应势而谋、顺势而为、乘势而上，全力推动文山三七产业转型升级跨越发展。

文山州有几百年种植三七的历史，如今，"文山三七"已被评为中国 100 个最具综合价值的地理标志产品之一，在中药材地理标志产品中居于首位。

目前，文山州已投入建设了三七产业园区、三七国际交易中心等一批产业重大支撑项目，有效促进了产业发展。特别是在国家支持生物产业发展的政策导向下，文山三七产业园区登高片区初步建成，国内一大批知名制药企业已经入驻，使三七产业的转型升级发展不仅具备了条件，也迎来了最佳时机。会议提出，文山州须应势而谋、顺势而为、乘势之上，把三七产业发展成为富民强州的重要支柱产业。

针对种植业面临严峻形势、产业结构不合理、科技创新能力不强、营销宣传业态滞后、缺乏产业龙头带动、行业管理作用发挥不够等产业发展问题，会议提出要切实找准三七产业发展的攻坚点和突破口。要理清发展思路、坚定发展目标，采取扩大产业管理范畴，提升产业管理层次；规范三七基地建设，促进三七种植标准化组织化发展；培育加工龙头企业，做大做强三七加工业；增强创新驱动，提升产业核心竞争力；积极拓展市场，扩大国内外市场份额；实施品牌战略，提高文山三七知名度等有力措施，推动文山三七产业转型升级跨越发展。

同时，加大产业扶持力度，为三七产业发展提供更加有力的保障。设立三七产业发展专项资金，州级财政每年安排不低于 2000 万元的专项发展资金，并随经济发展逐年增加，专项用于支持科技创新、新产品研发等。拓宽融资渠道，建立以企业投入为主体，财政、信贷、社会资金等多渠道、全方位、宽领域的投融资体系。加大优惠政策扶持，加强人才队伍建设，健全完善领导机制，加强督查督办，努力闯出一条三七产业跨越发展的新路子，全力推动文山三七产业转型升级跨越发展，实现广大群众增收致富的厚望。

五、"云三七"获共和国将军部长喜爱品牌

2015 年 2 月 8 日于北京万寿宾馆，由中国将军艺术协会、中国红色文化促进会主办的"勿忘国耻圆梦中华——纪念中国抗日战争和世界反法西斯战争胜利 70 周年暨 2015 年迎新春共和国将军部长联谊会"品鉴、评选，云南三七科技有限公司旗下"云三七"品牌荣获"共和国将军、部长喜爱品牌"称号，由总后勤部原政委周坤仁上将向罗金明总经理授牌。

云南三七科技有限公司是云南省战略新兴产业三七产业领军企业及文山三七产业协会会长单位，拥有全球最大产能的 GMP 认证三七皂苷提取厂、文山州规模最大的三

七中成药厂、全省唯一的三七专属省级工程研究中心，依托于强大的科技支撑，其旗下"云三七"牌三七超细粉有效成分含量高、农残和重金属低，获得高度认可。

三七作为活血化瘀、镇痛止血的第一要药，自明代李时珍《本草纲目》就已注为"军队金疮要药"，在抗战前期对军队减轻伤亡发挥了重要作用。其道地产区文山州更是对越反击战老山前线所在。本次党政军机关老将军、老部长对公司三七产品的品牌推荐，是在三七外伤要药的历史上，对三七心脑血管疾病老年慢病防治的进一步认可。本次活动三七科技有限公司以文山老前线的特产向保家为家的广大部队官兵及首长致敬，进一步推动了文山三七健康理念与老山红色文化融合发展，提升了云南三七产品的社会影响力。

六、云南白药"豹七三七"获第十届海峡两岸职工创新成果展金奖

2015 年 6 月 18 日，第十届海峡两岸职工创新成果展于福州隆重举行。云南白药"豹七三七"在本届创新成果展中喜获"金奖"。

据悉，本届创新成果展共征集职工创新成果 882 项，项目涉及地、港、澳、台等地区能源、环境、化工、食品、医药、信息等众多领域。云南白药"豹七三七"从众多领域项目中脱颖而出，受到海峡两岸组委会专家一致好评。

云南白药"豹七三七"求真溯源之旅，曾斩获艾奇奖"商业模式创新大奖"、金蜂奖"年度最佳保健食品品牌"等多项大奖，此次金奖获得无疑是对云南白药豹七三七品质的再次肯定。

七、昆药集团络泰®血塞通软胶囊喜获 2015 年中国医药十大营销案例

2015 年 12 月 1 日，"2015 中国医药十大营销案例颁奖典礼暨中国医药营销舞林大会"在厦门隆重开幕。经过大众投票，专家评选，昆药集团络泰®血塞通软胶囊的"新形势下的处方药合伙人模式探索"荣获 2015 年度中国医药十大营销案例。

2015 年集团产业升级和营销改革，成立血软事业部，推行精细化营销管理，加强销售队伍的建设，让销售人员真正下沉到终端。血软事业部把销售队伍基数扩大，增加经销商和终端，同时推行合伙人制的招商管理模式，通过市场细分和深度挖掘，让每一位营销人员从集团和事业部得到发展和成长。

昆药集团旗下产品络泰血塞通软胶囊作为三七制剂的中药产品，具有强大的市场潜力。2015 年集团成立血塞通研究院，对血塞通制剂提供了强有力的科技后盾，同时事业部继续加强团队、产品、制度的规范化、科学化和信息化，昆药的血塞通软胶囊将成为心脑血管领域更具竞争力的品牌产品。

八、云南维和药业在北京成功挂牌敲钟

2015 年 11 月 27 日，致力于三七深加工的云南维和药业股份有限公司在北京全国中小企业股份转让系统（俗称"新三板"）成功挂牌敲钟，标志着我省又一家以本省丰富植物资源为依托的生物制药企业进军资本市场，为做大做强云南精品三七深加工奠定了

坚实基础。

云南维和药业股份有限公司是云南本土现代化高新技术制药企业，集新产品研发、药品生产、药材种植、销售于一体，拥有 NG-21 智能化植物提取共性生产平台，建有占地 100 余亩的 GMP 认证生产厂区和 14 000 亩 GAP 三七种植基地。其研发中心先后被认定为云南省企业技术中心、国家中药现代化工程技术研究中心西南分中心以及云南省植物提取物工程研究中心。与此同时，该公司先后与国内外多家科研机构建立战略合作伙伴关系，开展植物产品技术集成体系、新药及健康产品开发等多项业务。其中，"维和"品牌被认定为云南省著名商标，维和系列产品行销全国各地，主力产品"维和血塞通"年销售近十亿粒，是血塞通口服制剂零售市场的领导品牌。

九、"七丹牌三七""七丹牌三七超细粉"荣获泛亚国际农业博览会优质农产品金奖

2015 年 9 月 19 日至 23 日，云南七丹药业股份有限公司作为省级重点龙头企业参加了由国家农业部支持，云南省人民政府主办，昆明市人民政府等单位共同承办，以"高原特色农业、开放合作发展"为主题的"2015 第十一届昆明泛亚国际农业博览会"。

会上，公司展出了特色产品，其中"七丹牌三七""七丹牌三七超细粉"，凭借公司道地三七资源优势、研发优势、工艺技术优势、质量优势，在本次博览会上脱颖而出，两个产品同时荣获了"2015 年第十一届昆明泛亚国际农业博览会优质农产品金奖"。

公司将以此为契机，持续全力打造文山地方特色农业品牌，提升公司产品品牌的认知度，为公司产品的拓展开辟新的市场通道。

十、盘龙云海三七成功出口美国

2016 年，盘龙云海三七粉成功出口美国，成为第一个打进美国市场的三七品牌。盘龙云海人所期盼的三七走向世界，为人类健康服务的愿望已经实现了第一步。

盘龙云海自 1994 年创建以来，始终坚持"优质、稳定、安全"道地药材，严把"种植关"，并利用现代技术加以提升，生产出品质优良的三七粉，远销美国市场。

在中医药领域，道地性一直是衡量药材品质的重要标准。云南省文山是三七的道地产区，是名副其实的"中国三七之乡"，盘龙云海的三七全部产自于此。除了道地药材，"安全"是盘龙云海三七粉出口遵循的另一重要标准。据悉，盘龙云海依托现代科技，独创清洗加工工艺，建成一条工业化物理性脱农残重金属生产线，使整个三七在清洗处理过程中，不用加任何化学清洗剂就能有效去除重金属及农残，使盘龙云海三七农残、重金属含量达到了美国食品药品监督管理总局 FDA 标准，为三七粉在美的上市奠定了坚实的基础。

附 录

附录一

三七相关质量标准和代表保健食品

一、中国药典质量标准（2015 年版）

【汉语拼音】Sanqi（三七）

【英文名】NOTOGINSENG RADIX ET RHIZOMA

本品为五加科植物三七 *Panax notoginseng*（Burk.）F. H. Chen 的干燥根及根茎。秋季花开前采挖，洗净，分开主根、支根及根茎，干燥。支根习称"筋条"，根茎习称"剪口"。

【性状】主根呈类圆锥形或圆柱形，长 1～6cm，直径 1～4cm。表面灰褐色或灰黄色，有断续的纵皱纹及支根痕。顶端有茎痕，周围有瘤状突起。体重，质坚实，断面灰绿色、黄绿色或灰白色，木部微呈放射状排列。气微，味苦回甜。

筋条呈圆柱形或圆锥形，长 2～6cm，上端直径约 0.8cm，下端直径约 0.3cm。

剪口呈不规则的皱缩块状或条状，表面有数个明显的茎痕及环纹，断面中心灰绿色或白色，边缘深绿色或灰色。

【鉴别】（1）本品粉末为灰黄色。淀粉粒甚多，单粒圆形、半圆形或圆多角形，直径 4～30μm；复粒由 2～10 余分粒组成。树脂道碎片含黄色分泌物。梯纹导管、网纹导管及螺纹导管直径 15～55μm。草酸钙簇晶少见，直径 50～80μm。

（2）取本品粉末 0.5g，加水 5 滴，搅匀，再加以水饱和的正丁醇 5ml，密塞，振摇 10 分钟，放置 2 小时，离心，取上清液，加 3 倍量以正丁醇饱和的水，摇匀，放置使分层（必要时离心），取正丁醇层，蒸干，残渣加甲醇 1ml 使溶解，作为供试品溶液。另取人参皂苷 Rb$_1$ 对照品、人参皂苷 Re 对照品、人参皂苷 Rg$_1$ 对照品及三七皂苷 R$_1$ 对照品，加甲醇制成每 1ml 各含 0.5mg 的混合溶液，作为对照品溶液。照薄层色谱法（通则 0502）试验，吸取上述两种溶液各 1μl，分别点于同一硅胶 G 薄层板上，以三氯甲烷–乙酸乙酯–甲醇–水（15:40:22:10）10℃以下放置的下层溶液为展开剂，展开，取出，晾干，喷以硫酸溶液（1→10），在 105℃加热至斑点显色清晰。供试品色谱中，在与对照品色谱相应的位置上，显相同颜色的斑点；置紫外光灯（365nm）下检视，显相同的荧光斑点。

【检查】水分　不得过 14.0%（通则 0832 第二法）。

总灰分　不得过 6.0%（通则 2302）。

酸不溶性灰分　不得过 3.0%（通则 2302）。

【浸出物】照醇溶性浸出物测定法（通则 2201）项下的热浸法测定，用甲醇作溶剂，不得少于 16.0%。

【含量测定】照高效液相色谱法（通则 0512）测定。

色谱条件与系统适用性试验　以十八烷基硅烷键合硅胶为填充剂；以乙腈为流动相 A，以水为流动相 B，按下表中的规定进行梯度洗脱；检测波长为 203nm。理论板数按三七皂苷 R_1 峰计算应不低于 4000。

时间（分钟）	流动相 A（%）	流动相 B（%）
0～12	19	81
12～60	19～36	81～64

对照品溶液的制备　精密称取人参皂苷 Rg_1 对照品、人参皂苷 Rb_1 对照品及三七皂苷 R_1 对照品适量，加甲醇制成每 1ml 含人参皂苷 Rg_1 0.4mg、人参皂苷 Rb_1 0.4mg、三七皂苷 R_1 0.1mg 的混合溶液，即得。

供试品溶液的制备　取本品粉末（过四号筛）0.6g，精密称定，精密加入甲醇 50ml，称定重量，放置过夜，置 80℃水浴上保持微沸 2 小时，放冷，再称定重量，用甲醇补足减失的重量，摇匀，滤过，取续滤液，即得。

测定法　分别精密吸取对照品溶液与供试品溶液各 10μl，注入液相色谱仪，测定，即得。

本品按干燥品计算，含人参皂苷 Rg_1（$C_{42}H_{72}O_{14}$）、人参皂苷 Rb_1（$C_{54}H_{92}O_{23}$）和三七皂苷 R_1（$C_{47}H_{80}O_{18}$）的总量不得少于 5.0%。

饮　　片

【炮制】三七粉　取三七，洗净，干燥，碾成细粉。

本品为灰黄色的粉末。气微，味苦回甜。

【鉴别】【检查】【浸出物】【含量测定】同药材。

【性味与归经】甘、微苦，温。归肝、胃经。

【功效与主治】散瘀止血，消肿定痛。用于咯血，吐血，衄血，便血，崩漏，外伤出血，胸腹刺痛，跌扑肿痛。

【用法用量】3～9g；研粉吞服，一次 1～3g。外用适量。

【用药禁忌】孕妇慎用。

【贮藏】置阴凉干燥处，防蛀。

二、地理标志产品——文山三七（GB/T 19086—2008）

前　言

本标准根据《地理标志产品保护规定》与 GB/T 17924《地理标志产品标准通用要求》制定。

本标准代替 GB 19086—2003《原产地域产品——文山三七》。

本标准与 GB 19086—2003 相比主要变化如下：

——标准属性由强制性国家标准改为推荐性国家标准；

——根据国家质量监督检验检疫总局颁布的《地理标志产品保护规定》，将标准名称改为《地理标志产品——文山三七》；

——简化了产品的规格；

——按照《中华人民共和国药典 2005 年版一部》调整了三七的人参皂苷 Rg_1、皂苷 Rg_1、Rb_1 和皂苷 R_1 百分比含量；

——补充增加了卫生指标项目；

——补充完善了三七皂苷含量的测定方法。

本标准的附录 A、附录 B、附录 C、附录 D、附录 E、附录 F、附录 G 为规范性附录。

本标准由全国原产地域产品标准化工作组提出并归口。

本标准起草单位：云南省文山州三七科学技术研究所、云南省文山州三七特产局。

本标准主要起草人：崔秀明、雷绍武、王朝梁、陈中坚、冯光泉、陈昱君、张宏春、马成英。

本标准所代替标准的历次版本发布情况为：GB 19086—2003。

地理标志产品　文山三七

1　范围

　　本标准规定了文山三七的地理标志产品保护范围、术语和定义、要求、试验方法、检验规则及标志、包装、运输和贮存。

　　本标准适用于国家质量监督检验检疫行政主管部门根据《地理标志产品保护规定》批准保护的文山三七。

2　规范性引用文件

　　下列文件中的条款通过本标准的引用而成为本标准的条款。凡是注日期的引用文件，其随后所有的修改单（不包括勘误的内容）或修订版均不适用于本标准，然而，鼓励根据本标准达成协议的各方研究是否可使用这些文件的最新版本。凡是不注日期的引用文件，其最新版本适用于本标准。

　　GB 3095　环境空气质量标准

　　GB/T 4789.2　食品卫生微生物学检验　菌落总数测定

　　GB/T 4789.3　食品卫生微生物学检验　大肠菌群测定

　　GB/T 4789.15　食品卫生微生物学检验　霉菌和酵母计数

　　GB/T 5009.11　食品中总砷及无机砷的测定

　　GB/T 5009.12　食品中铅的测定

　　GB/T 5009.15　食品中镉的测定

　　GB/T 5009.17　食品中总汞及有机汞的测定

　　GB/T 5009.19　食品中六六六、滴滴涕残留量的测定

　　GB/T 5009.136　植物性食品中五氯硝基苯残留量的测定

　　GB 5084　农田灌溉水质标准

　　GB/T 14769　食品中水分的测定方法

　　GB 15618　土壤环境质量标准

　　SN 0281　出口水果中甲霜灵残留量检验方法

　　中华人民共和国药典　2005 年版　一部

3　术语和定义

　　下列术语和定义适用于本标准。

3.1

文山三七　Wenshan sanqi

在中国云南省文山州境内，海拔 1200～2000m，按规范技术种植、采收的五加科人

参属植物三七 *Panax notoginseng*（Burk.）F. H. Chen 的根、茎叶、花及其初加工品的三七粉和三七切片。三七原植物图见附录 A。

3.2

头 main root

俗称，表示三七大小专用规格单位，指质量为 500g 的干燥三七主根个数。

3.3

剪口 rhizome

经加工后根茎的俗称。

3.4

筋条 branch root

中部直径大于 0.4cm 支根的俗称。

3.5

毛根 fibre

须根及中部直径小于 0.4cm 支根的俗称。

3.6

春三七 chun sanqi

摘除花薹后采挖的三七。

3.7

冬三七 dong sanqi

留种后采挖的三七。

3.8

三七花 flower of sanqi

三七花序的干燥品。

3.9

三七茎叶 stem and leaf of sanqi

三七植株茎和叶的干燥品。

3.10

三七粉 sanqi powder

三七根部经粉碎后的初加工制品。

3.11

三七切片 sanqi slice

鲜三七主根经切片干燥后的初加工制品。

4 地理标志产品保护范围

文山三七地理标志产品保护范围限于国家质量监督检验检疫行政主管部门根据《地理标志产品保护规定》批准的范围，见附录 B。

5 要求

5.1 种植环境

5.1.1 空气质量

空气环境质量符合 GB 3095 二级标准规定的要求。

5.1.2 水质

水质应符合 GB 5084 二级标准规定的要求。

5.1.3 土壤

土壤环境应符合 GB 15618 二级标准规定的要求。土壤 pH 值应在 5.5～7.0。

5.1.4 气候环境

日照时数应＞1500 小时，≥10℃有效积温为 5000～6000℃，年降雨量 900～1300mm。无霜期应为 300 天以上。

5.1.5 地理环境

应选择北纬 23°30′附近，海拔 1200～2000m 的特定区域。

5.2 生产用种

应选用海拔 1200～1600m 范围内生产的三年生三七健康种子作为生产用种。

5.3 栽培技术

5.3.1 建棚

人工搭建荫棚应做到透光均匀一致，透光率为 8%～20%。

专用遮阳网荫棚：选用 8%～20%透光率的三七专用遮阳网作荫棚材料，支撑柱按 3m×1.8m 布局，荫棚高 1.8m 左右。

传统荫棚：选用作物蒿杆、山草或杉树枝等作荫棚材料，支撑柱按 1.7m×（1.7～2.0m）布局，荫棚高 1.6m 左右。

5.3.2 作床

平地、缓坡地床高为 20～25cm，坡地床高为 15～20cm。床宽为 120～140cm。

5.3.3 播种和移栽

播种和移栽时间为 12 月中下旬至翌年 1 月中下旬。三七种子和种苗应进行优选和分级，并根据种子和种苗质量分级播种和移栽。在播种和移栽前可选用附录 C 规定的一至两种杀菌剂进行种子、种苗浸种处理。

5.3.4 施肥

底肥用充分腐熟的有机肥或细土将三七种子或种苗覆盖，以见不到种子或种苗为宜。追肥以有机肥为主。有机肥包括家畜粪便、灶灰、油枯、骨粉，不包括人粪尿。有机肥在施用前充分腐熟。追肥采用农家肥适量，可用生物肥、硫酸钾于 4～6 月追肥一次，8～10 月追施第二次，视生长情况追施草木灰适量。三七的整个施肥过程禁止使用硝态氮肥。

5.3.5 农药使用准则

特殊情况下应使用农药时，应严格遵守以下准则：

（a）允许使用植物源农药、动物源农药、微生物源农药和矿物源农药中的硫制剂、铜制剂。

（b）严禁使用剧毒、高毒、高残留或者具有"三致"（致癌、致畸、致突变）农药（见附录D）。

（c）允许有限度地使用部分有机合成化学农药（见附录C）。

（d）最后一次施药距采收（包括根部、花、茎叶）间隔天数不得少于20天。

（e）应提倡交替使用有机合成化学农药，如生产上实属需要，混配的化学农药只允许选用附录C中列出的种类。

（f）在三七栽培中禁止使用化学除草剂。

5.3.6 采收

种苗：种苗收获根据移栽的时间而定，为12月中下旬至翌年1月中下旬采挖。

三七花：三七花的采收年限为二年生以上，采收时间为7～8月，方法为当花薹生长至5cm的花蕾时人工采摘。

果实：当三七果实颜色由绿转为红色并具光泽时即成熟，可分批采摘、分批贮藏。贮藏方法：三七果实采收后即洗去果皮，湿砂保存备用。

根部：三七根部的采收年限为三年生以上，不留种三七根部的采收时间为10～11月，留种三七根部的采收时间为摘除果实后20～30天。

三七茎叶：二年生三七茎叶的采收时间为12月至翌年2月，三年生以上与根部的采收同时进行。

5.4 加工技术

5.4.1 加工工艺流程

三七的整个加工过程在洁净环境中进行，加工工艺流程图见附图1-1。

5.4.2 分选

分选出三七根部、三七茎叶、三七花。

5.4.3 清洗

用洁净水快速清洗，除去泥沙等杂物。

5.4.4 三七花的干燥

三七花清洗后晾晒或烘烤至含水量13%以下。

5.4.5 三七茎叶的干燥

三七茎叶清洗后，晾晒至含水量13%以下。

5.4.6 三七根部的干燥和分级

5.4.6.1 去毛根。

5.4.6.2 初步干燥：将鲜三七晾晒至含水量40%～50%，或在30～40℃条件下烘烤干燥至含水量40%～50%。

5.4.6.3 修剪：用剪刀将支根、根茎及过长的主根剪下。

5.4.6.4 干燥：将三七主根、根茎、支根、毛根分别晾晒至含水量13%以下，或在40～45℃条件下烘烤干燥至含水量13%以下。

```
┌──────────┐      ┌──────────┐      ┌──────────┐
│  三七根部  │      │   三七花   │      │  三七茎叶  │
└────┬─────┘      └────┬─────┘      └────┬─────┘
     │                 │                 │
     └──────┬──────────┴─────────────────┘
            ▼
     ┌────────────────────────────────────────────┐
     │                   清洗                       │
     └────────────────────────────────────────────┘
            │                    │
            ▼                    ▼
     ┌──────────┐      ┌────────────────────────────┐
     │  去毛根   │─────▶│            干燥             │
     └────┬─────┘      └──────┬──────────┬───────────┘
          │                   │          │        │
          ▼                   ▼          ▼        ▼
  ┌──────────┐  ┌──────────┐ ┌──────────┐ ┌──────────────┐
  │ 初步干燥  │─▶│ 商品毛根  │─│ 商品三七花 │─│  商品三七茎叶  │
  └────┬─────┘  └──────────┘ └──────────┘ └──────────────┘
       │                   ┌──────────────┐
       │               ┌──▶│  商品剪口、筋条 │
       ▼               │   └──────────────┘
  ┌──────────┐─────────┤
  │ 修剪、整形 │         │   ┌────────┐  ┌────────┐  ┌────────┐
  └────┬─────┘         └──▶│  切片  │─▶│ 完全干燥 │─▶│  三七片 │
       │                   └────────┘  └────────┘  └────────┘
       ▼
  ┌──────────┐  ┌────────┐  ┌────────┐
  │ 搓揉、干燥 │─▶│  粉碎  │─▶│  三七粉 │
  └────┬─────┘  └────────┘  └────────┘
       │
       ▼
  ┌──────────┐  ┌────────┐
  │   分级   │─▶│ 商品三七 │
  └──────────┘  └────────┘
```

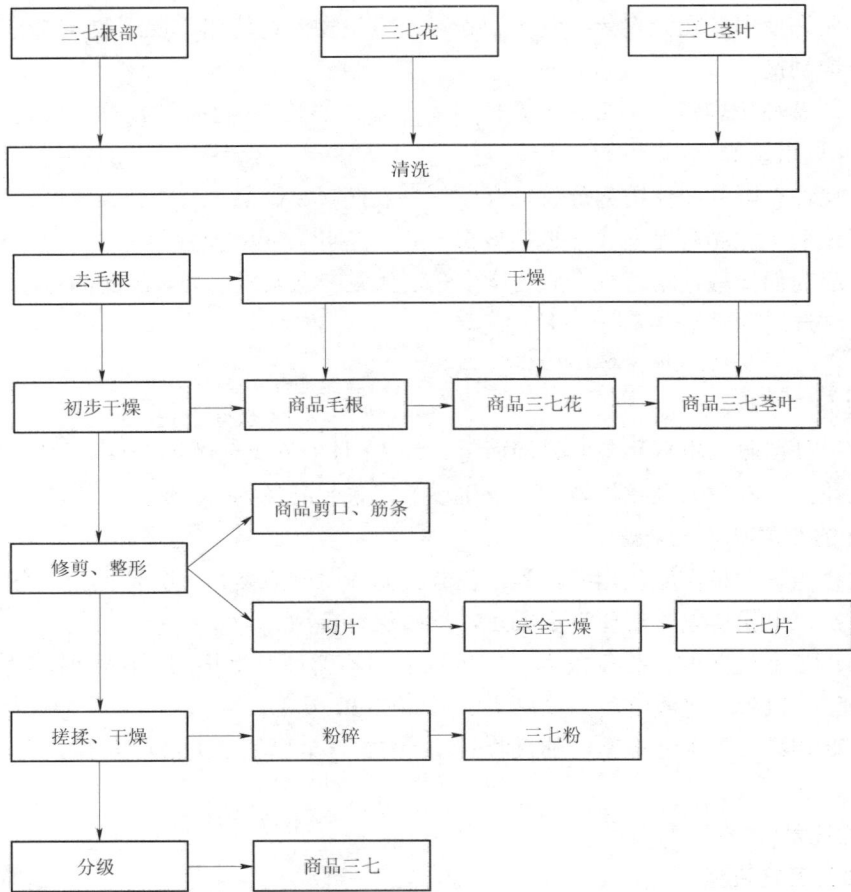

附图 1-1　三七加工流程图

5.4.6.5　分级：干燥后按附录 E 的要求分级。

5.5　感官指标

5.5.1　三七主根呈类圆锥形或圆柱形，长 1～6cm，直径 1～4cm。表面本色为黄褐色至棕褐色或灰褐色、灰黄色，有断续的纵皱纹及支根痕。顶端有茎痕、周围有瘤状突起。体重，质坚实，断面呈灰绿色、黄绿色、墨绿色，木质部微呈放射排列（习称菊花心）。气微，味苦回甜。

5.5.2　春三七外形饱满，表面皱纹细密而短或不明显。断面常呈灰绿色，木质部菊花心明显，无空穴。

5.5.3　冬三七外形不饱满，表面皱纹多且深长或呈明显的沟槽状。断面常呈黄绿色，木质部菊花心不明显，多有空穴。

5.5.4　筋条呈圆柱形，长 1～6cm，上端直径约 0.8cm，下端直径约 0.3cm。

5.5.5　剪口呈不规则皱缩块状及条状，表面有数个明显的茎痕及环纹，断面中心呈灰白色，边缘灰色。

5.5.6　三七花呈半球形、球形或伞形，直径 0.5～2.5cm，总花梗长 0.5～4.5cm，圆柱形，常弯曲，具细纵纹。展开后，小花柄长 0.1～1.5cm。基部具鳞毛状苞片。花萼黄绿色，顶端 5 齿裂。剖开观察，花瓣 5，黄绿色。花药椭圆形，背着生，内向纵裂，花柱 2 枚，基部合生。质脆易碎。气微，味甘微苦。

5.5.7 三七茎叶长 25～50cm。茎常皱缩扁平或类方形，纵棱明显，近基部 2～3cm 处黄白色，上部灰绿色，直径 1.5～2cm，顶端轮生 3～4 枚掌状复叶，总叶柄长 5～10cm，具纵棱。小叶片 3～7 枚。展开后，小叶片呈圆状倒卵形或椭圆形，长 3～12cm，宽 1.5～4cm，中央叶片较大，两侧 2 片较小，顶端长尖，基部圆形或偏斜，边缘有锯齿，齿端或两齿间有刺状毛，两面沿叶脉有小刺状毛，黄绿色。质脆易碎，味苦回甜。

5.5.8 三七粉为灰黄色或浅黄色的细粉，细度 350μm 以下。

5.5.9 三七切片的纵切片呈长类圆形或不规则片状，横切片呈圆形。

5.6 质量分级

5.6.1 文山三七质量分级应符合附录 E 的规定，合格品应无杂质、无虫蛀、无霉变、无异味。

5.6.2 等级与规格

5.6.2.1 规格：分为 10 头、20 头、30 头、40 头、60 头、80 头、无数头、剪口、筋条、毛根、花、茎叶十二个规格。

5.6.2.2 等级：分为优等品和合格品两个等级。

5.7 理化指标

理化指标应符合附表 1–1 的规定。

附表 1–1　理化指标

项　　目			优等品	合格品
皂苷含量（%）	主根（$Rg_1+Rb_1+R_1$）	≥	5.5	5.0
	剪口（Rg_1+Rb_1+R）	≥	8.0	7.0
	筋条（Rg_1+Rb_1+R）	≥	5.5	5.0
	毛根（Rg_1+Rb_1+R）	≥	3.0	2.5
	花（Rb_1+Rb_3）	≥	3.0	2.0
	茎叶（Rb_1+Rb_3）	≥	1.3	1.0
	三七粉（$Rg_1+Rb_1+R_1$）	≥	5.5	5.0
	三七切片（$Rg_1+Rb_1+R_1$）	≥	5.5	5.0
总灰分含量（%）	主根	≤	4.5	6.0
	剪口	≤	6.0	7.5
	筋条	≤	5.0	7.0
	毛根	≤	12.0	14.5
	花	≤	9.0	10.0
	茎叶	≤	7.0	8.0
	三七粉	≤	5.0	7.0
	三七切片	≤	4.5	6.0
酸不溶性灰分（%）		≤	3.0	3.0
水分含量（%）		≤	12.0	13.0
注：Rg_1、Rb_1、Rb_3 为人参皂苷，R_1 为三七皂苷。				

5.8　卫生指标

各项卫生指标应符合附表 1–2 的规定。

附表 1–2　卫生指标

项　目			指　标
农药残留量	六六六（总 BHC）/（mg/kg）	≤	0.1
	滴滴涕（总 DDT）/（mg/kg）	≤	0.1
	五氯硝基苯/（mg/kg）	≤	0.02
	甲霜灵/（mg/kg）	≤	0.05
重金属含量	铅（以 Pb 计）/（mg/kg）	≤	5.0
	镉（以 Cd 计）/（mg/kg）	≤	0.5
	汞（以 Hg 计）/（mg/kg）	≤	0.1
	砷（以 As 计）/（mg/kg）	≤	2.0
微生物指标	菌落总数/（个/克）	≤	30 000
	大肠菌群/（个/100 克）	≤	30
	霉菌数/（个/克）	≤	100

注：微生物指标仅限于三七粉。

6　试验方法

6.1　样品制备

样品经粉碎至细度 350μm 以下，干燥密封备用。

6.2　感官指标

6.2.1　用显微镜对照附录 F 进行显微鉴别。主根末灰黄色。淀粉粒甚多，单粒圆形、半圆形，直径 4～30μm；复粒由 2～10 粒分粒组成。树脂道碎片含黄色分泌物，梯纹、网纹及螺纹导管 15～55μm。草酸钙簇晶少见，直径 50～80μm。

6.2.2　采用相应感量的计量器具测量三七的各个部位，观察其外观，尝其味，并与 5.5 的要求相比较。

6.3　质量分级

6.3.1　头数测定方法

取适量（不少于 200g）的平均样，称取质量（精确到 0.1g）后，准确计数三七个数，按式（1）计算：

$$三七头数=500g×样品三七个数/样品质量（g）\qquad(1)$$

6.3.2　其他按照附录 E 的规定执行。

6.4　理化指标

6.4.1　理化鉴别

6.4.1.1　取样品粉末 0.5g，加水 5ml，60℃±1℃温浸 30 分钟（或冷浸振摇 1 小时），过

滤，取滤液适量，置试管中，塞紧，用力振摇 1 分钟，产生持久性泡沫。

6.4.1.2 取样品粉末 2g，加甲醇 15ml，温浸 30 分钟（或冷浸振摇 1 小时），过滤。取滤液 1ml，蒸干，加醋酐 1ml，硫酸 1～2 滴，显黄色，渐变为红色、紫色、青色、污绿色。所得滤液数滴，点于滤纸上，干后置紫外灯（365nm）下观察，显淡蓝色荧光，滴加硼酸饱和的丙酮溶液与 10%枸橼酸溶液各 1 滴，干后置紫外灯下观察，有强烈的黄绿色荧光。

6.4.1.3 图谱鉴别（仲裁法）按 6.4.4.1 的方法操作（图谱见附录 G）。

6.4.2 水分测定方法

按 GB/T 14769 的规定。

6.4.3 总灰分和酸不溶性灰分测定方法

按《中华人民共和国药典 2005 年版 一部》附录Ⅳ K 的规定。

6.4.4 皂苷含量测定方法

皂苷测定采用高效液相色谱法。

6.4.4.1 色谱条件与系统适用性试验

用十八烷基硅烷键合硅胶为填充剂；以乙腈和水为流动相，按附表 1-3 进行梯度洗脱；流速每分钟 1.0ml；检测波长 203nm。理论板数按人参皂苷 Rg_1 峰计算应不低于 6000；人参皂苷 Rg_1 峰和三七皂苷 R_1 峰的分离度应大于 2.0。

附表 1-3 色谱条件

时间/分钟	A：乙腈/%	B：水/%
0	20	80
6	30	70
14	40	60
20	30	70
30	20	80

6.4.4.2 对照品溶液的制备

精密称取对照品人参皂苷 Rg_1，Rb_1，Rb_3 及三七皂苷 R_1 加 70%甲醇制成含对照品 1mg/ml 的溶液。

6.4.4.3 供试样品溶液的制备

称取三七粉末样品 2g（花为 4g，茎叶为 8g），加入 8～10 倍量甲醇，超声提取 60 分钟，离心，重复提取 3 次，合并上清液，浓缩，然后用 0.5μm 滤膜过滤，定容至 50ml。

6.4.4.4 测定和计算

分别精密吸取上述四种对照品溶液 20μl 与供试样品 20μl，注入高效液相色谱仪，测定，三七皂苷含量按式（2）计算，三七花皂苷含量按式（3）计算，三七茎叶皂苷含量按式（4）计算。

$$三七皂苷含量（\%）=2.5×C_标×A_样/A_标 \cdots\cdots（2）$$

$$三七花皂苷含量（\%）=1.25×C_标×A_样/A_标 \cdots\cdots（3）$$

$$三七茎叶皂苷含量（\%）=0.625×C_标×A_样/A_标 \cdots\cdots（4）$$

式中：

$C_标$——对照品溶液浓度，单位为毫克每毫升（mg/ml）；

$A_样$——样品峰面积；

$A_标$——对照品峰面积。

6.5 卫生指标

6.5.1 农药残留量测定方法

6.5.1.1 六六六、滴滴涕按 GB/T 5009.19 的规定。

6.5.1.2 五氯硝基苯按 GB/T 5009.136 的规定。

6.5.1.3 甲霜灵按 SN 0281 的规定。

6.5.2 重金属含量测定方法

6.5.2.1 铅按 GB/T 5009.12 的规定。

6.5.2.2 镉按 GB/T 5009.15 的规定。

6.5.2.3 汞按 GB/T 5009.17 的规定。

6.5.2.4 砷按 GB/T 5009.11 的规定。

6.5.3 微生物指标

6.5.3.1 菌落总数测定方法

按 GB/T 4789.2 的规定。

6.5.3.2 大肠菌群测定方法

按 GB/T 4789.3 的规定。

6.5.3.3 霉菌测定方法

按 GB/T 4789.15 的规定。

7 检验规则

7.1 组批

同一经销商的同一产区产品可作为一个检验批。

7.2 抽样方法

检验从每一货批中随机抽取 2kg，取 1kg 样品作为制备实验室样品，1kg 样品作为备样保存。

7.3 检验项目

对理化指标和卫生指标及质量分级（附录 E 所列项目）做全项检查。

7.4 判定规则

经检验按相应等级判定。其中卫生指标不复测，其他指标不合格允许加倍取样复检，以复检结果判定相应等级。

8 标志、包装、运输和贮存

8.1 标志

包装物上应标注地理标志产品专用标志、注明品名、产地、规格、等级、毛重、净重、生产者、生产日期或批号、产品标准号。

8.2 包装

包装物应洁净、干燥、无污染，符合国家有关卫生要求。

8.3 运输

不得与农药、化肥等其他有毒、有害物质混装。运载容器应具有较好的通气性，以保持干燥，应防雨、防潮。

8.4 贮存

加工好的文山三七产品应有仓库进行贮存，不得与对三七质量有损害的物质混贮，仓库应具备透风、除湿设备，货架与墙壁的距离不得少于1m，离地面距离不得少于20cm，入库产品注意防霉、防虫蛀。水分超过 13%不得入库。

附　录　A
（规范性附录）
三七原植物图

三七原植物见图 A.10。

图 A.1　三七原植物图

附　录　B
（规范性附录）
文山三七地理标志产品保护范围图

文山三七地理标志产品保护范围见图 B.1。

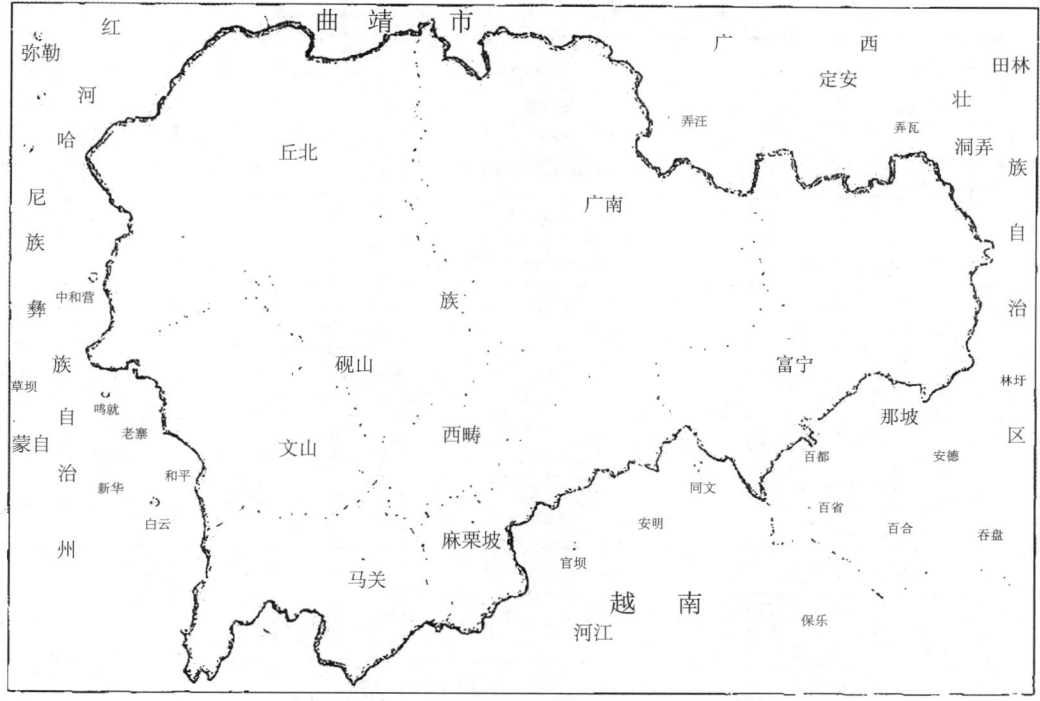

图 B.1　文山三七地理标志产品保护范围

附 录 C

（规范性附录）

三七栽培中允许使用的化学农药

三七栽培中允许使用的化学农药见表 C.1。

表 C.1　三七栽培中允许使用的化学农药

种类	农药名称	施用方法及一年最多使用次数	常用药量	最后一次施药距采挖间隔期/天
杀虫剂	辛硫磷	50%乳油、喷雾、1 次	15～20 毫升/次	30
	抗蚜威	50%可湿性粉剂、喷雾、1 次	10～20 克/（次·亩）	30
	敌百虫	90%晶体、喷雾、1 次	75～100 克/（次·亩）	30
	溴氰菊酯	2.5%乳油、喷雾、1 次	1500～800 倍	20
杀螨剂	克螨特	73%乳油、喷雾、1 次	800～500 倍	30
	复方浏阳霉素	20%乳油、喷雾、1 次	500～300 倍	20
杀菌剂	代森铵	50%水剂、喷雾、1～2 次	800～500 倍	20
	代森锌	80%可湿性粉剂、喷雾、3～5 次	150～250 克/（次·亩）	20
	代森锰锌	70%可湿性粉剂、喷雾、2～3 次	50～75 克/（次·亩）	20
	克霉灵（乙磷铝）	40%可湿性粉剂、喷雾、2～3 次	50 克/（次·亩）	20
	甲基托布津	70%可湿性粉剂、喷雾、2～3 次	600～400 倍	20
	乙烯菌核利（农利灵）	50%可湿性粉剂、喷雾、2～3 次	500～300 倍	20
	甲霜灵锰锌（瑞毒霉锰锌）	58%可湿性粉剂、喷雾、3～5 次或拌种	0.4g/50kg 种子	20
	杀毒矾锰锌	64%可湿性粉剂、喷雾、3～5 次	1000～500 倍	20
	福美双	50%可湿性粉剂拌种	75～100 克/（次·亩）	20
	三唑铜（粉锈宁）	20%可湿性粉剂、喷雾、1～2 次	1000～500 倍	
	扑海因	50%可湿性粉剂、喷雾、2～3 次	100～150 克/（次·亩）	20
	百菌清	75%可湿性粉剂、喷雾、1～2 次	500～300 倍	20
	菌核净	40%可湿性粉剂、喷雾、3～5 次	30～60 克/（次·亩）	20
	富士一号	40%可湿性粉剂、喷雾、1～2 次	500 倍	20
	腐霉利	50%可湿性粉剂、喷雾、2～3 次	600～500 倍	20
	大生	80%可湿性粉剂、喷雾、2～3 次	500 倍	20
	靠山	56%可湿性粉剂、喷雾、2～3 次	500 倍	20
	菌克	45%可湿性粉剂、喷雾、2～3 次	1000 倍	20
	敌克松	70%可湿性粉剂、喷雾、1 次或土壤处理	1500 倍	20

种类	农药名称	施用方法及一年最多使用次数	常用药量	最后一次施药距采挖间隔期/天
杀菌剂	噻枯唑（叶枯宁）	20%可湿性粉剂、喷雾、2～3 次	600～400 倍	20
	世高	10%世高水分散颗粒剂、喷雾、2～3 次	1200～800 倍	20
	安克-锰锌	69%可湿性粉剂、喷雾、3～4 次	450～360 倍	20
	病毒净	20%可湿性粉剂、喷雾、1 次	600～400 倍	20
	多抗霉素	1.5%可湿性粉剂、喷雾、2～3 次	150 倍	20
	农用链霉素	72%可湿性粉剂、喷雾、2～3 次	3000 倍	20
植物生长调节剂	云大-120（三七专用型）	50%水剂、喷雾、2～3 次	1000 倍	30

注：表内系目前允许使用的农药品种，新农药的使用应经有关技术部门试验并经过批准。

附 录 D

（规范性附录）

三七栽培中禁用的化学农药

三七栽培中禁用的化学农药见表 D.1

表 D.1 三七栽培中禁用的化学农药

种 类	农药名称	禁用原因
有机氯杀虫剂	滴滴涕（DDT）、六六六、林丹、甲氧高残毒 DDT、硫丹、艾氏剂、狄氏剂	高残毒
有机氯杀螨剂	三氯杀螨醇	工业品中含有一定数量的滴滴涕
有机磷杀虫剂	甲拌磷、乙拌磷、久效磷、对硫磷、甲基对硫磷、甲胺磷、甲基异柳磷、治螟磷、氧化乐果、磷胺、地虫硫磷、灭克磷（益收宝）、水胺硫磷、氯唑磷、硫线磷、杀扑磷、特丁硫磷、克线丹、苯线磷、甲基硫环磷	剧毒、高毒
氨基甲酸酯杀虫剂	涕灭威、克百威、灭多威、丁硫克百威、丙硫克百威	高毒、剧毒或代谢物高毒
二甲基甲脒类杀虫剂	杀虫脒	慢性毒性、致癌
卤代烷类熏蒸杀虫剂	二溴甲烷、环氧乙烷、二溴氯丙烷、溴甲烷	致癌、致畸、高毒
有机砷杀菌剂	甲基砷酸锌（稻脚青）、甲基砷酸钙（稻宁）、甲基砷酸铵（田安）、福美甲砷、福美砷、退菌特	高残毒
有机锡杀菌剂	三苯基醋酸锡（薯瘟锡）、三苯基氯化锡、三苯基羟基锡（毒菌锡）	高残留、慢性毒性
有机汞杀菌剂	氯化乙基汞（西力生）、醋酸苯汞（赛力散）	剧毒、高残毒
取代苯类杀菌剂	五氯硝基苯、稻瘟醇（五氯苯甲醇）	致癌、高残毒
2，4-D 类化合物	除草剂或植物生长调节剂	杂质致癌
二苯醚除草剂	除草醚、草枯醚	慢性毒性
植物生长调节剂	有机合成的植物生长调节剂	
除草剂	各类除草剂	

注：表内系目前禁用或限用的农药品种，将随国家新规定而修订。

附 录 E

（规范性附录）

文山三七感官分级

E.1 文山三七感官分级见表 E.1。

表 E.1 文山三七感官分级

品种和规格	个数	优等品	合格品
10 头	≤10	三七外观饱满、光滑、体形较圆、无病斑、无异味的春三七	三七外观不饱满、可有沟槽状，体形较长、无病斑、无异味
20 头	11～20		
30 头	21～30		
40 头	31～40		
60 头	41～60		
80 头	61～80		
无数头	>80	—	无病斑、无异味
剪口	—	体形较大、外观饱满无病斑、无异味的春三七剪口	无病斑、无异味
筋条	—	洁净、较粗、均匀、无病斑、无异味	洁净、较细、无病斑、无异味
毛根	—	洁净、干燥、较粗、断根少、无异味	较细、干燥、可有较多断根、无异味
三七花	—	三年生花、颜色深绿、干燥、花序完整、小花未开放、柄长小于 2cm。无杂质、霉变、异味	两年生或三年生花、颜色深绿-黄绿、花序较完整、可有少数小花开放，干燥、柄长 2～4.5cm。无杂质、霉变、异味
茎叶	—	颜色绿、干燥、无杂质、无霉变、无异味	颜色黄绿、干燥、无杂质、霉变、异味
三七粉	—	120 头以上三七或筋条加工的细粉，细度为 150～250μm，灰黄色或浅黄色，味苦而微甘，干燥，无杂质、霉变	120 头以上三七或筋条加工的细粉，细度为 150～350μm，灰黄色或浅黄色，味苦而微甘，干燥，无杂质、霉变
三七切片	—	纵切片长 4～5cm，宽 1～2cm，厚 0.1～0.2cm，横切片直径 1～2cm，厚 0.1～0.2cm，切角呈黄绿色或灰绿色。质脆而坚实，味苦而微甘，干燥，无杂质、霉变	纵切片长 4～5cm，宽 1～2cm，厚 0.1～0.2cm，横切片直径 1～2cm，厚 0.1～0.2cm，切角呈黄绿色或灰绿色。质脆而坚实，味苦而微甘，干燥，无杂质、霉变

中
国
三
七
产
业
年
度
发
展
报
告
（
2015
）

附 录 F

（规范性附录）

三七显微鉴别图

三七显微鉴别见图 F.1。

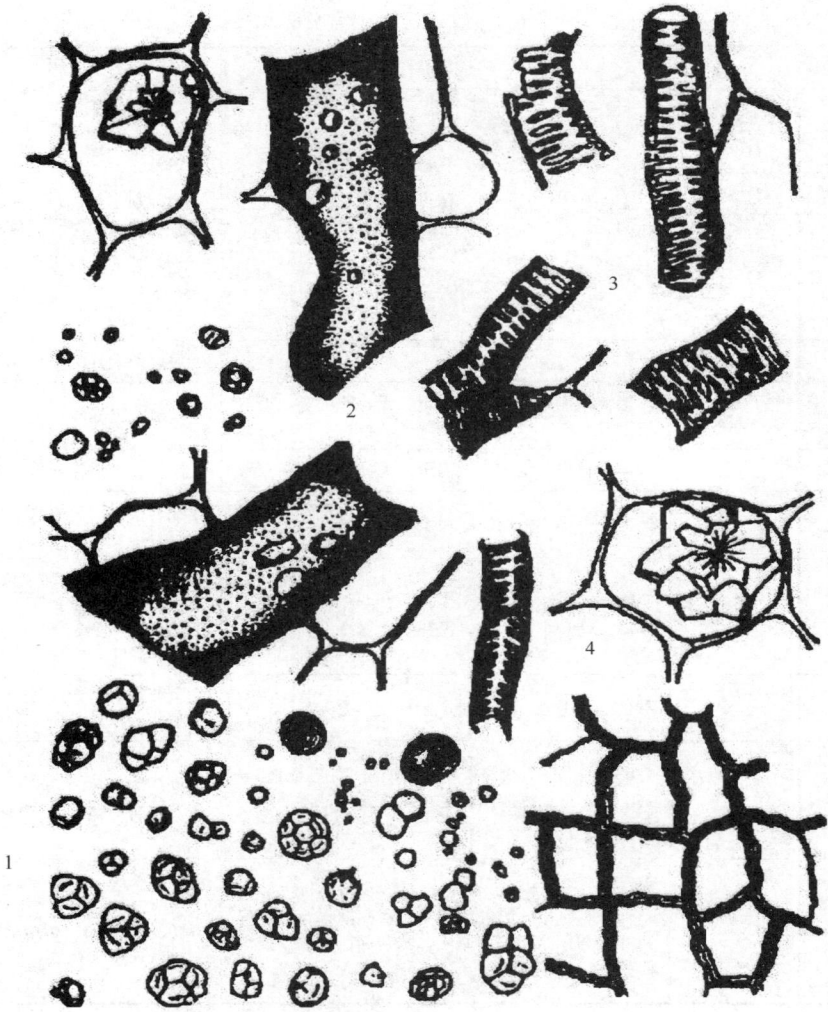

图 F.1　三七显微鉴别图

1—淀粉粒；2—树脂道；3—导管；4—草酸钙簇晶；5—木栓细胞

附　录　G

（规范性附录）

三七的图谱鉴别

三七的图谱鉴别见图 G.1。

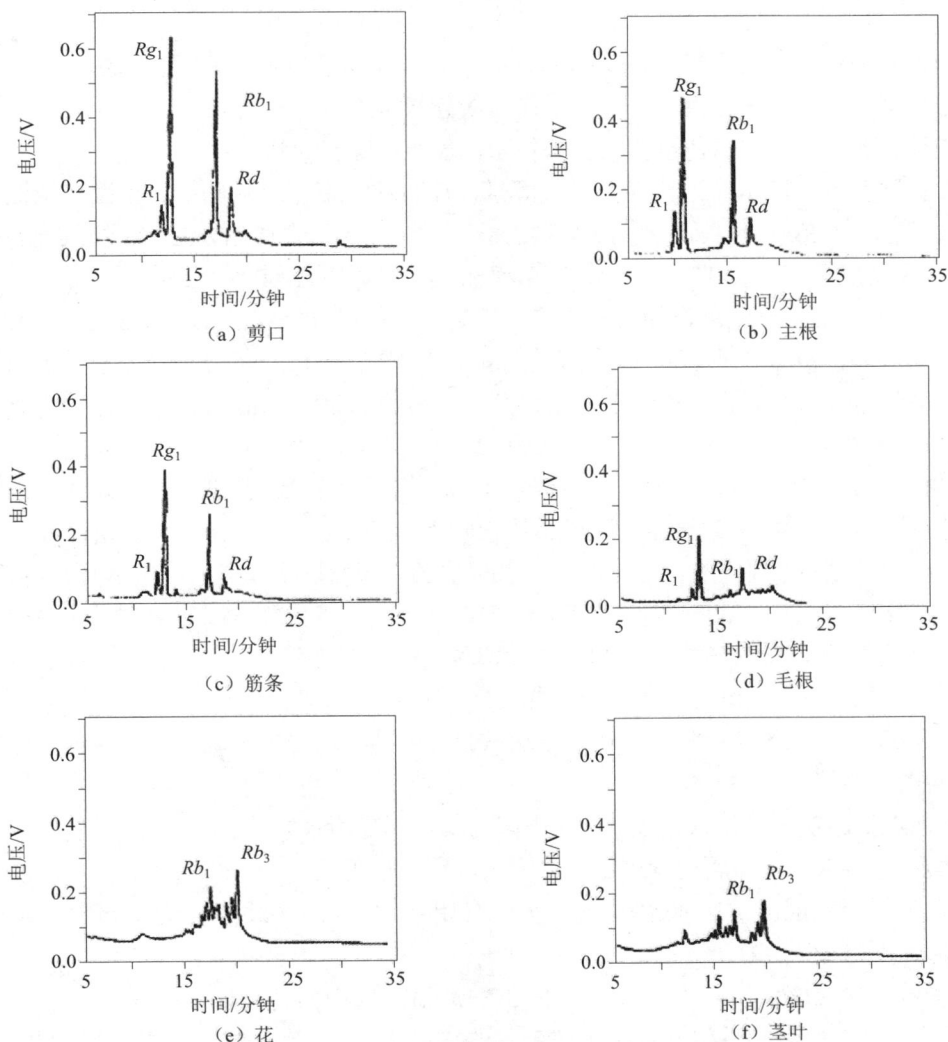

图 G.1　三七不同部位的高效液相色谱图

三、云南省食品药品监督管理局标准　三七超细粉（云 YPBZ—0091—2008）

三七超细粉
Sanqi Chaoxifen

本品为五加科植物三七 *Panax notoginseng*（Burk.）F. H. Chen 干燥根的加工炮制品。

【炮制】取药材，净选，洗净，干燥，粉碎成极细粉，即得。

【性状】本品为灰白色至灰黄色的粉末。气微，味苦回甜。

【鉴别】（1）取本品，置显微镜下观察，淀粉粒甚多，单粒圆形、半圆形或圆多角形，直径 4～30μm；复粒由 2～10 分粒组成。树脂道碎片含黄色分泌物。梯纹导管、网纹导管及螺纹导管直径 15～55μm。草酸钙簇晶少见，直径 50～80μm。

（2）取本品粉末 0.5g，加水约 5 滴，搅匀，再加以水饱和的正丁醇 5ml，密塞，振摇约 10 分钟，放置 2 小时，离心，取上清液，加 3 倍量以正丁醇饱和的水，摇匀，放置使分层（必要时离心），取正丁醇层，蒸干，残渣加甲醇 1ml 使溶解，作为供试品溶液。另取人参皂苷 Rb_1 对照品、人参皂苷 Re 对照品、人参皂苷 Rg_1 对照品及三七皂苷 R_1 对照品，加甲醇制成每 1ml 各含 0.5mg 的混合溶液，作为对照品溶液。照薄层色谱法（《中国药典》一部附录）试验，吸取上述两种溶液各 1μl，分别点于同一硅胶 G 薄层板上，以三氯甲烷-乙酸乙酯-甲醇-水（15:40:22:10）10℃以下放置的下层溶液为展开剂，展开，取出，晾干，喷以硫酸溶液（1→10），加热至斑点显色清晰。供试品色谱中，在与对照品色谱相应的位置上，显相同颜色的斑点；置紫外光灯（365nm）下灯视，显相同的荧光斑点。

或取本品，照【含量测定】项下方法试验，供试品色谱应呈现与对照品色谱保留时间相同的色谱峰。

【检查】总灰分　不得过 5.0%（《中国药典》一部附录）。

酸不溶性灰分　不得过 3.0%（《中国药典》一部附录）。

粒度　照粒度测定法（《中国药典》一部附录，单筛分法）测定，通过九号筛的粉末重量，不得少于 95%。

其他　除粒度外，应符合散剂项下的各项规定（《中国药典》一部附录）。

【浸出物】照醇溶性浸出物测定法项下的热浸法（《中国药典》一部附录）测定，用甲醇作溶剂，不得少于 16.0%

【含量测定】照高效液相色谱法（《中国药典》一部附录）测定。

色谱条件与系统适用性试验　用十八烷基硅烷键合硅胶为填充剂；以乙腈为流动相 A，以水为流动相 B，照下表中的规定进行梯度洗脱；检测波长为 203nm。理论板数按三七皂苷 R_1 峰计算，应不低于 4000。

时间（分钟）	流动相 A（%）	流动相 B（%）
0～12	19	81
12～60	19→36	81→64

对照品溶液的制备　精密称取人参皂苷 Rb_1 对照品、人参皂苷 Rg_1 对照品及三七皂苷 R_1 对照品适量，加甲醇制成每 1ml 含人参皂苷 Rb_1 0.4mg、人参皂苷 Rg_1 0.4mg、三七皂苷 R_1 0.1mg 的混合溶液，即得。

供试品溶液的制备　去本品粉末（过四号筛）约 0.6g，精密称定，精密加甲醇 50ml，称定重量，放置过夜，置 80℃水浴上保持微沸 2 小时，放冷，再称定重量，用甲醇补足减失的重量，摇匀，滤过，取续滤液，即得。

测定法　分别精密吸取对照品溶液与供试品溶液各 10μl，注入液相色谱仪，测定，即得。

本品按干燥品计算，含人参皂苷 Rg_1（$C_{42}H_{72}O_{14}$）、人参皂苷 Rb_1（$C_{54}H_{92}O_{23}$）和三七皂苷 R_1（$C_{47}H_{80}O_{18}$）三者的总量不得少于 5.0%。

【**性味与归经**】甘、微苦，温。归肝、胃经。

【**功能与主治**】散瘀止血，消肿定痛。用于咯血，吐血，衄血，便血，崩漏，外伤出血，胸腹刺痛，跌扑肿痛。

【**用法与用量**】3～9g；吞服一次 1～3g，外用适量。

【**注意**】孕妇慎用。有创面者禁用。

【**贮藏**】密封。

四、云南省食品药品监督管理局关于修订三七超细粉等三七系列饮片标准功能主治的通知（云食药监注〔2015〕42号）

云南省食品药品监督管理局文件

云食药监注〔2015〕42号

云南省食品药品监督管理局关于
修订三七超细粉等三七系列
饮片标准功能主治的通知

各州、市食品药品监督管理局，省食品药品检验所，省局稽查局：

根据三七现代临床应用进展及药理药效研究成果，省局组织有关专家，召开了三七系列饮片质量标准功能主治项修订专家论证会。结合专家建议，经省局研究，现将三七超细粉等三七系列饮片标准的【功能主治】项由原"散瘀止血，消肿定痛。用于咯血，吐血，衄血，便血，崩漏，外伤出血，胸腹刺痛，跌扑肿痛"修订为"散瘀止血，消肿定痛，益气活血。用于跌扑肿痛、内外出血、气虚血瘀、脉络瘀阻、胸痹心痛、中风偏瘫、气虚体弱、软组织挫伤、出血性疾病、高血压、冠心病、脑卒中、高脂血症、糖尿病血管病变、免疫功能低下见上述证候者"，请及时通知辖区内相关生产、使用单位遵照执行。

云南省食品药品监督管理局

2015年10月28日

云南省食品药品监督管理局文件

云食药监注〔2016〕37号

云南省食品药品监督管理局
关于修订三七超细粉等三七系列
饮片标准功能主治的补充通知

各州、市食品药品监督管理局，省食品药品检验研究院，省局稽查局：

根据企业申请，云南省食品药品监督管理局依法组织有关专家召开云南省三七系列饮片标准修订评审会。经专家审评，省局审定，同意对三七超细粉等三七系列饮片质量标准进行修订，并于2015年10月28日下发了《云南省食品药品监督管理局关于修订三七超细粉等三七系列饮片标准功能主治的通知》（云食药监注〔2015〕42号）（以下简称《通知》）。为进一步规范三七饮片生产、经营行为，现将有关事项补充通知如下：

一、《通知》中三七超细粉等三七系列饮片标准系指云南省颁布的地方饮片标准范畴（三七须根饮片标准除外）。

二、各相关中药饮片生产企业接本通知后应及时修改包装、标签，并于2016年12月31日前完成修改工作，本通知印发之前印制的剩余标签可使用至2017年4月30日止。

请各州市局、省局稽查局及时通知行政区域内相关药品生产、经营企业和使用单位遵照执行。

云南省食品药品监督管理管局

2016年11月2日

六、文山三七（ZGZYXH/T 13—2015）

文山三七

1　范围

本《标准》规定了文山三七道地药材的术语和定义、生境要求、植物学性状、质量特征及包装、标识、运输要求。

本《标准》适用于中华人民共和国境内文山三七道地药材的鉴定、生产、销售及使用。

2　规范性引用文件

下列文件对于本文件的应用是必不可少的。凡是注日期的引用文件，仅所注日期的版本适用于本文件。凡是不注日期的引用文件，其最新版本（包括所有的修改单）适用于本文件。

《中华人民共和国药典》一部

GB/T 191《包装储运图示标志》

SB/T 11094《中药材仓储管理规范》

SB/T 11095《中药材仓库技术规范》

GB/T 19086—2008《地理标志产品——文山三七》

3　术语和定义

下列术语和定义适用于本《标准》。

3.1

文山三七　Wenshan sanqi

在中国云南省文山州及其周边地区，在北回归线 23°30′ 附近，海拔 1200～2400m 范围内，按规范技术种植、采收和加工的三七道地药材。

3.2

文山三七道地产区　Wenshan sanqi daodi region

文山三七道地药材的主产地，位于云南省文山州及其周边产区。

3.3

头　tou

表示三七大小专用规格单位，指质量为 500g 的干燥三七主根个数的俗称。

3.4

剪口　jiankou

经加工干燥后根茎的俗称。

3.5

筋条　jin tiao

经加工干燥后支根的俗称。

3.6

春三七　chun sanqi

摘除花苔后采挖加工干燥的三七。

3.7

冬三七　dong sanqi

留种后采挖加工干燥的三七。

4　来源及植物学性状

4.1　三七的来源及植物学性状

三七为五加科人参属植物三七 *Panax notoginseng*（Burk.）F. H. Chen 的根及根茎。三七是多年生宿根性直立草本植物。高 20～60cm。主根肉质，1 条至多条，呈纺锤形。茎分为绿色、紫色和绿色紫色过渡色 3 类，光滑无毛，具纵向粗条纹。掌状复叶 3～6 个轮生茎顶；托叶多数，簇生，线形，长不足 2mm；复叶叶柄长 5～11.5cm，具纵向条纹，光滑无毛；伞形花序单生于茎顶，花 80～100 朵或更多；小苞片多数，狭披针形或线形；花小，淡黄绿色；花萼杯形，稍扁，边缘有三角形小齿；5 片花瓣，长圆形，无毛；5 枚雄蕊，花丝与花瓣等长；子房下位，2 室，2 花柱，稍内弯，下部合生，结果时柱头向外弯曲。果扁球状肾形，直径约 1cm，成熟后为鲜红色，内有种子 2～3 粒；种子白色，三角状卵形，微具三棱。花期 7～8 月，果期 8～10 月。种子为顽拗型种子，有种胚后熟特性，采收后 60～90 天的胚才逐渐发育成熟。

4.2　文山三七植物学特征

原植物为 3 年生，株高 21～45cm，茎粗 0.4～0.8cm；复叶叶柄长 8～12cm，中央小叶叶片长 10～14cm，宽 4～6cm；剪口长 2.3～2.9cm，粗 1.4～2.5cm；主根长 2.7～4.9cm，粗 2.1～3.5cm；支根 4～9cm，条长 12～16cm；种子长 0.52～0.65cm，宽 0.48～0.58cm，厚 0.48～0.6cm；千粒重 60～110g。

5　历史沿革

首次记载于《本草纲目》"味微甘而苦，颇似人参之味""出广西南丹诸州番洞深山中"。《本草汇言》记载："三七性平，无毒。"《开化府志》第四卷记载："开化三七，在市出售。"开化即今文山，首次明确了文山三七产地。《本草纲目拾遗》记载："人参补气第一，三七补血第一，味同而功亦等，故称人参三七，为中药之最珍贵者。"《中国医药大辞典》记载："三七功用补血，去瘀损，止血衄，能通能补，功效最良，是方药中之最珍贵者。三七生吃去瘀生新，消肿定痛，并有止血不留瘀血，行血不伤新的优点；熟服可补益健体。"《广南地志资料》记载："三七种于各乡山地，年产数千斤。"《全国通邮地方物志》记载："开化、广南所产三七，每年约数千斤。"《三七栽培研究》记载：

"三七原产乃在云南文山等县。"进一步明确了文山是三七主产地。2002 年国家质量监督检验检疫总局批准《文山三七原产地域产品保护》，同年《原产地域产品——文山三七》GB/T 19086—2003 国家标准发布实施，后由《地理标志产品——文山三七》GB/T 19086—2008 代替。2003 年文山三七 GAP 基地通过国家 SFDA 认证，2004 年"文山三七"证明商标获国家工商行政管理总局商标局核准注册。2011 年，"文山三七"证明商标被国家工商行政管理总局商标局认定为"中国驰名商标"。

6 道地产区及生境特征

6.1 道地产区

主要分布在云南的文山、砚山、马关及其周边地区。

6.2 三七生境特征

对生长环境条件有特殊要求，适宜于冬暖夏凉的气候，不耐严寒与酷热，喜半阴和潮湿的生态环境，其分布范围仅局限于我国西南部海拔 400～2200m、北纬 23.5°附近的狭窄地带。三七分布区年降水量 800～1656mm；日照时数月平均 1516～2015 小时，日照百分率 34%～46%；年均温度 12～18℃；其土壤类型包括碳酸盐类碳岩红壤、泥质岩类黄色赤红壤、基性结晶类玄武岩红壤、泥质岩类黄红壤、石灰性土壤等类型；土壤 pH 值 5.0～7.5。

6.3 文山三七生境特征

文山三七道地药材主要生长在海拔 1400～2200m；生长期最低温不低于−2℃，最高温不超 38℃；适宜年平均气温 15～17℃，最冷月均温度 8～10℃，最热月均温度 20～22℃，≥10℃年积温度 4500～5500℃，年无霜期 300 天以上；年日照时数在 1516～2016 小时，日照百分率在 34%～46%；年平均降水量 900～1300mm，环境相对湿度 75%～85%。文山三七道地药材分布区土壤类型为碳酸盐类碳岩红壤、泥质岩类黄色赤红壤，土壤 pH 值 5.5～6.5。

7 质量特征

7.1 质量要求

7.1.1 感官指标及理化指标

应符合《中华人民共和国药典》对于三七的所有质量规定。其感官指标及理化指标应符合 GB/T 19086—2008，《地理标志产品——文山三七》国家标准要求。

7.1.2 质量分级

按采收期和是否留种分为春三七和冬三七两种规格；每种规格根据头数大小又分为20 头、30 头、40 头、60 头、80 头、无数头、剪口、筋条、须根等 9 个等级。

7.2 质量特征

7.2.1 三七药材性状特征

主根呈类圆锥形或圆柱形，长 1～6cm，直径 1～4cm。表面灰褐色或灰黄色，有断续的纵皱纹和支根痕。顶端有茎痕，周围有瘤状突起。体重，质坚实，断面灰绿色、黄绿色或灰白色，木部微呈放射状排列。气微，味苦回甜。筋条呈圆柱形或圆锥形，长 2～6cm，上端直径约 0.8cm，下端直径约 0.3cm。剪口呈不规则的皱缩块状或条状，表面有数个明显的茎痕及环纹，断面中心灰绿色或白色，边缘深绿色或灰色；断面中心灰绿色或白色，边缘深绿色或灰色。

7.2.2 文山三七道地药材性状特征

主根质重，断面灰绿色、黄绿色；团七圆润，瘤状突起分布均匀；长七圆柱形，断面菊花芯明显；剪口断面中心灰绿色，边缘深绿色；主筋条粗壮，硬度大，不易折断；文山三七与其他产区三七药材性状特征经验鉴别要点见附表 1-4。

附表 1-4　文山三七与其他产区三七药材鉴别要点

比较项目	文山三七	其他产区三七
剪口	断面中心灰绿色，边缘深绿色	断面中心灰白色，边缘灰色
主根	质重，坚实，断面灰绿色、黄绿色；团七圆润，瘤状突起分布均匀，长七圆柱形，两端粗细差异小	质轻，断面灰白色，团七长椭圆形，瘤状突起分布不均，长七两端粗细差异大
主根断面	断面菊花芯明显	断面菊花芯不明显
筋条	粗壮，硬度大，不易折断	细弱，硬度小，易折断

7.3 文山三七药材化学特征

HPLC 指纹图谱应包括 5 个特征指纹峰，按出峰先后分别为 R_1、Rg_1、Re、Rb_1 和 Rd，色谱条件及 HPLC 指纹图谱见图 A.1、A.2。

7.4 文山三七采收期

春三七的采收期为一年生种苗移栽种植后第二年 9～11 月，冬三七的采收期为一年生种苗移栽种植后第二年的 12 月至第三年 2 月。

8　包装、标识、运输及贮存

8.1　包装

应洁净、干燥、无污染，采用的包装材料应符合食品安全包装材料要求。

8.2　标识

应注明品名、产地、规格、等级、毛重、净重、生产者、生产日期或批号、产品标准号。

8.3　运输及贮存

应选择清洁、卫生、无污染、通风干燥、防潮的运输工具和场所。运输过程应防止雨淋、暴晒。严禁与其他有毒有害物混存混运。贮存仓库应具备透风除温设备，货架与墙壁的距离不应＜1m，离地面距离不应＜20cm。干燥品水分＞14%不应入库。

附　录
（规范性附录）
三七化学特征的色谱条件

A.1　仪器与试剂

A.1.1　仪器

液相色谱仪，UV 检测器，色谱工作站，电子分析天平，数控超声波清洗器。

A.1.2　试剂

三七皂苷 R_1，人参皂苷 Rg_1、Re、Rb_1 和 Rd 对照品，乙腈（色谱纯），甲醇（分析纯），重蒸水（自制）。

A.2　实验方法

A.2.1　色谱分析条件

RP–C_{18} 柱（250mm×4.6mm，5μm）。流动相为乙腈（B）–水（A）梯度洗脱：0min→30min，20% B；30min→60min，20%→45% B；60min→78min，45%→75% B；78min→80min，75%→100% B，进样前系统应平衡 20min。流速 1.0ml/min，检测波长 203nm，柱温 25℃，进样量 10μl。

A.2.2　指纹图谱

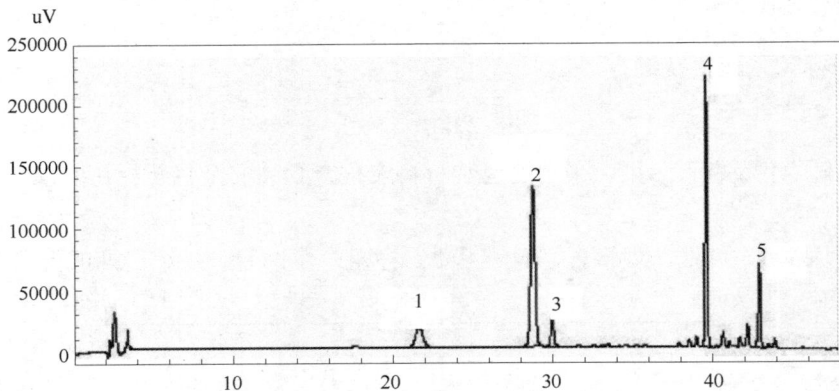

图 A.1　文山三七药材 HPLC 化学特征峰

1. 三七皂苷 R_1，2. 人参皂苷 Rg_1，3. 人参皂苷 Re，4. 人参皂苷 Rb_1，5. 人参皂苷 Rd

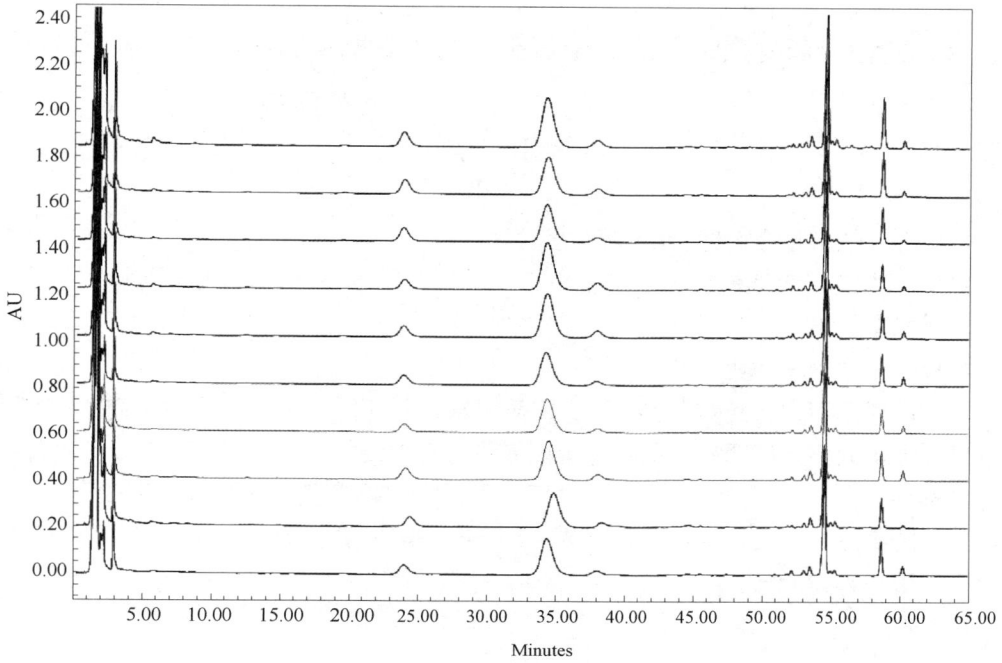

图 A.2　文山三七药材指纹图谱

七、道地中药材产地加工技术规范　文山三七（T/CATCM 98—2016）

前　言

本标准的全部技术内容为推荐性。

本标准由国家道地药材重点实验室培育基地及国家中医药管理局道地药材生态遗传重点研究室提出。

本标准由中国中药协会归口。

本标准起草单位：云南省农业科学院药用植物研究所，中国中医科学院中药资源中心，昆明理工大学、广西梧州制药（集团）股份有限公司、无限极（中国）有限公司。

本标准主要起草人：刘大会、郭兰萍、崔秀明、黄璐琦、何雅莉、王铁霖、杨野、刘冠萍、陈美兰、方艳、王家金、张智慧、王丽、季鹏章、徐娜、郑冬梅、石亚娜、左智天、马忠华、翟旭峰。

道地药材产地加工技术规范　文山三七

1　范围

本标准规定了文山三七道地药材产地加工的术语和定义、采收、产地加工、包装、贮藏等技术要求。

本标准适用于云南省文山州文山市、砚山县、马关县及周边地区道地药材三七的产地加工。

2　规范性引用文件

下列文件对于本文件的应用是必不可少的。凡是注日期的引用文件，仅所注日期的版本适用于本文件。凡是不注日期的引用文件，其最新版本（包括所有的修改单）适用于本文件。

《中华人民共和国药典》　2015　版一部

3　术语和定义

3.1　三七（sanqi）

五加科人参属植物三七 *Panax notoginseng*（Burk.）F. H. Chen 的干燥根和根茎。

3.2　文山三七（Wenshan sanqi）

产于云南省文山州文山市、砚山县、马关县及周边地区的三七道地药材。

3.3　道地药材（daodi herb）

产地云南省文山州文山市、砚山县、马关县及周边地区，按照栽培规范产出的文山三七药材。

3.4　春三七（spring sanqi）

开花前采挖或打掉花蕾未经结籽采挖的三七，根较饱满，体重色好，产量、质量均佳，习称"春七"。

3.5　冬三七（winter sanqi）

经开花结籽后采挖的三七，根较泡松，质次之，习称"冬七"。

4　采收

4.1　采收年限

种植年限在 3 年及以上，即种子育苗 1 年成种苗（子条），大田移栽后种植 2 年。

4.2　采收时期

春三七最适宜采收时期是 9～10 月份；冬三七最适宜采收时期是 12 月至次年 2 月。

4.3 采收方法

4.3.1 揭棚放阳

采挖前 15 天左右揭棚放阳，揭掉三七棚上遮阳网（杉树枝荫棚直接用木棍或竹竿敲掉），以便放阳、放雨露，促进三七块茎增重和有机物质积累。

4.3.2 田间采挖

选择晴天采挖，采用自制竹木或小棍撬挖，从畦床头开始，朝另一方向按顺序挖取，防止漏挖。采挖时应防止伤到根和根茎，保持根系完整，避免根须折断。

4.3.3 折茎抖泥

采挖出的三七在田间翻晒半日，待根皮水分稍蒸发，抖去泥土，折除根茎上的茎秆，用竹筐和透气编织袋运回加工。

5 产地加工

5.1 分拣

三七运回后不能堆置，及时在洁净晾晒场（光照和通风条件好，清洁卫生，最好有防雨棚）摊开进行分拣。用不锈钢剪刀分别将三七根部的剪口、主根、筋条（大根）、毛根（细根）部位分别剪下。

5.2 晾晒

三七分拣后，将剪口、主根、筋条部位直接摊开在太阳下晾晒，毛根用清水清洗后再晾晒。晾晒过程中要防止雨淋和堆捂发热。晾晒期间，每日翻动 1～2 次，并注意检查，如有霉烂，及时剔除。

5.3 堆捂回软

将晾晒发软的三七剪口、主根和筋条，及时堆捂回软，边晒边堆，如此反复 3～5 次至三七干透。

5.4 筛灰

将晒干三七放在用铁丝及竹条制成的铁丝网筐或用篾条制作好的筛框内，将三七根上泥土等杂质筛除干净。

5.5 打磨抛光

本工序可根据需要选用或不选用。将经干燥筛灰后的三七主根同粗糠、稻谷、荞麦、干松针等抛光物共置抛光器具中打磨至三七主根外表光净、色泽油润时取出，将三七头子与抛光物分离开，即可得出商品三七。抛光器具可用滚筒等。

5.6 分级

将三七主根置于拣选台上，按个头大小进行分类，再按规格、等级和感观进行分级。规格分为春七、冬七、剪口、筋条，等级以头/500 克划分为：20 头、30 头、40头、60 头、80 头、120 头、无数头。只有在感观和理化指标达到优级品要求的才能算是优级品。

6　包装

　　将检验合格的产品按不同商品规格分级包装。在包装物上应注明产地、品名、等级、净重、毛重、生产者、生产日期及批号。

7　贮存

　　三七加工产品贮存在清洁卫生、阴凉干燥（温度不超过 20℃，相对湿度不高于 65%）、通风、防潮、防虫蛀、无异味的库房中，定期检查三七的贮存情况。

八、道地中药材特色栽培技术规范　文山三七（T/CATCM 57—2016）

前　　言

本标准的全部技术内容为推荐性。

本标准由国家道地药材重点实验室培育基地及国家中医药管理局道地药材生态遗传重点研究室提出。

本标准由中国中药协会归口。

本标准起草单位：云南省农业科学院药用植物研究所、中国中医科学院中药资源中心、昆明理工大学、广西梧州制药（集团）股份有限公司、无限极（中国）有限公司。

本标准主要起草人：刘大会、郭兰萍、崔秀明、黄璐琦、刘冠萍、杨野、陈美兰、方艳、王家金、张智慧、王丽、季鹏章、郑冬梅、徐娜、石亚娜、左智天、马忠华、翟旭峰。

道地药材特色栽培技术规范 文山三七

1 范围

本标准规定了文山三七道地药材特色栽培的术语和定义、产地环境、选地、整地、土壤改良、搭棚造园、播种育苗、大田移栽、田间管理、科学施肥、病虫害防治等技术要求。

本标准适用于云南省文山州的文山市、砚山县、马关县及周边地区等三七主产区的栽培生产。

2 规范性引用文件

下列文件所包含的条款，通过在本标准中引用而构成为本标准中的条款。凡注日期的引用文件，仅注日期的版本适用于本文件。凡是不注日期的引用文件，其最新版本（包括所有的修改单）适用于本文件。

GB 3095 《环境空气质量标准》

GB 5084 《农田灌溉水质量标准》

GB 15618 《土壤环境质量标准》

GB 8321 《农药合理使用准则》（使用全部）

《中华人民共和国药典》2015 年版一部

3 术语和定义

3.1 三七（Sanqi）

五加科人参属植物三七 *Panax notoginseng*（Burk.）F. H. Chen 的干燥根和根茎。

3.2 文山三七（Wenshan Sanqi）

产于云南省文山州文山市、砚山县、马关县及周边地区的三七道地药材。

3.3 道地药材（Daodiherb）

产地云南省文山州文山市、砚山县、马关县及周边地区，按照特色栽培规范产出的文山三七药材。

4 产地环境

4.1 生态环境要求
4.1.1 海拔

适宜海拔在 1400～1800m。

4.1.2 无霜期

无霜期 300 天以上。

4.1.3　温度

适宜年平均气温 15～17℃，最冷月均温 8～10℃，最热月均温 20～22℃，≥10℃年积温 4500～5500℃；生长期最低温不低于–2℃，最高温不宜超过 35℃。

4.1.4　光照

年日照时数在 1516～2016 小时，日照百分率在 34%～46%。

4.1.5　水分

适宜年平均降雨量 900～1300mm，环境相对湿度 75%～85%。

4.1.6　土壤

以红壤、黄棕壤等为主，土壤质地以结构疏松的壤土为佳，土壤 pH 值以 5.5～6.5 为宜，土层厚度要在 30cm 以上。

4.1.7　地形地势

以坡度小于 15°的坡地，坡向以东南至西北方向为佳，田间通风和排水条件良好，有浇灌条件。

4.2　环境质量要求

4.2.1　土壤

应符合土壤质量 GB 15618 二级标准。

4.2.2　灌溉水

应符合农田灌溉水质量 GB 50842 标准。

4.2.3　空气

应符合空气质量 GB 3095 二级标准。

5　选地

为文山三七的关键栽培技术之一，应在文山市、砚山县、马关县等县市及其周边地区选地。选择低纬中高海拔区域，南亚热带喀什特的地形、地貌，排水良好、通风向阳、靠近水源的红壤或黄棕壤的土壤。土壤要求土层深厚，质地疏松，透气沥水。严格采用轮作栽培，前作应选择玉米、小麦、陆稻、万寿菊、烟草、油菜等作物，忌种植茄科、葫芦科等作物。忌连作，要求选择新地或间隔年限在 10 年以上地块来种植。

6　整地

种植前土地要进行三犁三耙。第一次翻犁时间为 11 月初，以后每隔 15 天翻犁一次，翻犁深度为 25cm 以上。要求做到充分破碎和翻耙，将各土层中的病菌及虫卵翻出土面，经阳光充分暴晒死亡，减少次年病原及虫卵的数量，减轻病虫的发生。

7　土壤改良

根据红壤肥力特性和三七需肥规律，生产上大量施用钙镁磷肥和钾肥，并施用生石灰进行土壤消毒灭菌和土壤改良。生石灰处理的时间在 10～11 月进行，结合第二次或第三次土壤翻犁，生石灰用量为 50～70 千克/亩，均匀施入耕作层土壤中。

8　搭棚造园

8.1　造园时间

在 11 月中下旬至 12 月中下旬进行搭棚造园，一般在种植前 20 天以上完成搭棚造园。采用杉树棒和杉树枝或专用遮阳网搭建荫棚，提供三七生长的阴湿环境；荫棚高 1.8m 左右，在方便田间人工操作的同时，具有防风抗风作用；并根据三七生长年限、季节和海拔科学调整棚内透光率。

8.2　造园步骤

8.2.1　划线

用石灰在土地上划线，顺坡向划线（线与地块等高线垂直），两线间距离（两排七杈）为 1.7～2.0m，并定出栽杈打穴的点，线上打点规格为 2.0～2.2m。

8.2.2　打穴栽

采用杉木等树棒做七杈，七杈长 2.1～2.2m，棒粗在 5cm 以上。

用打穴器在划线交叉点上打出深 30～35cm、直径比七杈略粗的土穴，将七杈置于土穴中，七杈要求露土部分长 1.8m 左右。

8.2.3　栽地马桩

在每排七杈对应的位置距离桩外 1m 左右挖 50cm 深的坑，将铁线一端绑一块约 5kg 重的石块置于坑中，然后回填泥土。也可用长 60cm 的木桩斜埋土中，然后将铁线绑在木桩上。

8.2.4　固定

用 8 号铁线搭在七杈上，固定于地马桩，通过紧线钳绞紧铁线，将所有同排七杈与绞紧的铁线固定。此过程也可使用竹竿直接固定于七杈上。在垂直于大杆的方向每隔 20～25cm 放置小杆一根，固定。小杆也可用 10～14 号铁线绞紧代替。

8.2.5　盖荫棚

荫棚草可为杉树枝、蕨草、玉米秸秆等。边铺草边放置压条，并用 22 号铁线固定于小杆上，育苗棚调节透光率为 10%～15%，二年生三七调节透光率 15%～20%，三年生三七调节透光率 20%～25%。

也可直接采用三七专用遮阳网，一般采用 2～3 层网。

8.2.6　围边及留门

三七荫棚的围边根据荫棚高度单独制作，连接成可活动的围边。每间隔 4～5 个排水沟留出 1m 作为园门。

8.2.7　理畦做床

作畦前将建棚时残留在地面的杂物清理干净。用线沿两排七杈间的中央处拉线，并用石灰沿拉线处打线，该位置即畦沟位置。沿已画好的开沟线进行开沟，将沟内的土壤提到两边作畦。畦面宽 120～140cm，长度根据地形酌定，每百米要留出腰沟，腰沟可较宽，作为主行道及主排水沟。畦高根据坡度的大小为 20～25cm，沟的宽 30～50cm，下宽 20cm 左右（如附图 1-2）。畦沟开挖结束后，整理畦面，将畦面土壤赶平，做成中间略鼓两边略低的"瓦面状"，便于雨季排水。在整理过程中清除畦面的石块或杂草等物。

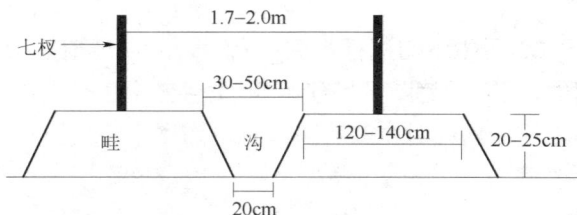

附图1-2　三七地理畦做床示意图

8.2.8　施用钙镁磷肥

结合理畦做床，在畦面上施用钙镁磷肥100～150千克/亩，并均匀拌施入畦面表土中。

8.2.9　床土处理

畦面土壤药剂处理的时间，为移栽前进行。采用65%敌克松可湿性粉剂1千克/亩，与半干细土30～40kg拌匀；或采用50%多菌灵可湿性粉剂1千克/亩，兑半干细土30～40kg混匀，均匀撒施于畦面上，并捣入耕作层土壤中混匀，并将畦面平整即可进行三七播种或移栽。

9　播种育苗

9.1　种子生产

9.1.1　留种要求

选择三年及三年生以上的无病虫害三七园进行留种。田间选择植株高大、茎秆粗壮、生长健壮的植株留种。

9.1.2　种子采集

三七红籽于11月份开始成熟采收。选择色泽鲜红饱满、果皮无病斑、无损伤的果实，分批采收。红籽采收时，在距果柄10cm处用清洁的剪刀将整株红籽剪摘下来，盛于洁净的容器中（容器一般采用竹篓）运到园外。

9.1.3　种子加工

采收后的三七红籽及时进行初加工。采用机械或人工袋揉搓法除去种子果皮，再用清水漂洗除去秕粒及腐烂变质的种子，然后从清水中捞出晾晒至种子表面水分干燥为止（种子忌过分失水），最后用筛子筛选出饱满和不饱满的种子，即为三七白籽。

9.1.4　种子后熟

揉洗去外果皮后的白籽用70%甲基硫菌灵可湿性粉剂600～800倍液消毒15分钟，捞出进行贮藏，完成种子生理后熟。贮藏后熟时间一般为45～60天，环境温度控制在20℃左右。

贮藏后熟方法：准备含水量为20%～30%的细河沙，将药剂处理后的三七种子与河沙分层置放于竹制容器中，并贮藏于洁净、通风的环境，河沙含水量保持在20%～30%。每间隔15天检查一次，以清除腐烂、霉变的三七种子或调节湿度以控制种子发芽。

9.1.5 种子质量要求

种子千粒重要求在 100g 以上，生活力≥80%，发芽率≥90%，净度≥95%。

9.2 种苗生产

9.2.1 播种

播种时期为头年的 12 月中下旬至翌年 1 月中下旬。

先用压穴器在三七畦面压 1cm 深播种孔，孔穴密度为 4～5cm×5cm。将用湿砂贮藏后熟好的种子，筛去河砂，加入钙镁磷肥和多菌灵干粉（多菌灵用量为种子重量的 0.5%）包裹后直接点播。播种完后用充分腐熟农家肥拌土将三七种子覆盖，以见不到种子为宜。然后在畦面上均匀覆盖一层松针，覆盖厚度以床土不外露为原则。

9.2.2 浇水

三七播种后应视土壤墒情及时浇水 1 次，以后每隔 10～15 天浇水 1 次，使土壤水分一直保持在 20%，直至雨季来临。

9.2.3 除草

三七出苗后，及时除草，保证田间清洁。

9.2.4 病虫害防治

三七苗期主要有种腐病、立枯病、猝倒病、黑斑病、疫病，虫害有蚜虫、小菜蛾和地老虎。应根据病虫害种类及时做好防护。

9.2.5 施肥

在 7 月和 10 月，视田间长势可追施 2 次肥。肥料以三七专用复合肥为主，每次追施量在 10～15 千克/亩。另外，结合田间打药可叶面喷洒磷酸二氢钾。

9.2.6 防涝

雨季时应随时检查七园，出现水分过多应及时排涝。

9.2.7 通风除湿

雨季将荫棚四周围边和园门打开，进行棚内通风除湿，降低田间病虫害。

9.2.8 炼苗

10～12 月份进行炼苗，调节棚内透光度 20%左右，控制田间土壤水分在 15%～20%，增强种苗抗性，提高种苗质量。

9.2.9 起苗

种苗一般在移栽前采挖，即育苗当年的 12 月中下旬至翌年 1 月中下旬。用自制竹条从床面一边向另一边顺序采挖。起挖时应避免损伤种苗，受损伤的、病虫危害的及弱小的种苗应在采挖时清除。选用休眠芽肥壮、根系生长良好、无病虫感染和机械损伤，单株重在 1.25 克/株子条做种苗。

9.2.10 种苗运输

种苗一般用竹筐或透气蛇皮袋装放和运输。边采挖、边运输种植。如种植地较远，三七种苗运输途中要做好保湿防晒。一般采挖后 2～3 天内栽种完。

10 大田移栽

10.1 种植时期

移栽定植时间为 12 月中下旬至翌年 1 月中下旬。

10.2 种植密度

定植株行距为 10cm×12.5cm～12cm×15cm，亩种植密度为 2.5 万～3.2 万株。

10.3 种植方法

10.3.1 种苗消毒

种苗种植前用 70%甲霜·锰锌 500～800 倍液进行浸种处理 15～20 分钟，取出带药液移栽。

10.3.2 制作打穴模板

用木板制作打穴模板，即在长 1.3～1.5m、宽 30cm 左右的木板上固定两排倒三角形木块，排列规格为 10cm×12.5cm～12cm×15cm。

10.3.3 打穴

两人分别用种苗打穴模板在畦面上打出深 3cm 左右的穴。

10.3.4 种苗定植

将用药液处理好的三七种苗放入打好的土穴中，一个土穴放置一株三七种苗。种苗移栽时，放置种苗要求全园方向一致，以便于管理。坡地、缓坡地由低处向高处放苗，第一排种苗的根部向坡上方；第二排开始根部向坡下方，种芽向坡上方；床面两侧的根部朝内，种芽朝外，利于保湿和防止畦头塌落而露根影响三七生长。

10.3.5 覆土

用细土覆盖三七种苗，以看不见三七种苗根系和休眠芽为宜，2～3cm 厚。

10.3.6 盖草

用松毛覆盖整个畦面，厚度以看不到床土为宜，盖草过程中要求厚薄均匀一致。

10.3.7 浇水

三七种植完后，及时浇足定根水。

11 田间管理

11.1 抗旱浇水与防涝排湿

在干旱、半干旱地区，三七移栽后应视墒情抗旱浇水，使土壤水分保持在 20%左右。雨季来临时应随时检查三七园，出现水分过多应及时排涝，并打开园门通风换气以减小七园湿度，以预防或减轻田间病害。

11.2 田间除草

三七出苗后，及时除草，保证田间清洁。

11.3 调节荫棚

在三七年生长的前期，对荫棚较稀的地方用杉树叶或其他遮阴物进行修补，使整个荫棚透光基本均匀一致。

在三年生三七生长的后期或过密的荫棚要进行疏稀，疏稀次数分为 3～4 次进行。第一次于晴天下午 3～4 时，用木棍或竹竿轻轻拍打，敲掉过密的荫棚材料，使之脱落。第一次删除数量为原设定删除的 1/3。

第二次疏稀荫棚于第一次 20～30 天后，当三七已经适应疏稀后的光照强度时，删除量为原设定删除的 1/3。于 20～30 天后，当三七已经适应疏稀后的光照强度时，进行第三次疏稀荫棚，删除量为原设定删除的 1/3。在每次疏稀荫棚后，把三七植株上的荫棚材料破碎物清扫干净。

如是采用的遮阳网，后期适当揭除 1～2 层遮阳网来调节荫棚。

11.4 摘蕾

11.4.1 时间

选择晴天于 7 月中下旬开始摘蕾，以促进三七块根生长。以未开放时采摘花蕾三七质量较好。采花前 30 天应停止使用农药。

11.4.2 采摘方法

在距花蕾 3～5cm 处，用剪刀剪摘花蕾，盛于洁净容器中（容器一般用竹箩）运往园外。

12 科学施肥

12.1 二年生三七的追肥

12.1.1 第一、二次追肥

12.1.1.1 时间

第一次追肥在 5 月上旬展叶期，此时为旱季，施肥在人工浇水 2～3 天后进行，施肥时间掌握在晴天上午 10 点以后，田间三七叶片露水干后进行。

第二次追肥在 8 月份的现蕾期，此期为雨季，施肥必须在晴天上午 10 点以后，田间三七叶片露水干后进行。

12.1.1.2 种类、用量和方法

施肥种类为 10:10:15～20 的复合肥，施用量为 15 千克/亩，采用田间撒施。

12.1.1.3 清洁

施肥结束后用细竹棍或松树枝将三七叶面上肥料全部清除，或用汽油喷雾器鼓风将叶片上肥料吹拂下来，以防下雨或喷施农药后灼烧叶片。

12.1.2 第三次追肥

12.1.2.1 时间

12 月下旬至翌年 1 月的倒苗期，待田间三七茎叶剪除后进行。

12.1.2.2 种类、用量和方法

肥料种类以有机肥为主，在 8 月份时将牛粪、羊粪和秸秆一起堆置发酵，发酵时间在 3 个月以上，充分杀除有机肥中病菌和虫卵。追肥时先将发酵好有机肥和钙镁磷肥、硫酸钾、70%多菌灵一起混合，混合比例为 1000kg 有机肥加 50kg 钙镁磷肥、10kg 硫酸钾和 1kg70%多菌灵，将混合好的肥料均匀撒施在三七畦面上，并适当撒施松毛覆盖好

畦面。

12.1.2.3 清洁

施肥结束后，做好七园田间卫生，及时将田间三七残枝烂叶和杂草清除，将畦沟中冲积下来的积土和松毛清掏到畦面，保证雨季排水通畅，并全园喷一遍农药，杀菌、杀虫过冬。

12.1.3.4 浇水

田间清洁做完后，全园浇一遍透水，保证田间墒情和三七过冬。

12.2 三年生三七的追肥

12.2.1 追肥时间

追施 2 次，第一次在 4 月底至 5 月上旬，第二次在 7 月中下旬。施肥时间掌握在晴天上午 10 点以后，田间三七叶片露水干后进行。

12.2.2 种类、用量和方法

施肥种类为 10∶10∶20 的复合肥，施用量为 20 千克/亩，采用田间撒施。

12.2.3 清洁

施肥结束后用细竹棍或松树枝将三七叶面上肥料全部清除，或用汽油喷雾器鼓风将叶片上肥料吹拂下来，以防下雨或喷施农药后灼烧叶片。

13 病虫害防治

13.1 综合防治原则

三七病虫害的防治要认真贯彻"预防为主，综合防治"的植保方针，采取预测预报、植物检疫、农业防治、物理防治、生物防治、化学防治等综合防治措施，创造有利于三七生长发育，不利于各种病菌繁殖、侵染、传播的环境条件，将有害生物控制在允许范围内，使经济损失降到最低限度。

13.2 综合防治措施

13.2.1 植物检疫

采取局部地区检疫的方式，对已出现根结线虫病的三七产区外调种苗进行检疫，以避免传入无根结线虫病的三七产区。

13.2.2 农业防治

（1）认真选地，实行轮作。

（2）培育和选用健壮无病的种子、种苗。

（3）调整适宜荫棚透光率，加强田间通风排湿。

（4）保持田间清洁，及时彻底地清除病残体和田间杂草。

（5）施用完全腐熟的有机肥，增施磷钾肥、镁肥和硼肥，避免施肥过量。

（6）起高畦栽培，加深田间畦沟，防止田间积水。

（7）施用石灰进行田间病害防治。

13.2.3 生物防治

生物防治是三七田间病虫害防治重要方向。包括以菌治菌技术：主要是利用微生物在代谢中产生的抗生素来消灭病菌，有春雷霉素、多抗霉素、农用链霉素等生物抗生素农药；以菌治虫技术：利用自然界微生物来消灭害虫，有细菌、真菌等，如苏云金杆菌、白僵菌、绿僵菌、颗粒体病毒、核型多角体病毒等；植物性杀虫、杀菌技术：从天然植物中提取的杀菌、杀虫制剂，如印楝素、除虫菊酯、鱼滕精、烟碱、万寿菊提取物等。

13.2.4　物理防治

利用简单工具和光、热、电、温度、湿度和放射能来防治病虫害。目前有利用 55℃温水浸种 10 分钟来进行种子脱毒灭菌，深翻炕晒土壤杀虫灭菌，利用防虫黄板诱杀蚜虫、蓟马，利用黑光灯诱杀地老虎、金龟子，利用捕鼠夹杀老鼠等。

13.2.5　化学防治

根据病虫草等有害生物的发生、为害规律，制定农药使用规范，严格控制农药残留。推广使用高效、低毒、低残留的环境友好农药品种，禁止使用高毒、高残留等国家及行业明令禁止使用的农药。农药使用必须遵行科学、合理、经济、安全的原则，控制使用次数和用量。农药安全使用间隔期遵守国标 GB 8321.1-7，没有标明农药安全间隔期的品种，收获前 30 天停止使用。农药混剂，农药安全残留间隔期执行残留量最大的品种。

13.3　根腐病的防治

13.3.1　加强田间管理

选择无病地块播种或移栽。种子和种苗在播种前或移栽前先进行药剂消毒处理。发现病株立即连土挖出销毁，病根周围土壤撒施石灰消毒。

药剂防治

（1）每亩用叶枯唑+敌克松各 1kg 与 25kg 干细土混匀，制成毒土撒施。

（2）用叶枯唑+杀毒矾+百菌清按 1:1:1 的比例混合，加水稀释成 300～500 倍液灌根。

（3）用叶枯唑+异菌脲（扑海因）按 1:1 的比例混合，加水稀释成 300～500 倍液灌根。

（4）用甲霜·锰锌+多菌灵+百菌清按 1:1:0.5 的比例混合，稀释成 300～500 倍液灌根。

13.4　黑斑病的防治

13.4.1　加强田间管理

选择无病地块播种或移栽。保证三七荫棚透光适宜而均匀，防止出现明显空洞。加强田间通风，降低田间空气相对湿度。彻底清除杂草及病株残体；雨季注意清沟排水，降低三七园湿度；增施钾肥，不偏施氮肥等，提高植株抗性。

13.4.2　药剂防治

（1）异菌脲（扑海因）+甲霜·锰锌按 1:1 的比例混合，加水稀释成 300～500 倍液喷雾。

（2）多抗霉素 100～150 倍液，喷雾。

（3）菌核净 400～600 倍液，喷雾。

（4）氟硅唑 800～1000 倍液，喷雾。

（5）苯醚甲环唑 6000～7000 倍液，喷雾。

13.5　疫病的防治

13.5.1　加强田间管理

在三七疫病发生季节，每天都要检查三七园，若发现中心病株及时清除，并用药剂对发病区进行控制，避免病原扩散。加强荫棚管理，及时修补老三七园荫棚，为三七生长创造有利环境，增强植株抗病能力。

13.5.2　药剂防治

（1）甲霜·锰锌 300～500 倍液，喷雾。

（2）三乙磷酸铝 300～500 倍液，喷雾。

（3）烯酰吗啉（安克）600～800 倍液，喷雾。

（4）噁酮·霜脲氰 600～800 倍液，喷雾。

13.6　圆斑病的防治

13.6.1　加强田间管理

选择背风地块建造三七园。降雨季节注意清沟排水，打开园门和围边，加强通风，调节三七园湿度。增施钾肥，不偏施氮肥等，提高植株抗性。

13.6.2　药剂防治

（1）氟硅唑 8000～10 000 倍液加春雷霉素 800 倍液，喷雾。

（2）苯甲·丙环唑 3000 倍液，喷雾。

13.7　三七害虫及有害动物的防治

13.7.1　地下害虫

对蛴螬、地老虎数量较多的地块，每亩可用 90% 晶体敌百虫 50～75g 拌 20kg 细潮土撒施，或与 50kg 剁碎的新鲜菜叶拌匀后于傍晚作厢面撒施处理。

13.7.2　地上害虫

发生蚜虫、介壳虫的危害时，用敌敌畏乳油 1000 倍液、辛硫磷乳油 1000 倍液、50% 抗蚜威可湿性粉剂 3000 倍液等，任选其中一种药剂进行喷雾防治。

13.7.3　螨类

防治螨类（红蜘蛛）的有效药剂有炔螨特乳油 3000 倍液、杀螨酯 1500～2000 倍液等，可任选其中一种进行喷雾防治。

13.7.4　蛞蝓

利用其日伏夜出的活动特点，用蔬菜叶于傍晚撒在三七园中，次日晨收集得蛞蝓后集中杀灭；或用石灰沿厢边及厢沟撒施，每亩用石灰 15kg；或在蛞蝓发生期间用 20 倍茶枯水喷洒；还可每亩用 1kg 四聚乙醛颗粒剂均匀撒施。

13.7.5　鼠害防治

以物理机械防治为主，对死鼠应及时收集深埋。

九、获国家食品药品监督管理总局批准的三七类代表保健食品

序号	产品名称	功能	产品配方	功能
一、抗疲劳				
1	康福来田七鸡精	抗疲劳	鲜鸡、田七等	卫食健字(2000)第 0030 号
2	旺谷牌红累七片	缓解体力疲劳、提高缺氧耐受力	红景天、螺旋藻、三七、蝙蝠蛾拟青霉菌粉	国食健字 G20100313
3	千草堂牌芪参葛牛磺酸颗粒	缓解体力疲劳、提高缺氧耐受力	人参、三七、黄芪、葛根、牛磺酸、维生素 B_1、维生素 B_2、维生素 B_6、烟酰胺、安赛蜜、木糖醇	国食健字 G20100207
4	绿得无忧牌牛磺酸三七蚬口服液	缓解体力疲劳、对化学性肝损伤有辅助保护功能	黄蚬、三七提取物、牛磺酸、水	国食健字 G20100481
5	滇秀牌三七参芪酒	缓解体力疲劳	三七、人参、炙黄芪、蜂蜜、白酒	国食健字 G20090614
6	七丹牌唯力胶囊	缓解体力疲劳、对辐射危害有辅助保护功能	红景天、三七、人参、螺旋藻、维生素 E、维生素 C、微晶纤维素、硬脂酸镁	国食健字 G20050131
二、耐缺氧				
7	金日牌心源素胶囊	耐缺氧	美国洋参、三七（超微粉）、五味子、维生素 E	卫食健字(1999)第 0249 号
8	格林斯通牌三七片	辅助降血脂、提高缺氧耐受力	三七	国食健字 G20070091
9	千草牌高原维能口服液	缓解体力疲劳、提高缺氧耐受力	人参、三七、黄芪、葛根、牛磺酸、维生素 B_1、维生素 B_2、维生素 B_6、烟酰胺、柠檬酸、白砂糖、安赛蜜、香兰素	国食健字 G20050533
10	三友牌疏微片	提高缺氧耐受力	红景天、银杏叶、丹参、三七、蔗糖、糊精、天然薄荷脑、柠檬酸、硬脂酸镁	国食健字 G20050401
11	金神牌欣甘葆冲剂	耐缺氧、对化学性肝损伤有辅助保护作用	三七、菊花、乳糖	卫食健字(2002)第 0751 号
12	祥康牌三七银杏茶	免疫调节、耐缺氧	三七、菊花提取物、银杏叶提取物、蔗糖粉、糊精	国食健字 G20040031
三、延缓衰老				
13	昌宁牌长健片	延缓衰老、免疫调节	西洋参、刺五加浸膏粉、三七、黄精、枸杞子浸膏粉、制何首乌浸膏粉	国食健字 G20040307
14	劲牌三元葆康酒	延缓衰老、抗疲劳	西洋参、黄精、何首乌、淫羊藿、枸杞子提取物、三七提取物、黄酒、小曲白酒	国食健字 G20041249
15	金神牌七灵软胶囊	免疫调节、延缓衰老	三七提取物、灵芝提取物、维生素 E、粟米油	国食健字 G20050603
四、调节血脂				
16	伯华牌正安胶囊	调节血脂	制首乌、泽泻、茯苓、三七、山楂、牡蛎、桃仁、葛根、薏苡仁、红曲	国食健字 G20040382

序号	产品名称	功能	产品配方	功能
17	七丹牌三七提取物软胶囊	调节血脂		
18	金娜牌三七菊茶	调节血脂、辅助降血压	三七、菊花、茶叶、葡萄糖	国食健字 G20041497
19	联邦银丹牌健怡泡腾片	调节血脂	丹参、赤芍、山楂、银杏叶提取物、三七提取物、碳酸氢钠、无水枸橼酸、乳糖、亮氨酸、果糖、阿期巴甜（含苯丙氨酸）	国食健字 J20040035
20	千草美姿牌减肥旨安微丸	减肥、调节血脂	藕节、普洱绿茶、三七、羧甲基纤维素钠、天门冬酰苯丙氨酸甲酯	国食健字 G20041259
五、调节血糖				
21	孟氏牌三七黄芪胶囊	辅助降血糖	黄芪提取物、桑叶提取物、苦瓜提取物、女贞子提取物、三七总皂苷、富铬酵母	国食健字 G20100392
22	百年草牌清益软胶囊	辅助降血糖	三七提取物、吡啶甲酸铬、玉米油、蜂蜡、明胶、甘油、水、焦糖色素	国食健字 G20090560
23	蓝谷牌康安口服液	辅助降血糖	桑叶、昆布、黄芪、山药、丹参、三七、苦瓜、甜菊糖、冰片、薄荷香精、苯甲酸钠、水	国食健字 G20060824
24	金帝华牌糖舒尔乐片	辅助降血糖	三七、黄芪、桑叶、苦瓜、葫芦巴、吡啶甲酸铬、硬脂酸镁	国食健字 G20060535
25	欣得康牌糖易康颗粒	调节血糖	苦瓜、淡菜、桑椹、三七	卫食健字(2000)第 0678 号
26	恩德牌恩德饼干	调节血糖、改善胃肠道功能（润肠通便）	荞麦、山药、南瓜、苦瓜、葛根、女贞子、三七、莱菔子、棕油、果糖、环糊精、葱粉、苏打粉、食盐	国食健字 G20041020
六、改善胃肠道功能				
27	七丹牌七荟胶囊			
28	小流通牌小流通胶囊	调节血脂、改善胃肠道功能（润肠通便）	三七、芦荟、益母草	国食健字 G20030049
七、免疫调节				
29	康宝牌心意阳光口服液	免疫调节	蝙蝠蛾拟青霉菌丝体粉、三七	国食健字 G20040118
30	云山牌三七胶囊	增强免疫力	三七粉、三七提取物、淀粉、硬脂酸镁	国食健字 G20090144
31	维尔安牌三七片	增强免疫力	三七、硬脂酸镁	国食健字 G20080546
32	新云 R 三七含片	增强免疫力、缓解体力疲劳	七提取物、黄芪提取物、葛根提取物、木糖醇、糊精、滑石粉、硬脂酸镁、羟丙甲纤维素、聚乙二醇 400、黄氧化铁、钛白粉	国食健字 G20070093
33	金神牌七灵软胶囊	免疫调节、延缓衰老	三七提取物、灵芝提取物、维生素 E、粟米油	国食健字 G20050603
34	祥康牌三七银杏茶	免疫调节、耐缺氧	三七、菊花提取物、银杏叶提取物、蔗糖粉、糊精	国食健字 G20040031

序号	产品名称	功能	产品配方	功能
八、降血压				
35	唐福牌唐兴胶囊	辅助降血糖	三七提取物、西洋参提取物、吡啶甲酸铬、苦瓜提取物	国食健字 G20041075
36	泽其仲牌泽其仲茶	辅助降血压	杜仲、山楂、葛根、罗布麻、三七、泽泻、绿茶	国食健字 G20090170
37	欣姿伴侣牌柏舒软胶囊	辅助降血压	菊花提取物、三七提取物、杜仲叶提取物、红花油、大豆油、蜂蜡、明胶、甘油、水、可壳色素	国食健字 G20090537
38	三精 R 压乐平片	调节血压、调节血脂	芹菜提取物、三七粉、阿斯巴甜（含苯丙氨酸）	卫食健字(2001)第 0389 号
九、美容				
39	神火牌无暇软胶囊	祛黄褐斑	三七、白芷、丹参、玫瑰花、柠檬黄、明胶、甘油、纯化水、二氧化钛	国食健字 G20050862
40	盘龙云牌利眠丽容胶囊	改善睡眠、美容（祛黄褐斑）	天麻、三七、五味子、酸枣仁、茯苓、白芷、珍珠、维生素 C、维生素 E	国食健字 G20040304
41	女人缘牌美颜口服液	改善营养性贫血、美容（祛黄褐斑）	当归、黄芪、丹参、三七（熟）、枸杞子	卫食健字(2003)第 0391 号
42	美肤康片	美容（祛黄褐斑、祛痤疮）	丹参、三七、枸杞、茯苓、百合、甘草	卫食健字(1998)第 374 号
十、肝损伤				
43	维和牌维甘片	对化学性肝损伤有辅助保护功能	余甘子、三七、灵芝提取物、糊精、硬脂酸镁	国食健字 G20050208
44	七丹牌三七葛根胶囊			
45	金娜牌青清含片	清咽、对化学性肝损伤有辅助保护作用	葛根、三七提取物、灵芝	国食健字 G20050150
十一、减肥				
46	滇云牌葡萄籽魔芋胶囊	减肥	魔芋精粉、葡萄籽粉、三七提取物	国食健字 G20080301
47	红七子牌减肥姿身胶囊	减肥、调节血脂	大蒜、三七、绞股蓝、荷叶、西洋参	国食健字 G20040093
十二、抗辐射				
48	医圈芪贞胶囊	增强免疫力、对辐射危害有辅助保护功能	红景天、黄芪、女贞子、枸杞子、三七、硬脂酸镁	国食健字 G20070199
49	康爱牌康爱胶囊	增强免疫力、对辐射危害有辅助保护功能	蜂胶粉、三七粉	国食健字 G20060248
十三、抗氧化				
50	金士力牌参耆胶囊	抗氧化	黄芪、丹参、三七、糊精	国食健字 G20080481
十四、改善睡眠				
51	七七七牌三七睡亦香胶囊	改善睡眠	三七、酸枣仁、五味子	国食健字 G20050714

序号	产品名称	功能	产品配方	功能
52	盟生牌七上珍口服液	提高缺氧耐受力、改善睡眠	三七提取物、蜂蜜	国食健字 G20041424
十五、清咽				
53	益生牌清咽含片	清咽	余甘子提取物、三七提取物、甘露醇、山梨醇、阿斯巴甜（含苯丙氨酸）、硬脂酸镁	国食健字 G20050149
54	山中宝牌三七花润爽片	咽润喉（清咽）	三七花提取物、胖大海提取物、甘露醇、山梨醇、羧甲基纤维素钠、薄荷香精、硬脂酸镁	卫食健字(2003)第 0116 号
十六、改善营养性贫血				
55	国林牌玫瑰红生血胶囊	改善营养性贫血	当归、制首乌、白术、熟地、大枣、枸杞、茯苓、阿胶、人参、益智仁、三七皂甙	卫食健字(1999)第 0511 号
56	十八宝牌脸色好口服液	改善营养性贫血	大枣、黄芪、龙眼肉、当归、三七、氯化高铁血红素、维生素 B_1、维生素 B_6、叶酸	国食健字 G20041250
57	女人缘牌美颜口服液	改善营养性贫血、美容（祛黄褐斑）	当归、黄芪、丹参、三七（熟）、枸杞子	卫食健字(2003)第 0391 号
十七、增加骨密度				
58	骨青春牌乐缘片	增加骨密度	碳酸钙、果醋蛋粉、淫羊藿、骨碎补、黄精、当归、三七、酪蛋白磷酸肽、硬脂酸镁	国食健字 G20050500
59	苗岭牌骨立胶囊	增加骨密度	苍术、杜仲、黄精、补骨脂、莱菔子、三七、牡蛎、益智仁、大豆异黄酮、肉桂、马齿苋	国食健字 G20040386

资料来源：三七新食品原料开发与利用，2014，崔秀明等，云南科技出版社

附录二

中医药相关政策文件

一、《中药材保护和发展规划（2015—2020年）》

**国务院办公厅关于转发工业和信息化部等部门
中药材保护和发展规划（2015—2020年）的通知**

国办发〔2015〕27号

各省、自治区、直辖市人民政府，国务院各部委、各直属机构：

工业和信息化部、中医药局、发展改革委、科技部、财政部、环境保护部、农业部、商务部、卫生计生委、食品药品监管总局、林业局、保监会《中药材保护和发展规划（2015—2020年）》已经国务院同意，现转发给你们，请结合实际认真贯彻执行。

国务院办公厅
2015年4月14日

（此件公开发布）

中药材保护和发展规划（2015—2020年）

工业和信息化部　中医药局　发展改革委　科技部
财政部　环境保护部　农业部　商务部　卫生计生委
食品药品监管总局　林业局　保监会

中药材是中医药事业传承和发展的物质基础，是关系国计民生的战略性资源。保护和发展中药材，对于深化医药卫生体制改革、提高人民健康水平，对于发展战略性新兴产业、增加农民收入、促进生态文明建设，具有十分重要的意义。为加强中药材保护、促进中药产业科学发展，按照国务院决策部署，制定本规划。

（一）发展形势

1. 中药材保护和发展具有扎实基础

党和国家一贯重视中药材的保护和发展。在各方面的共同努力下，中药材生产研究应用专业队伍初步建立，生产技术不断进步，标准体系逐步完善，市场监管不断加强，50 余种濒危野生中药材实现了种植养殖或替代，200 余种常用大宗中药材实现了规模化种植养殖，基本满足了中医药临床用药、中药产业和健康服务业快速发展的需要。

2. 中药材保护和发展具备有利条件

随着全民健康意识不断增强，食品药品安全特别是原料质量保障问题受到全社会高度关注，中药材在中医药事业和健康服务业发展中的基础地位更加突出。大力推进生态文明建设及相关配套政策的实施，对中药材资源保护和绿色生产提出了新的更高要求。现代农业技术、生物技术、信息技术的快速发展和应用，为创新中药材生产和流通方式提供了有力的科技支撑。全面深化农村土地制度和集体林权制度改革，为中药材规模化生产、集约化经营创造了更大的发展空间。

3. 中药材保护和发展仍然面临严峻挑战

一方面，由于土地资源减少、生态环境恶化，部分野生中药材资源流失、枯竭，中药材供应短缺的问题日益突出。另一方面，中药材生产技术相对落后，重产量轻质量，滥用化肥、农药、生长调节剂现象较为普遍，导致中药材品质下降，影响中药质量和临床疗效，损害了中医药信誉。此外，中药材生产经营管理较为粗放，供需信息交流不畅，价格起伏幅度过大，也阻碍了中药产业健康发展。

（二）指导思想、基本原则和发展目标

1. 指导思想

以邓小平理论、"三个代表"重要思想、科学发展观为指导，深入贯彻党的十八大和十八届二中、三中、四中全会精神，按照"四个全面"战略布局，坚持以发展促保护、以保护谋发展，依靠科技支撑，科学发展中药材种植养殖，保护野生中药材资源，推动生产流通现代化和信息化，努力实现中药材优质安全、供应充足、价格平稳，促进中药产业持续健康发展，满足人民群众日益增长的健康需求。

2. 基本原则

（1）坚持市场主导与政府引导相结合。以市场为导向，整合社会资源，突出企业在中药材保护和发展中的主体作用。发挥政府规划引导、政策激励和组织协调作用，营造规范有序的市场竞争环境。

（2）坚持资源保护与产业发展相结合。大力推动传统技术挖掘、科技创新和转化应用，促进中药材科学种植养殖，切实加强中药材资源保护，减少对野生中药材资源的依赖，实现中药产业持续发展与生态环境保护相协调。

（3）坚持提高产量与提升质量相结合。强化质量优先意识，完善中药材标准体系，

提高中药材生产规范化、规模化、产业化水平，确保中药材市场供应和质量。

3. 发展目标

到 2020 年，中药材资源保护与监测体系基本完善，濒危中药材供需矛盾有效缓解，常用中药材生产稳步发展；中药材科技水平大幅提升，质量持续提高；中药材现代生产流通体系初步建成，产品供应充足，市场价格稳定，中药材保护和发展水平显著提高。

具体指标为：

——中药材资源监测站点和技术信息服务网络覆盖 80% 以上的县级中药材产区；

——100 种《中华人民共和国药典》收载的野生中药材实现种植养殖；

——种植养殖中药材产量年均增长 10%；

——中药生产企业使用产地确定的中药材原料比例达到 50%，百强中药生产企业主要中药材原料基地化率达到 60%；

——流通环节中药材规范化集中仓储率达到 70%；

——100 种中药材质量标准显著提高；

——全国中药材质量监督抽检覆盖率达到 100%。

（三）主要任务

1. 实施野生中药材资源保护工程

开展第四次全国中药资源普查。在全国中药资源普查试点工作基础上，开展第四次全国中药资源普查工作，摸清中药资源家底。

建立全国中药资源动态监测网络。建立覆盖全国中药材主要产区的资源监测网络，掌握资源动态变化，及时提供预警信息。

建立中药种质资源保护体系。建设濒危野生药用动植物保护区、药用动植物园、药用动植物种质资源库，保护药用种质资源及生物多样性。

专栏 1　　　　　　　　　　　野生中药材资源保护专项

1. 第四次全国中药资源普查。推进 31 个省（区、市）约 1000 个县的中药资源普查试点工作，启动并完成第四次全国中药资源普查工作，建立国家、省（区、市）、县（市）三级中药资源普查数据库。

2. 全国中药资源动态监测网络建设。每个省（区、市）建设 2～3 个中药资源动态监测和信息服务站，逐步在资源集中的市（地）、县（市）建设监测和信息服务站点。

3. 全国中药种质资源保护体系建设。建设濒危野生药用动植物保护区 10 个，药用动植物园 15 个，药用动植物种质资源库 3 个。原生境保护药用物种 5000 种以上，迁地保护药用物种 6500 种以上，离体保存药用物种种质 7000 种、共 10 万份。

2. 实施优质中药材生产工程

建设濒危稀缺中药材种植养殖基地。重点针对资源紧缺、濒危野生中药材，按照相关物种采种规范，加快人工繁育，降低对野生资源的依赖程度。

建设大宗优质中药材生产基地。建设常用大宗中药材规范化、规模化、产业化基地，鼓励野生抚育和利用山地、林地、荒地、沙漠建设中药材种植养殖生态基地，保障中成药大品种和中药饮片的原料供应。

建设中药材良种繁育基地。推广使用优良品种，推动制订中药材种子种苗标准，在适宜产区开展标准化、规模化、产业化的种子种苗繁育，从源头保证优质中药材生产。

发展中药材产区经济。推进中药材产地初加工标准化、规模化、集约化，鼓励中药生产企业向中药材产地延伸产业链，开展趁鲜切制和精深加工。提高中药材资源综合利用水平，发展中药材绿色循环经济。突出区域特色，打造品牌中药材。

专栏 2　　　　　　　　　中药材生产基地建设专项

1. 濒危稀缺中药材种植养殖基地建设。建设 100 种中药材野生抚育、野生变种植养殖基地，重点建设麝香、人参、羚羊角、川贝母、穿山甲、沉香、冬虫夏草、石斛等濒危稀缺中药材基地。

2. 大宗优质中药材生产基地建设。重点建设中药基本药物、中药注射剂、创新中药、特色民族药等方面 100 种常用中药材规范化、规模化、产业化生产基地；结合国家林下经济示范基地建设、防沙治沙工程和天然林保护工程等，建设 50 种中药材生态基地。

3. 中药材良种繁育基地建设。选用优良品种，建设 50 种中药材种子种苗专业化、规模化繁育基地。

4. 中药材产区经济发展。培育 150 家具有符合《中药材生产质量管理规范（试行）》（GAP）种植基地的中药材产地初加工企业，培育 50 家中药材产地精深加工企业。

3. 实施中药材技术创新行动

强化中药材基础研究。开展中药材生长发育特性、药效成分形成及其与环境条件的关联性研究，深入分析中药材道地性成因，完善中药材生产的基础理论，指导中药材科学生产。

继承创新传统中药材生产技术。挖掘和继承道地中药材生产和产地加工技术，结合现代农业生物技术创新提升，形成优质中药材标准化生产和产地加工技术规范，加大在适宜地区推广应用的力度。

突破濒危稀缺中药材繁育技术。综合运用传统繁育方法与现代生物技术，突破一批濒危稀缺中药材的繁育瓶颈，支撑濒危稀缺中药材种植养殖基地建设。

发展中药材现代化生产技术。选育优良品种，研发病虫草害绿色防治技术，发展中药材精准作业、生态种植养殖、机械化生产和现代加工等技术，提升中药材现代化生产水平。

促进中药材综合开发利用。充分发挥中药现代化科技产业基地优势，加强协同创新，积极开展中药材功效的科学内涵研究，为开发相关健康产品提供技术支撑。

▰▰▰ 专栏 3　　　　　　　　　中药材技术创新重点

1. 中药材基础研究。系统掌握 50 种中药材生长发育特性和药效成分形成规律，以及环境和投入品使用对中药材产量和品质的影响，形成理论体系。

2. 传统中药材生产技术继承创新。建立 100 种道地中药材种植养殖和产地加工标准化技术规范。

3. 濒危稀缺中药材繁育技术突破。开发 20 种濒危稀缺中药材经济适用、品质优良的大规模繁育技术。

4. 中药材现代化生产技术发展。选育 100 个优良中药材品种，开发 50 种中药材的病虫草害绿色防治技术，突破人参、三七等中药材的连作障碍，开发 50 项中药材测土配方施肥、硫磺熏蒸替代、机械化生产加工技术。

4. 实施中药材生产组织创新工程

培育现代中药材生产企业。支持发达地区资本、技术、市场等资源与中药材产区自然禀赋、劳动力等优势有机结合，输入现代生产要素和经营模式，发展中药材产业化生产经营，推动现代中药材生产企业逐步成为市场供应主体。

推进中药材基地共建共享。支持中药生产流通企业、中药材生产企业强强联合，因地制宜，共建跨省（区、市）的集中连片中药材生产基地。

提高中药材生产组织化水平。推动专业大户、家庭农场、合作社发展，实现中药材从分散生产向组织化生产转变。支持中药企业和社会资本积极参与、联合发展，进一步优化组织结构，提高产业化水平。

▰▰▰ 专栏 4　　　　　　　　　中药材生产组织创新专项

1. 现代中药材生产企业培育。培育发展 50 家年销售收入超过 1 亿元的现代中药材生产骨干企业，重点扶持 10 家年销售收入超过 5 亿元的现代中药材生产领军企业。

2. 中药材基地共建共享。支持建立 50 个跨省（区、市）的中药材规模化共建共享基地。

5. 构建中药材质量保障体系

提高和完善中药材标准。结合药品标准提高及《中华人民共和国药典》编制工作，规范中药材名称和基原，完善中药材性状、鉴别、检查、含量测定等项目，建立较完善的中药材外源性有害残留物限量标准，健全以药效为核心的中药材质量整体控制模式，提升中药材质量控制水平。

完善中药材生产、经营质量管理规范。修订《中药材生产质量管理规范（试行）》，完善相关配套措施，提升中药材生产质量管理水平。严格实施《药品经营质量管理规范》

（GSP），提高中药材经营、仓储、养护、运输等流通环节质量保障水平。

建立覆盖主要中药材品种的全过程追溯体系。建立中药材从种植养殖、加工、收购、储存、运输、销售到使用全过程追溯体系，实现来源可查、去向可追、责任可究。推动中药生产企业使用源头明确的中药材原料。

完善中药材质量检验检测体系。加强药品检验机构人才队伍、设备、设施建设，加大对中药材专业市场经销的中药材、中药生产企业使用的原料中药材、中药饮片的抽样检验力度，鼓励第三方检验检测机构发展。

▀▀▀ 专栏 5　　　　　　　　中药材质量保障体系建设专项

1. 中药材标准提高和完善。制修订 120 种中药材国家标准；完善农药、重金属及有害元素、真菌毒素等安全性检测方法和指标，建立中药材外源性有害物质残留数据库，建立 50 种药食两用中药材的安全性质量控制标准；完成 10 种野生变种植养殖大宗中药材的安全性和质量一致性评价。建设可供社会共享的国家中药材标准信息化管理平台。

2. 中药材全过程追溯体系建设。采用现代信息技术，建立常用大宗中药材的全过程追溯体系。

3. 中药材质量检验检测体系建设。进一步提升现有药品检验机构的中药材检验检测能力，在中药材主要产区和集散地重点支持建设 20 家第三方检验检测机构。

6. 构建中药材生产服务体系

建设生产技术服务网络。发挥农业技术推广体系作用，依托科研机构，构建全国性中药材生产技术服务网络，加强中药材生产先进适用技术转化和推广应用，促进中药材基地建设整体水平提高。

建设生产信息服务平台。建设全国性中药材生产信息采集网络，提供全面、准确、及时的中药材生产信息及趋势预测，促进产需有效衔接，防止生产大起大落和价格暴涨暴跌。

加强中药材供应保障。依托中药生产流通企业和中药材生产企业，完善国家中药材应急储备，确保应对重大灾情、疫情及突发事件的用药需求。

▀▀▀ 专栏 6　　　　　　　　中药材生产服务体系建设专项

1. 中药材生产技术服务网络建设。建设由 1 个国家级中心、50 个区域中心、300 个工作站组成的中药材生产技术服务网络，推进技术共享。

2. 中药材生产信息服务平台建设。建设由 1000 个信息站点组成的中药材生产信息服务网络。

3. 中药材供应保障。提高国家应急储备能力，建立 100 种常用中药材的国家储备。

7. 构建中药材现代流通体系

完善中药材流通行业规范。完善常用中药材商品规格等级，建立中药材包装、仓储、养护、运输行业标准，为中药材流通健康发展夯实基础。

建设中药材现代物流体系。规划和建设现代化中药材仓储物流中心，配套建设电子商务交易平台及现代物流配送系统，引导产销双方无缝对接，推进中药材流通体系标准化、现代化发展，初步形成从中药材种植养殖到中药材初加工、包装、仓储和运输一体化的现代物流体系。

▰▰▰ **专栏7** 　　　　中药材现代流通体系建设专项

1. 完善中药材流通行业规范。健全200种常用中药材商品规格等级，建立包装、仓储、养护、运输行业标准。
2. 现代中药材仓储物流中心建设。在中药材主要产区、专业市场及重要集散地，建设25个集初加工、包装、仓储、质量检验、追溯管理、电子商务、现代物流配送于一体的中药材仓储物流中心，开展社会化服务。

（四）保障措施

1. 完善相关法律法规制度

推动完善中药材相关法律法规，强化濒危野生中药材资源管理，规范种植养殖中药材的生产和使用。完善药品注册管理制度，中药、天然药物注册应明确中药材原料产地，使用濒危野生中药材的，必须评估其资源保障情况；鼓励原料来源基地化，保障中药材资源可持续发展和中药质量安全。

2. 完善价格形成机制

坚持质量优先、价格合理的原则，建立反映生产经营成本、市场供求关系和资源稀缺程度的中药材价格形成机制，完善药品集中采购评价指标和办法，引导中药生产企业建设优质中药材原料生产基地。

3. 加强行业监管工作

加强中药材质量监管，规范中药材种植养殖种源及过程管理。强化中药材生产投入品管理，严禁滥用农药、化肥、生长调节剂，严厉打击掺杂使假、染色增重等不法行为。维护中药材流通秩序，加大力度查处中药材市场的不正当竞争行为。健全交易管理和质量管理机构，加强中药材专业市场管理，严禁销售假劣中药材，建立长效追责制度。

4. 加大财政金融扶持力度

加大对中药材保护和发展的扶持力度，加强项目绩效评价，充分发挥财政资金的支持作用。将中药材生产和配套基础设施建设纳入中央和地方相关支农政策支持范围。鼓励发展中药材生产保险，构建市场化的中药材生产风险分散和损失补偿机制。鼓励金融机构改善金融服务，在风险可控和商业可持续的前提下，加大对中药材生产的信贷投放，为集仓储、贸易于一体的中药材供应链提供金融服务。

5. 加快专业人才培养

加强基层中药材生产流通从业人员培训，提升业务素质和专业水平。培养一支强有力的中药材资源保护、种植养殖、加工、鉴定技术和信息服务队伍。加强中药材高层次和国际化专业技术人才培养，鼓励科技创业，推动中药材技术创新和成果转化。

6. 发挥行业组织作用

发挥行业组织的桥梁纽带和行业自律作用，宣传贯彻国家法律法规、政策、规划和标准，发布行业信息，推动企业合作，促进市场稳定，按规定开展中药材生产质量管理规范基地、道地中药材基地和物流管理认证。弘扬中医药文化，提高优质中药材的社会认知度，培育中药材知名品牌，推动建立现代中药材生产经营体系和服务网络。

7. 营造良好国际环境

加强与国际社会的沟通交流，做好中药材保护和发展的宣传工作，按照国际公约主动开展和参与濒危动植物、生物多样性保护活动，合法利用药用动植物资源，促进中药材种植养殖。进一步开展国际合作，推动建立多方认可的中药材标准，促进中药材国际贸易便利化，鼓励优势企业"走出去"建立中药材基地。

8. 加强规划组织实施

各地区、各有关部门要充分认识中药材保护和发展的重大意义，加强组织领导，完善协调机制，结合实际抓紧制定具体落实方案，确保本规划顺利实施。

二、《中医药健康服务发展规划（2015—2020 年）》

国务院办公厅关于印发中医药健康服务
发展规划（2015—2020 年）的通知

国办发〔2015〕32 号

各省、自治区、直辖市人民政府，国务院各部委、各直属机构：

《中医药健康服务发展规划（2015—2020 年）》已经国务院同意，现印发给你们，请认真贯彻执行。

国务院办公厅
2015 年 4 月 24 日

（此件公开发布）

中医药健康服务发展规划（2015—2020 年）

中医药（含民族医药）强调整体把握健康状态，注重个体化，突出治未病，临床疗效确切，治疗方式灵活，养生保健作用突出，是我国独具特色的健康服务资源。中医药健康服务是运用中医药理念、方法、技术维护和增进人民群众身心健康的活动，主要包括中医药养生、保健、医疗、康复服务，涉及健康养老、中医药文化、健康旅游等相关服务。充分发挥中医药特色优势，加快发展中医药健康服务，是全面发展中医药事业的必然要求，是促进健康服务业发展的重要任务，对于深化医药卫生体制改革、提升全民健康素质、转变经济发展方式具有重要意义。为贯彻落实《中共中央国务院关于深化医药卫生体制改革的意见》《国务院关于扶持和促进中医药事业发展的若干意见》（国发〔2009〕22 号）和《国务院关于促进健康服务业发展的若干意见》（国发〔2013〕40 号），促进中医药健康服务发展，制定本规划。

（一）总体要求

1. 指导思想

以邓小平理论、"三个代表"重要思想、科学发展观为指导，深入贯彻党的十八大和十八届二中、三中、四中全会精神，按照党中央、国务院决策部署，在切实保障人民群众基本医疗卫生服务需求的基础上，全面深化改革，创新服务模式，鼓励多元投资，加快市场培育，充分释放中医药健康服务潜力和活力，充分激发并满足人民群众多层次多样化中医药健康服务需求，推动构建中国特色健康服务体系，提升中医药对国民经济和社会发展的贡献率。

2. 基本原则

以人为本，服务群众。把提升全民健康素质作为中医药健康服务发展的出发点和落脚点，区分基本和非基本中医药健康服务，实现两者协调发展，切实维护人民群众健康权益。

政府引导，市场驱动。强化政府在制度建设、政策引导及行业监管等方面的职责。发挥市场在资源配置中的决定性作用，充分调动社会力量的积极性和创造性，不断增加中医药健康服务供给，提高服务质量和效率。

中医为体，弘扬特色。坚持中医药原创思维，积极应用现代技术方法，提升中医药健康服务能力，彰显中医药特色优势。

深化改革，创新发展。加快科技转化，拓展服务范围，创新服务模式，建立可持续发展的中医药健康服务发展体制机制。

3. 发展目标

到 2020 年，基本建立中医药健康服务体系，中医药健康服务加快发展，成为我国健康服务业的重要力量和国际竞争力的重要体现，成为推动经济社会转型发展的重要力量。

——中医药健康服务提供能力大幅提升。中医医疗和养生保健服务网络基本健全，中医药健康服务人员素质明显提高，中医药健康服务领域不断拓展，基本适应全社会中医药健康服务需求。

——中医药健康服务技术手段不断创新。以中医药学为主体，融合现代医学及其他学科的技术方法，创新中医药健康服务模式，丰富和发展服务技术。

——中医药健康服务产品种类更加丰富。中医药健康服务相关产品研发、制造与流通规模不断壮大。中药材种植业绿色发展和相关制造产业转型升级明显加快，形成一批具有国际竞争力的中医药企业和产品。

——中医药健康服务发展环境优化完善。中医药健康服务政策基本健全，行业规范与标准体系不断完善，政府监管和行业自律机制更加有效，形成全社会积极支持中医药健康服务发展的良好氛围。

（二）重点任务

1. 大力发展中医养生保健服务

支持中医养生保健机构发展。支持社会力量举办规范的中医养生保健机构，培育一批技术成熟、信誉良好的知名中医养生保健服务集团或连锁机构。鼓励中医医疗机构发挥自身技术人才等资源优势，为中医养生保健机构规范发展提供支持。

规范中医养生保健服务。加快制定中医养生保健服务类规范和标准，推进各类机构根据规范和标准提供服务，形成针对不同健康状态人群的中医健康干预方案或指南（服务包）。建立中医健康状态评估方法，丰富中医健康体检服务。推广太极拳、健身气功、导引等中医传统运动，开展药膳食疗。运用云计算、移动互联网、物联网等信息技术开发智能化中医健康服务产品。为居民提供融中医健康监测、咨询评估、养生调理、跟踪管理于一体，高水平、个性化、便捷化的中医养生保健服务。

开展中医特色健康管理。将中医药优势与健康管理结合，以慢性病管理为重点，以治未病理念为核心，探索融健康文化、健康管理、健康保险为一体的中医健康保障模式。加强中医养生保健宣传引导，积极利用新媒体传播中医药养生保健知识，引导人民群众更全面地认识健康，自觉培养健康生活习惯和精神追求。加快制定信息共享和交换的相关规范及标准。鼓励保险公司开发中医药养生保健、治未病保险以及各类医疗保险、疾病保险、护理保险和失能收入损失保险等商业健康保险产品，通过中医健康风险评估、风险干预等方式，提供与商业健康保险产品相结合的疾病预防、健康维护、慢性病管理等中医特色健康管理服务。指导健康体检机构规范开展中医特色健康管理业务。

专栏1　　　　　　　　　　中医养生保健服务建设项目

> **治未病服务能力建设**
> 在中医医院及有条件的综合医院、妇幼保健院设立治未病中心，开展中医健康体检，提供规范的中医健康干预服务。
> **中医特色健康管理合作试点**
> 建立健康管理组织与中医医疗、体检、护理等机构合作机制，在社区开展试点，形成中医特色健康管理组织、社区卫生服务中心与家庭、个人多种形式的协调互动。
> **中医养生保健服务规范建设**
> 加强中医养生保健机构、人员、技术、服务、产品等规范管理，提升服务质量和水平。

2. 加快发展中医医疗服务

鼓励社会力量提供中医医疗服务。建立公立中医医疗机构为主导、非公立中医医疗机构共同发展，基层中医药服务能力突出的中医医疗服务体系。通过加强重点专科建设和人才培养、规范和推进中医师多点执业等措施，支持社会资本举办中医医院、疗养院和中医诊所。鼓励有资质的中医专业技术人员特别是名老中医开办中医诊所，允许药品经营企业举办中医坐堂医诊所。鼓励社会资本举办传统中医诊所。

创新中医医疗机构服务模式。转变中医医院服务模式，推进多种方法综合干预，推动医疗服务从注重疾病治疗转向注重健康维护，发展治未病、康复等服务。支持中医医院输出管理、技术、标准和服务产品，与基层医疗卫生机构组建医疗联合体，鼓励县级中医医院探索开展县乡一体化服务，力争使所有社区卫生服务机构、乡镇卫生院和70%的村卫生室具备中医药服务能力。推动中医门诊部、中医诊所和中医坐堂医诊所规范建设和连锁发展。

中医专科专病防治体系建设

建立由国家、区域和基层中医专科专病诊疗中心三个层次构成的中医专科专病防治体系。优化诊疗环境，提高服务质量，开展科学研究，发挥技术辐射作用。

基层中医药服务能力建设

在乡镇卫生院、社区卫生服务中心建设中医临床科室集中设置、多种中医药方法和手段综合使用的中医药特色诊疗区，规范中医诊疗设备配备。加强基层医疗卫生机构非中医类医生、乡村医生中医药适宜技术培训。针对部分基层常见病种，推广实施中药验方，规范中药饮片的使用和管理。

非营利性民营中医医院建设

鼓励社会资本举办肛肠、骨伤、妇科、儿科等非营利性中医医院；发展中医特色突出的康复医院、老年病医院、护理院、临终关怀医院等医疗机构。

民族医药特色健康服务发展

支持发展民族医特色专科。支持具备条件的县级以上藏、蒙、维、傣、朝、壮、哈萨克等民族自治地方设置本民族医医院。规范发展民族医药健康服务技术，在基层医疗卫生服务机构推广应用。

3. 支持发展中医特色康复服务

促进中医特色康复服务机构发展。各地根据康复服务资源配置需求，设立中医特色康复医院和疗养院，加强中医医院康复科建设。鼓励社会资本举办中医特色康复服务机构。

拓展中医特色康复服务能力。促进中医技术与康复医学融合，完善康复服务标准及规范。推动各级各类医疗机构开展中医特色康复医疗、训练指导、知识普及、康复护理、辅具服务。建立县级中医医院与社区康复机构双向转诊机制，在社区康复机构推广适宜中医康复技术，提升社区康复服务能力和水平，让群众就近享有规范、便捷、有效的中医特色康复服务。

中医特色康复服务能力建设

根据区域卫生规划，加强中医特色康复医院和中医医院康复科服务能力建设。支持县级中医医院指导社区卫生服务中心、乡镇卫生院、残疾人康复中心、工伤康复中心、民政康复机构、特殊教育学校等机构，开展具有中医特色的社区康复服务。

4. 积极发展中医药健康养老服务

发展中医药特色养老机构。鼓励新建以中医药健康养老为主的护理院、疗养院。有条件的养老机构设置以老年病、慢性病防治为主的中医诊室。推动中医医院与老年护理院、康复疗养机构等开展合作。

促进中医药与养老服务结合。二级以上中医医院开设老年病科,增加老年病床数量,开展老年病、慢性病防治和康复护理,为老年人就医提供优先优惠服务。支持养老机构开展融合中医特色健康管理的老年人养生保健、医疗、康复、护理服务。有条件的中医医院开展社区和居家中医药健康养老服务,为老年人建立健康档案,建立医疗契约服务关系,开展上门诊视、健康查体、保健咨询等服务。

专栏 4　　　　　　　　中医药健康养老服务试点项目

中医药与养老服务结合试点

开展中医药与养老服务结合试点,探索形成中医药与养老服务结合的主要模式和内容。包括:发展中医药健康养老新机构,以改建转型和社会资本投入新建为主,设立以中医药健康养老为主的护理院、疗养院;探索中医医院与养老机构合作新模式,延伸提供社区和居家中医药健康养老服务;创新老年人中医特色健康管理,研究开发多元化多层次的中医药健康管理服务包,发展养老服务新业态;培育中医药健康养老型人才,依托院校、中医医疗预防保健机构建立中医药健康养老服务实训基地,加强老年家政护理人员中医药相关技能培训。

5. 培育发展中医药文化和健康旅游产业

发展中医药文化产业。发掘中医药文化资源,优化中医药文化产业结构。创作科学准确、通俗易懂、贴近生活的中医药文化科普创意产品和文化精品。发展数字出版、移动多媒体、动漫等新兴文化业态,培育知名品牌和企业,逐步形成中医药文化产业链。依据《中国公民中医养生保健素养》开展健康教育。将中医药知识纳入基础教育。借助海外中国文化中心、中医孔子学院等平台,推动中医药文化国际传播。

发展中医药健康旅游。利用中医药文化元素突出的中医医疗机构、中药企业、名胜古迹、博物馆、中华老字号名店以及中药材种植基地、药用植物园、药膳食疗馆等资源,开发中医药特色旅游路线。建设一批中医药特色旅游城镇、度假区、文化街、主题酒店,形成一批与中药科技农业、名贵中药材种植、田园风情生态休闲旅游结合的养生体验和观赏基地。开发中医药特色旅游商品,打造中医药健康旅游品牌。支持举办代表性强、发展潜力大、符合人民群众健康需求的中医药健康服务展览和会议。

专栏 5　　　　　　　中医药文化和健康旅游产业发展项目

中医药文化公共设施建设

加强中医药文化全媒体传播与监管评估。建设一批中医药文化科普宣传教育基地。依托现有公园设施,引入中医药健康理念,推出一批融健康养生知识普及、养生保健体验、健康娱乐于一体的中医药文化主题园区。

中医药文化大众传播工程

推进中医中药中国行活动。通过中医药科普宣传周、主题文化节、知识技能竞赛、中医药文化科普巡讲等多种形式，提高公众中医养生保健素养。建设中医药文化科普队伍，深入研究、挖掘、创作中医药文化艺术作品，开展中医药非物质文化遗产传承与传播。

中医药健康旅游示范区建设

发挥中医药健康旅游资源优势，整合区域内医疗机构、中医养生保健机构、养生保健产品生产企业等资源，引入社会力量，打造以中医养生保健服务为核心，融中药材种植、中医医疗服务、中医药健康养老服务为一体的中医药健康旅游示范区。

6. 积极促进中医药健康服务相关支撑产业发展

支持相关健康产品研发、制造和应用。鼓励研制便于操作使用、适于家庭或个人的健康检测、监测产品以及自我保健、功能康复等器械产品。通过对接研发与使用需求，加强产学研医深度协作，提高国际竞争力。发展中医药健康服务产业集群，形成一批具有国际影响力的知名品牌。

促进中药资源可持续发展。大力实施中药材生产质量管理规范（GAP），扩大中药材种植和贸易。促进中药材种植业绿色发展，加快推动中药材优良品种筛选和无公害规范种植，健全中药材行业规范，加强中药资源动态监测与保护，建设中药材追溯系统，打造精品中药材。开展中药资源出口贸易状况监测与调查，保护重要中药资源和生物多样性。

大力发展第三方服务。开展第三方质量和安全检验、检测、认证、评估等服务，培育和发展第三方医疗服务认证、医疗管理服务认证等服务评价模式，建立和完善中医药检验检测体系。发展研发设计服务和成果转化服务。发挥省级药品集中采购平台作用，探索发展中医药电子商务。

专栏6　　　　中医药健康服务相关支撑产业重点项目

协同创新能力建设

以高新技术企业为依托，建设一批中医药健康服务产品研发创新平台，促进产品的研发及转化。

中医药健康产品开发

加强中医诊疗设备、中医健身产品、中药、保健食品研发，重点研发中医健康识别系统、智能中医体检系统、经络健康辨识仪等中医健康辨识、干预设备；探索发展用于中医诊疗的便携式健康数据采集设备，与物联网、移动互联网融合，发展自动化、智能化的中医药健康信息服务。

第三方平台建设

扶持发展第三方检验、检测、认证、评估及相应的咨询服务机构，开展质量检测、服务认证、健康市场调查和咨询服务。支持中医药技术转移机构开展科技成果转化。

中药资源动态监测信息化建设

提供中药资源和中药材市场动态监测信息。

7. 大力推进中医药服务贸易

吸引境外来华消费。鼓励有条件的非公立中医医院成立国际医疗部或外宾服务部，鼓励社会资本提供多样化服务模式，为境外消费者提供高端中医医疗保健服务。全面推进多层次的中医药国际教育合作，吸引更多海外留学生来华接受学历教育、非学历教育、短期培训和临床实习。整合中医药科研优势资源，为境外机构提供科研外包服务。

推动中医药健康服务走出去。扶持优秀中医药企业和医疗机构到境外开办中医医院、连锁诊所等中医药服务机构，建立和完善境外营销网络。培育一批国际市场开拓能力强的中医药服务企业或企业集团。鼓励中医药院校赴境外办学。鼓励援外项目与中医药健康服务相结合。

▰▰▰ 专栏 7　　　　　　　　中医药服务贸易重点项目

中医药服务贸易先行先试

扶持一批市场优势明显、具有发展前景的中医药服务贸易重点项目，建设一批特色突出、能够发挥引领辐射作用的中医药服务贸易骨干企业（机构），创建若干个综合实力强、国际影响力突出的中医药服务贸易重点区域。发展中医药医疗保健、教育培训、科技研发等服务贸易，开发国际市场。

中医药参与"一带一路"建设

遴选可持续发展项目，与丝绸之路经济带、21 世纪海上丝绸之路沿线国家开展中医药交流与合作，提升中医药健康服务国际影响力。

民族医药健康产业区

以丝绸之路经济带、中国—东盟（10+1）、澜沧江—湄公河对话合作机制、大湄公河次区域等区域次区域合作机制为平台，在边境地区建设民族医药产业区，提升民族医医疗、保健、健康旅游、服务贸易等服务能力，提高民族医药及相关产品研发、制造能力。

（三）完善政策

1. 放宽市场准入

凡是法律法规没有明令禁入的中医药健康服务领域，都要向社会资本开放，并不断扩大开放领域；凡是对本地资本开放的中医药健康服务领域，都要向外地资本开放。对于社会资本举办仅提供传统中医药服务的传统中医诊所、门诊部，医疗机构设置规划、区域卫生发展规划不作布局限制。允许取得乡村医生执业证书的中医药一技之长人员，在乡镇和村开办只提供经核准的传统中医诊疗服务的传统中医诊所。

2. 加强用地保障

各地依据土地利用总体规划和城乡规划，统筹考虑中医药健康服务发展需要，扩大中医药健康服务用地供给，优先保障非营利性中医药健康服务机构用地。在城镇化建设中，优先安排土地满足中医药健康服务机构的发展需求。按相关规定配置中医药健康服务场所和设施。支持利用以划拨方式取得的存量房产和原有土地兴办中医药健康服务机构，对连续经营1年以上、符合划拨用地目录的中医药健康服务项目，可根据规定划拨土地办理用地手续；对不符合划拨用地条件的，可采取协议出让方式办理用地手续。

3. 加大投融资引导力度

政府引导、推动设立由金融和产业资本共同筹资的健康产业投资基金，统筹支持中医药健康服务项目。拓宽中医药健康服务机构及相关产业发展融资渠道，鼓励社会资本投资和运营中医药健康服务项目，新增项目优先考虑社会资本。鼓励中医药企业通过在银行间市场交易商协会注册发行非金融企业债务融资工具融资。积极支持符合条件的中医药健康服务企业上市融资和发行债券。扶持发展中医药健康服务创业投资企业，规范发展股权投资企业。加大对中医药服务贸易的外汇管理支持力度，促进海关通关便利化。鼓励各类创业投资机构和融资担保机构对中医药健康服务领域创新型新业态、小微企业开展业务。

4. 完善财税价格政策

符合条件、提供基本医疗卫生服务的非公立中医医疗机构承担公共卫生服务任务，可以按规定获得财政补助，其专科建设、设备购置、人员培训可由同级政府给予支持。加大科技支持力度，引导关键技术开发及产业化。对参加相关职业培训和职业技能鉴定的人员，符合条件的按规定给予补贴。企业、个人通过公益性社会团体或者县级以上人民政府及其部门向非营利性中医医疗机构的捐赠，按照税法及相关税收政策的规定在税前扣除。完善中医药价格形成机制，非公立中医医疗机构医疗服务价格实行市场调节价。

（四）保障措施

1. 加强组织实施

各地区、各有关部门要高度重视，把发展中医药健康服务摆在重要位置，统筹协调，加大投入，创造良好的发展环境。中医药局要发挥牵头作用，制定本规划实施方案，会同各有关部门及时研究解决规划实施中的重要问题，加强规划实施监测评估。发展改革、财政、民政、人力资源社会保障、商务、文化、卫生计生、旅游等部门要各司其职，扎实推动落实本规划。各地区要依据本规划，结合实际，制定本地区中医药健康服务发展规划，细化政策措施，认真抓好落实。

2. 发挥行业组织作用

各地区、各有关部门要支持建立中医药健康服务行业组织，通过行政授权、购买服务等方式，将适宜行业组织行使的职责委托或转移给行业组织，强化服务监管。发挥行业组织在行业咨询、标准制定、行业自律、人才培养和第三方评价等方面的重要作用。

3. 完善标准和监管

以规范服务行为、提高服务质量、提升服务水平为核心，推进中医药健康服务规范和标准制修订工作。对暂不能实行标准化的领域，制定并落实服务承诺、公约、规范。建立标准网上公告制度，发挥标准在发展中医药健康服务中的引领和支撑作用。

建立健全中医药健康服务监管机制，推行属地化管理，重点监管服务质量，严肃查处违法行为。建立不良执业记录制度，将中医药健康服务机构及其从业人员诚信经营和执业情况纳入统一信用信息平台，引导行业自律。在中医药健康服务领域引入认证制度，通过发展规范化、专业化的第三方认证，推进中医药健康服务标准应用，为政府监管提供技术保障和支撑。

▰▰▰ 专栏 8　　　　　　　　　中医药健康服务标准化项目

> **中医药健康服务标准制定**
> 制定中医药健康服务机构、人员、服务、技术产品标准，完善中医药健康服务标准体系。推进中医药健康服务标准国际化进程。建立中医药健康服务标准公告制度，加强监测信息定期报告、评价和发布。
>
> **中医药健康服务标准应用推广**
> 依托中医药机构，加强中医药健康服务标准应用推广。发挥中医药学术组织、行业协会等社会组织的作用，采取多种形式开展面向专业技术人员的中医药标准应用推广培训，推动中医药标准的有效实施。
>
> **中医药服务贸易统计体系建设**
> 制订符合中医药特点的统计方式和统计体系，完善统计信息报送和发布机制。

4. 加快人才培养

推动高校设立健康管理等中医药健康服务相关专业，拓宽中医药健康服务技术技能人才岗位设置，逐步健全中医药健康服务领域相关职业（工种）。促进校企合作办学，着力培养中医临床紧缺人才和中医养生保健等中医药技术技能人才。规范并加快培养具有中医药知识和技能的健康服务从业人员，探索培养中医药健康旅游、中医药科普宣传、中医药服务贸易等复合型人才，促进发展中医药健康服务与落实就业创业相关扶持政策紧密衔接。

改革中医药健康服务技能人员职业资格认证管理方式，推动行业协会、学会有序承接中医药健康服务水平评价类职业资格认定具体工作，建立适应中医药健康服务发展的职业技能鉴定体系。推进职业教育学历证书和职业资格证书"双证书"制度，在符合条件的职业院校设立职业技能鉴定所（站）。

▰▰▰ 专栏 9　　　　　　　　　中医药健康服务人力资源建设项目

> **中医药优势特色教育培训**
> 依托现有中医药教育资源，加强中医药健康服务教育培训，培养一批中医药健康服务相关领域领军（后备）人才、骨干人才和师资。

> **中医药职业技能培训鉴定体系建设**
>
> 拓宽中医药健康服务技术技能型人才岗位设置，制定中医药行业特有工种培训职业技能标准，加强中医药行业特有工种培训，推动行业协会、学会有序承接中医药健康服务水平评价类职业资格认定具体工作。

5. 营造良好氛围

加强舆论引导，营造全社会尊重和保护中医药传统知识、重视和促进健康的社会风气。支持广播、电视、报刊、网络等媒体开办专门的节目栏目和版面，开展中医药文化宣传和知识普及活动。弘扬大医精诚理念，加强职业道德建设，不断提升从业人员的职业素质。开展中医药养生保健知识宣传，应当聘请中医药专业人员，遵守国家有关规定，坚持科学精神，任何组织、个人不得对中医药作虚假、夸大宣传，不得以中医药名义谋取不正当利益。依法严厉打击非法行医和虚假宣传中药、保健食品、医疗机构等违法违规行。

三、《中医药发展战略规划纲要（2016—2030 年）》

国务院关于印发中医药发展战略规划纲要
（2016—2030 年）的通知

国发〔2016〕15 号

各省、自治区、直辖市人民政府，国务院各部委、各直属机构：

现将《中医药发展战略规划纲要（2016—2030 年）》印发给你们，请认真贯彻执行。

国务院

2016 年 2 月 22 日

（此件公开发布）

中医药发展战略规划纲要
（2016—2030 年）

中医药作为我国独特的卫生资源、潜力巨大的经济资源、具有原创优势的科技资源、优秀的文化资源和重要的生态资源，在经济社会发展中发挥着重要作用。随着我国新型工业化、信息化、城镇化、农业现代化深入发展，人口老龄化进程加快，健康服务业蓬勃发展，人民群众对中医药服务的需求越来越旺盛，迫切需要继承、发展、利用好中医药，充分发挥中医药在深化医药卫生体制改革中的作用，造福人类健康。为明确未来十五年我国中医药发展方向和工作重点，促进中医药事业健康发展，制定本规划纲要。

（一）基本形势

新中国成立后特别是改革开放以来，党中央、国务院高度重视中医药工作，制定了一系列政策措施，推动中医药事业发展取得了显著成就。中医药总体规模不断扩大，发展水平和服务能力逐步提高，初步形成了医疗、保健、科研、教育、产业、文化整体发展新格局，对经济社会发展贡献度明显提升。截至 2014 年底，全国共有中医类医院（包括中医、中西医结合、民族医医院，下同）3732 所，中医类医院床位 75.5 万张，中医类执业（助理）医师 39.8 万人，2014 年中医类医院总诊疗人次 5.31 亿。中医药在常见病、多发病、慢性病及疑难病症、重大传染病防治中的作用得到进一步彰显，得到国际社会广泛认可。2014 年中药生产企业达到 3813 家，中药工业总产值 7302 亿元。中医药已经传播到 183 个国家和地区。

另一方面，我国中医药资源总量仍然不足，中医药服务领域出现萎缩现象，基层中医药服务能力薄弱，发展规模和水平还不能满足人民群众健康需求；中医药高层次人才缺乏，继承不足、创新不够；中药产业集中度低，野生中药材资源破坏严重，部分中药材品质下降，影响中医药可持续发展；适应中医药发展规律的法律政策体系有待健全；中医药走向世界面临制约和壁垒，国际竞争力有待进一步提升；中医药治理体系和治理能力现代化水平亟待提高，迫切需要加强顶层设计和统筹规划。

当前，我国进入全面建成小康社会决胜阶段，满足人民群众对简便验廉的中医药服务需求，迫切需要大力发展健康服务业，拓宽中医药服务领域。深化医药卫生体制改革，加快推进健康中国建设，迫切需要在构建中国特色基本医疗制度中发挥中医药独特作用。适应未来医学从疾病医学向健康医学转变、医学模式从生物医学向生物–心理–社会模式转变的发展趋势，迫切需要继承和发展中医药的绿色健康理念、天人合一的整体观念、辨证施治和综合施治的诊疗模式、运用自然的防治手段和全生命周期的健康服务。促进经济转型升级，培育新的经济增长动能，迫切需要加大对中医药的扶持力度，进一步激发中医药原创优势，促进中医药产业提质增效。传承和弘扬中华优秀传统文化，迫切需要进一步普及和宣传中医药文化知识。实施"走出去"战略，推进"一带一路"建设，迫切需要推动中医药海外创新发展。各地区、各有关部门要正确认识形势，把握机遇，扎实推进中医药事业持续健康发展。

（二）指导思想、基本原则和发展目标

1. 指导思想

认真落实党的十八大和十八届二中、三中、四中、五中全会精神，深入贯彻习近平总书记系列重要讲话精神，紧紧围绕"四个全面"战略布局和党中央、国务院决策部署，牢固树立创新、协调、绿色、开放、共享发展理念，坚持中西医并重，从思想认识、法律地位、学术发展与实践运用上落实中医药与西医药的平等地位，充分遵循中医药自身发展规律，以推进继承创新为主题，以提高中医药发展水平为中心，以完善符合中医药特点的管理体制和政策机制为重点，以增进和维护人民群众健康为目标，拓展中医药服务领域，促进中西医结合，发挥中医药在促进卫生、经济、科技、文化和生态文明发展中的独特作用，统筹推进中医药事业振兴发展，为深化医药卫生体制改革、推进健康中国建设、全面建成小康社会和实现"两个一百年"奋斗目标做出贡献。

2. 基本原则

坚持以人为本、服务惠民。以满足人民群众中医药健康需求为出发点和落脚点，坚持中医药发展为了人民、中医药成果惠及人民，增进人民健康福祉，保证人民享有安全、有效、方便的中医药服务。

坚持继承创新、突出特色。把继承创新贯穿中医药发展一切工作，正确把握好继承和创新的关系，坚持和发扬中医药特色优势，坚持中医药原创思维，充分利用现代科学技术和方法，推动中医药理论与实践不断发展，推进中医药现代化，在创新中不断形成新特色、新优势，永葆中医药薪火相传。

坚持深化改革、激发活力。改革完善中医药发展体制机制，充分发挥市场在资源配置中的决定性作用，拉动投资消费，推进产业结构调整，更好发挥政府在制定规划、出台政策、引导投入、规范市场等方面的作用，积极营造平等参与、公平竞争的市场环境，不断激发中医药发展的潜力和活力。

坚持统筹兼顾、协调发展。坚持中医与西医相互取长补短，发挥各自优势，促进中西医结合，在开放中发展中医药。统筹兼顾中医药发展各领域、各环节，注重城乡、区域、国内国际中医药发展，促进中医药医疗、保健、科研、教育、产业、文化全面发展，促进中医中药协调发展，不断增强中医药发展的整体性和系统性。

3. 发展目标

到 2020 年，实现人人基本享有中医药服务，中医医疗、保健、科研、教育、产业、文化各领域得到全面协调发展，中医药标准化、信息化、产业化、现代化水平不断提高。中医药健康服务能力明显增强，服务领域进一步拓宽，中医医疗服务体系进一步完善，每千人口公立中医类医院床位数达到 0.55 张，中医药服务可得性、可及性明显改善，有效减轻群众医疗负担，进一步放大医改惠民效果；中医基础理论研究及重大疾病攻关取得明显进展，中医药防治水平大幅度提高；中医药人才教育培养体系基本建立，凝聚一批学术领先、医术精湛、医德高尚的中医药人才，每千人口卫生机构中医执业类（助理）医师数达到 0.4 人；中医药产业现代化水平显著提高，中药工业总产值占医药工业总产值 30% 以上，中医药产业成为国民经济重要支柱之一；中医药对外交流合作更加广泛；符合中医药发展规律的法律体系、标准体系、监督体系和政策体系基本建立，中医药管理体制更加健全。

到 2030 年，中医药治理体系和治理能力现代化水平显著提升，中医药服务领域实现全覆盖，中医药健康服务能力显著增强，在治未病中的主导作用、在重大疾病治疗中的协同作用、在疾病康复中的核心作用得到充分发挥；中医药科技水平显著提高，基本形成一支由百名国医大师、万名中医名师、百万中医师、千万职业技能人员组成的中医药人才队伍；公民中医健康文化素养大幅度提升；中医药工业智能化水平迈上新台阶，对经济社会发展的贡献率进一步增强，我国在世界传统医药发展中的引领地位更加巩固，实现中医药继承创新发展、统筹协调发展、生态绿色发展、包容开放发展和人民共享发展，为健康中国建设奠定坚实基础。

（三）重点任务

1. 切实提高中医医疗服务能力

（1）完善覆盖城乡的中医医疗服务网络　全面建成以中医类医院为主体、综合医院等其他类别医院中医药科室为骨干、基层医疗卫生机构为基础、中医门诊部和诊所为补充、覆盖城乡的中医医疗服务网络。县级以上地方人民政府要在区域卫生规划中合理配置中医医疗资源，原则上在每个地市级区域、县级区域设置 1 个市办中医类医院、1 个县办中医类医院，在综合医院、妇幼保健机构等非中医类医疗机构设置中医药科室。在乡镇卫生院和社区卫生服务中心建立中医馆、国医堂等中医综合服务区，加强中医药设备配置和中医药人员配备。加强中医医院康复科室建设，支持康复医院设置中医药科室，加强中医康复专业技术人员的配备。

（2）提高中医药防病治病能力　实施中医临床优势培育工程，加强在区域内有影响力、科研实力强的省级或地市级中医医院能力建设。建立中医药参与突发公共事件应急网络和应急救治工作协调机制，提高中医药应急救治和重大传染病防治能力。持续实施基层中医药服务能力提升工程，提高县级中医医院和基层医疗卫生机构中医优势病种诊疗能力、中医药综合服务能力。建立慢性病中医药监测与信息管理制度，推动建立融入中医药内容的社区健康管理模式，开展高危人群中医药健康干预，提升基层中医药健康管理水平。大力发展中医非药物疗法，充分发挥其在常见病、多发病和慢性病防治中的独特作用。建立中医医院与基层医疗卫生机构、疾病预防控制机构分工合作的慢性病综合防治网络和工作机制，加快形成急慢分治的分级诊疗秩序。

（3）促进中西医结合　运用现代科学技术，推进中西医资源整合、优势互补、协同创新。加强中西医结合创新研究平台建设，强化中西医临床协作，开展重大疑难疾病中西医联合攻关，形成独具特色的中西医结合诊疗方案，提高重大疑难疾病、急危重症的临床疗效。探索建立和完善国家重大疑难疾病中西医协作工作机制与模式，提升中西医结合服务能力。积极创造条件建设中西医结合医院。完善中西医结合人才培养政策措施，建立更加完善的西医学习中医制度，鼓励西医离职学习中医，加强高层次中西医结合人才培养。

（4）促进民族医药发展　将民族医药发展纳入民族地区和民族自治地方经济社会发展规划，加强民族医医疗机构建设，支持有条件的民族自治地方举办民族医医院，鼓励民族地区各类医疗卫生机构设立民族医药科，鼓励社会力量举办民族医医院和诊所。加强民族医药传承保护、理论研究和文献的抢救与整理。推进民族药标准建设，提高民族药质量，加大开发推广力度，促进民族药产业发展。

（5）放宽中医药服务准入　改革中医医疗执业人员资格准入、执业范围和执业管理制度，根据执业技能探索实行分类管理，对举办中医诊所的，将依法实施备案制管理。改革传统医学师承和确有专长人员执业资格准入制度，允许取得乡村医生执业证书的中医药一技之长人员在乡镇和村开办中医诊所。鼓励社会力量举办连锁中医医疗机构，对社会资本举办只提供传统中医药服务的中医门诊部、诊所，医疗机构设置规划和区域卫生发展规划不作布局限制，支持有资质的中医专业技术人员特别是名老中医开办中医门诊部、诊所，鼓励药品经营企业举办中医坐堂医诊所。保证社会办和政府办中医医疗机构在准入、执业等方面享有同等权利。

（6）推动"互联网+"中医医疗　大力发展中医远程医疗、移动医疗、智慧医疗等新型医疗服务模式。构建集医学影像、检验报告等健康档案于一体的医疗信息共享服务体系，逐步建立跨医院的中医医疗数据共享交换标准体系。探索互联网延伸医嘱、电子处方等网络中医医疗服务应用。利用移动互联网等信息技术提供在线预约诊疗、候诊提醒、划价缴费、诊疗报告查询、药品配送等便捷服务。

2. 大力发展中医养生保健服务

（1）加快中医养生保健服务体系建设　研究制定促进中医养生保健服务发展的政策措施，支持社会力量举办中医养生保健机构，实现集团化发展或连锁化经营。实施中医治未病健康工程，加强中医医院治未病科室建设，为群众提供中医健康咨询评估、干预调理、随访管理等治未病服务，探索融健康文化、健康管理、健康保险于一体的中医健康保障模式。鼓励中医医院、中医医师为中医养生保健机构提供保健咨询、调理和药膳等技术支持。

（2）提升中医养生保健服务能力　鼓励中医医疗机构、养生保健机构走进机关、学校、企业、社区、乡村和家庭，推广普及中医养生保健知识和易于掌握的理疗、推拿等中医养生保健技术与方法。鼓励中医药机构充分利用生物、仿生、智能等现代科学技术，研发一批保健食品、保健用品和保健器械器材。加快中医治未病技术体系与产业体系建设。推广融入中医治未病理念的健康工作和生活方式。

（3）发展中医药健康养老服务　推动中医药与养老融合发展，促进中医医疗资源进入养老机构、社区和居民家庭。支持养老机构与中医医疗机构合作，建立快速就诊绿色通道，鼓励中医医疗机构面向老年人群开展上门诊视、健康查体、保健咨询等服务。鼓励中医医师在养老机构提供保健咨询和调理服务。鼓励社会资本新建以中医药健康养老为主的护理院、疗养院，探索设立中医药特色医养结合机构，建设一批医养结合示范基地。

（4）发展中医药健康旅游服务　推动中医药健康服务与旅游产业有机融合，发展以中医药文化传播和体验为主题，融中医疗养、康复、养生、文化传播、商务会展、中药材科考与旅游于一体的中医药健康旅游。开发具有地域特色的中医药健康旅游产品和线路，建设一批国家中医药健康旅游示范基地和中医药健康旅游综合体。加强中医药文化旅游商品的开发生产。建立中医药健康旅游标准化体系，推进中医药健康旅游服务标准化和专业化。举办"中国中医药健康旅游年"，支持举办国际性的中医药健康旅游展览、会议和论坛。

3. 扎实推进中医药继承

（1）加强中医药理论方法继承　实施中医药传承工程，全面系统继承历代各家学术理论、流派及学说，全面系统继承当代名老中医药专家学术思想和临床诊疗经验，总结中医优势病种临床基本诊疗规律。将中医古籍文献的整理纳入国家中华典籍整理工程，开展中医古籍文献资源普查，抢救濒临失传的珍稀与珍贵古籍文献，推动中医古籍数字化，编撰出版《中华医藏》，加强海外中医古籍影印和回归工作。

（2）加强中医药传统知识保护与技术挖掘　建立中医药传统知识保护数据库、保护名录和保护制度。加强中医临床诊疗技术、养生保健技术、康复技术筛选，完善中医医疗技术目录及技术操作规范。加强对传统制药、鉴定、炮制技术及老药工经验的继承应用。开展对中医药民间特色诊疗技术的调查、挖掘整理、研究评价及推广应用。加强对中医药百年老字号的保护。

（3）强化中医药师承教育　建立中医药师承教育培养体系，将师承教育全面融入院校教育、毕业后教育和继续教育。鼓励医疗机构发展师承教育，实现师承教育常态化和制度化。建立传统中医师管理制度。加强名老中医药专家传承工作室建设，吸引、鼓励名老中医药专家和长期服务基层的中医药专家通过师承模式培养多层次的中医药骨干人才。

4. 着力推进中医药创新

（1）健全中医药协同创新体系　健全以国家和省级中医药科研机构为核心，以高等院校、医疗机构和企业为主体，以中医科学研究基地（平台）为支撑，多学科、跨部门共同参与的中医药协同创新体制机制，完善中医药领域科技布局。统筹利用相关科技计划（专项、基金等），支持中医药相关科技创新工作，促进中医药科技创新能力提升，加快形成自主知识产权，促进创新成果的知识产权化、商品化和产业化。

（2）加强中医药科学研究　运用现代科学技术和传统中医药研究方法，深化中医基础理论、辨证论治方法研究，开展经穴特异性及针灸治疗机理、中药药性理论、方剂配伍理论、中药复方药效物质基础和作用机理等研究，建立概念明确、结构合理的理论框架体系。加强对重大疑难疾病、重大传染病防治的联合攻关和对常见病、多发病、慢性病的中医药防治研究，形成一批防治重大疾病和治未病的重大产品和技术成果。综合运用现代科技手段，开发一批基于中医理论的诊疗仪器与设备。探索适合中药特点的新药开发新模式，推动重大新药创制。鼓励基于经典名方、医疗机构中药制剂等的中药新药研发。针对疾病新的药物靶标，在中药资源中寻找新的候选药物。

（3）完善中医药科研评价体系　建立和完善符合中医药特点的科研评价标准和体系，研究完善有利于中医药创新的激励政策。通过同行评议和引进第三方评估，提高项目管理效率和研究水平。不断提高中医药科研成果转化效率。开展中医临床疗效评价与转化应用研究，建立符合中医药特点的疗效评价体系。

5. 全面提升中药产业发展水平

（1）加强中药资源保护利用　实施野生中药材资源保护工程，完善中药材资源分级保护、野生中药材物种分级保护制度，建立濒危野生药用动植物保护区、野生中药材资源培育基地和濒危稀缺中药材种植养殖基地，加强珍稀濒危野生药用动植物保护、繁育研究。建立国家级药用动植物种质资源库。建立普查和动态监测相结合的中药材资源调查制度。在国家医药储备中，进一步完善中药材及中药饮片储备。鼓励社会力量投资建立中药材科技园、博物馆和药用动植物园等保育基地。探索荒漠化地区中药材种植生态经济示范区建设。

（2）推进中药材规范化种植养殖　制定中药材主产区种植区域规划。制定国家道地药材目录，加强道地药材良种繁育基地和规范化种植养殖基地建设。促进中药材种植养殖业绿色发展，制定中药材种植养殖、采集、储藏技术标准，加强对中药材种植养殖的科学引导，大力发展中药材种植养殖专业合作社和合作联社，提高规模化、规范化水平。支持发展中药材生产保险。建立完善中药材原产地标记制度。实施贫困地区中药材产业推进行动，引导贫困户以多种方式参与中药材生产，推进精准扶贫。

（3）促进中药工业转型升级　推进中药工业数字化、网络化、智能化建设，加强技术集成和工艺创新，提升中药装备制造水平，加速中药生产工艺、流程的标准化、现代化，提升中药工业知识产权运用能力，逐步形成大型中药企业集团和产业集群。以中药现代化科技产业基地为依托，实施中医药大健康产业科技创业者行动，促进中药一二三产业融合发展。开展中成药上市后再评价，加大中成药二次开发力度，开展大规模、规范化临床试验，培育一批具有国际竞争力的名方大药。开发一批中药制造机械与设备，提高中药制造业技术水平与规模效益。推进实施中药标准化行动计划，构建中药产业全链条的优质产品标准体系。实施中药绿色制造工程，形成门类丰富的新兴绿色产业体系，逐步减少重金属及其化合物等物质的使用量，严格执行《中药类制药工业水污染物排放标准》（GB 21906—2008），建立中药绿色制造体系。

（4）构建现代中药材流通体系 制定中药材流通体系建设规划，建设一批道地药材标准化、集约化、规模化和可追溯的初加工与仓储物流中心，与生产企业供应商管理和质量追溯体系紧密相连。发展中药材电子商务。利用大数据加强中药材生产信息搜集、价格动态监测分析和预测预警。实施中药材质量保障工程，建立中药材生产流通全过程质量管理和质量追溯体系，加强第三方检测平台建设。

6. 大力弘扬中医药文化

（1）繁荣发展中医药文化 大力倡导"大医精诚"理念，强化职业道德建设，形成良好行业风尚。实施中医药健康文化素养提升工程，加强中医药文物设施保护和非物质文化遗产传承，推动更多非药物中医诊疗技术列入联合国教科文组织非物质文化遗产名录和国家级非物质文化遗产目录，使更多古代中医典籍进入世界记忆名录。推动中医药文化国际传播，展示中华文化独特魅力，提升我国文化软实力。

（2）发展中医药文化产业 推动中医药与文化产业融合发展，探索将中医药文化纳入文化产业发展规划。创作一批承载中医药文化的创意产品和文化精品。促进中医药与广播影视、新闻出版、数字出版、动漫游戏、旅游餐饮、体育演艺等有效融合，发展新型文化产品和服务。培育一批知名品牌和企业，提升中医药与文化产业融合发展水平。

7. 积极推动中医药海外发展

（1）加强中医药对外交流合作 深化与各国政府和世界卫生组织、国际标准化组织等的交流与合作，积极参与国际规则、标准的研究与制订，营造有利于中医药海外发展的国际环境。实施中医药海外发展工程，推动中医药技术、药物、标准和服务走出去，促进国际社会广泛接受中医药。本着政府支持、民间运作、服务当地、互利共赢的原则，探索建设一批中医药海外中心。支持中医药机构全面参与全球中医药各领域合作与竞争，发挥中医药社会组织的作用。在国家援外医疗中进一步增加中医药服务内容。推进多层次的中医药国际教育交流合作，吸引更多的海外留学生来华接受学历教育、非学历教育、短期培训和临床实习，把中医药打造成中外人文交流、民心相通的亮丽名片。

（2）扩大中医药国际贸易 将中医药国际贸易纳入国家对外贸易发展总体战略，构建政策支持体系，突破海外制约中医药对外贸易发展的法律、政策障碍和技术壁垒，加强中医药知识产权国际保护，扩大中医药服务贸易国际市场准入。支持中医药机构参与"一带一路"建设，扩大中医药对外投资和贸易。为中医药服务贸易发展提供全方位公共资源保障。鼓励中医药机构到海外开办中医医院、连锁诊所和中医养生保健机构。扶持中药材海外资源开拓，加强海外中药材生产流通质量管理。鼓励中医药企业走出去，加快打造全产业链服务的跨国公司和知名国际品牌。积极发展入境中医健康旅游，承接中医医疗服务外包，加强中医药服务贸易对外整体宣传和推介。

（四）保障措施

1. 健全中医药法律体系

推动颁布并实施中医药法，研究制定配套政策法规和部门规章，推动修订执业医师法、药品管理法和医疗机构管理条例、中药品种保护条例等法律法规，进一步完善中医类别执业医师、中医医疗机构分类和管理、中药审批管理、中医药传统知识保护等领域相关法律规定，构建适应中医药发展需要的法律法规体系。指导地方加强中医药立法工作。

2. 完善中医药标准体系

为保障中医药服务质量安全，实施中医药标准化工程，重点开展中医临床诊疗指南、技术操作规范和疗效评价标准的制定、推广与应用。系统开展中医治未病标准、药膳制作标准和中医药保健品标准等研究制定。健全完善中药质量标准体系，加强中药质量管理，重点强化中药炮制、中药鉴定、中药制剂、中药配方颗粒以及道地药材的标准制定与质量管理。加快中药数字化标准及中药材标本建设。加快国内标准向国际标准转化。加强中医药监督体系建设，建立中医药监督信息数据平台。推进中医药认证管理，发挥社会力量的监督作用。

3. 加大中医药政策扶持力度

落实政府对中医药事业的投入政策。改革中医药价格形成机制，合理确定中医医疗服务收费项目和价格，降低中成药虚高药价，破除以药补医机制。继续实施不取消中药饮片加成政策。在《国家基本药物目录》中进一步增加中成药品种数量，不断提高国家基本药物中成药质量。地方各级政府要在土地利用总体规划和城乡规划中统筹考虑中医药发展需要，扩大中医医疗、养生保健、中医药健康养老服务等用地供给。

4. 加强中医药人才队伍建设

建立健全院校教育、毕业后教育、继续教育有机衔接以及师承教育贯穿始终的中医药人才培养体系。重点培养中医重点学科、重点专科及中医药临床科研领军人才。加强全科医生人才、基层中医药人才以及民族医药、中西医结合等各类专业技能人才培养。开展临床类别医师和乡村医生中医药知识与技能培训。建立中医药职业技能人员系列，合理设置中医药健康服务技能岗位。深化中医药教育改革，建立中医学专业认证制度，探索适应中医医师执业分类管理的人才培养模式，加强一批中医药重点学科建设，鼓励有条件的民族地区和高等院校开办民族医药专业，开展民族医药研究生教育，打造一批世界一流的中医药名校和学科。健全国医大师评选表彰制度，完善中医药人才评价机制。建立吸引、稳定基层中医药人才的保障和长效激励机制。

5. 推进中医药信息化建设

按照健康医疗大数据应用工作部署，在健康中国云服务计划中，加强中医药大数据应用。加强中医医院信息基础设施建设，完善中医医院信息系统。建立对患者处方真实有效性的网络核查机制，实现与人口健康信息纵向贯通、横向互通。完善中医药信息统计制度建设，建立全国中医药综合统计网络直报体系。

（五）组织实施

1. 加强规划组织实施

进一步完善国家中医药工作部际联席会议制度，由国务院领导同志担任召集人。国家中医药工作部际联席会议办公室要强化统筹协调，研究提出中医药发展具体政策措施，协调解决重大问题，加强对政策落实的指导、督促和检查；要会同相关部门抓紧研究制定本规划纲要实施分工方案，规划建设一批国家中医药综合改革试验区，确保各项措施落到实处。地方各级政府要将中医药工作纳入经济社会发展规划，加强组织领导，健全中医药发展统筹协调机制和工作机制，结合实际制定本规划纲要具体实施方案，完善考核评估和监督检查机制。

2. 健全中医药管理体制

按照中医药治理体系和治理能力现代化要求，创新管理模式，建立健全国家、省、市、县级中医药管理体系，进一步完善领导机制，切实加强中医药管理工作。各相关部门要在职责范围内，加强沟通交流、协调配合，形成共同推进中医药发展的工作合力。

3. 营造良好社会氛围

综合运用广播电视、报刊等传统媒体和数字智能终端、移动终端等新型载体，大力弘扬中医药文化知识，宣传中医药在经济社会发展中的重要地位和作用。推动中医药进校园、进社区、进乡村、进家庭，将中医药基础知识纳入中小学传统文化、生理卫生课程，同时充分发挥社会组织作用，形成全社会"信中医、爱中医、用中医"的浓厚氛围和共同发展中医药的良好格局。

四、《云南省三七产业"十三五"发展规划》

云南省人民政府办公厅关于印发
云南省三七产业"十三五"发展规划的通知

云政办发〔2016〕118 号

各州、市人民政府，省直各委、办、厅、局：

《云南省三七产业"十三五"发展规划》已经省人民政府同意，现印发给你们，请认真贯彻执行。

云南省人民政府办公厅
2016 年 10 月 26 日

云南省三七产业"十三五"发展规划

三七是我国享誉海内外的传统名贵中药材，具有"散瘀止血、消肿定痛、益气活血"的功效，已有 400 多年的人工种植历史。现代药理药效研究进一步表明三七对心脑血管系统、代谢系统、血液系统、神经系统、免疫系统疾病防治均有确切效用，享有"参中之王""金不换""南国神草"等美誉。

我省是三七的原产地和主产区，全国 95%以上的三七产自我省，是我省最具特色的优势生物资源之一。为进一步促进我省三七产业持续、快速、健康发展，满足消费升级需求，提高有效供给，深入挖掘产业发展潜力，培育新的经济增长极，根据《中共云南省委云南省人民政府关于着力推进重点产业发展的若干意见》（云发〔2016〕11 号）和《生物医药和大健康产业发展规划》，编制本规划。本规划包含三七种植、以三七为原料的加工制造业及相关衍生产业，规划期限为 2016—2020 年。

（一）发展现状

1. 主要成绩

三七位居全国中药材生产大品种前列。近年来，我省三七药材产量增长较快，三七深加工产品逐步增多，市场稳步拓展，在三七药材、药品、消费品等方面培育形成了一批品牌，行业龙头骨干企业逐步壮大，初步形成了从三七种植、研发、药品生产、贸易融合发展的全产业链发展格局，成为引领和支撑我省生物医药产业发展不可替代的重要力量。据行业协会统计，2015 年全省三七产业销售收入 223 亿元，其中，三七种植销售收入达 103 亿元，占全省中药材种植销售收入总额的 35%；全省以三七产品生产为主的企业 67 户，实现三七产品销售收入 120 亿元。

（1）三七种植现代化水平逐步提高　2015年，全省三七种植面积达到100.8万亩，采挖面积38万亩，产量4.9万吨，3万多农户从事三七种植。积极推广三七标准化栽培技术和《地理标准产品文山三七》国家标准，文山三七亩产由原来的50公斤提高到2015年的180公斤。三七种植规模化程度逐步提高，一批长期从事三七种植的大户，通过组建三七公司、三七合作社等形式，开始走上企业化发展道路；一批三七加工企业为保障原料供应提高原料品质，不断加大三七原料种植基地建设，推进了三七种植组织化、规模化、规范化进程，并经过国家GAP、日本JAS、欧盟ECO、美国NOP、德国BCS及瑞士SGS等多个国内外认证体系认证，成为高端专供原料基地。

（2）培育形成一批龙头骨干企业　到2015年底，全省医药工业营业收入排前30名的企业中，三七生产企业有14户；利润排前30名的企业中，三七产品生产企业有15户。销售收入超亿元的三七产品生产企业有24户，利润过亿元的有3户。培育出云南白药、云南三七科技、昆明制药集团等领军企业，涌现出昆明圣火药业、云南维和制药、苗乡三七、文山华信等一批骨干企业，支撑和引领着全省三七产业的发展，其中云南白药集团已成为我国最大的三七产品生产企业。

（3）三七大品种培育取得明显成效　全省三七国药准字批号303个。2015年，全省单品种药品销售前10名中以三七为原料的药品有6个，10亿元以上品种2个、5亿元以上品种3个、1亿元以上品种7个、5000万元以上品种8个。形成了白药系列、血塞通系列产品，提供了全国大部分三七总皂苷原料生产，年消耗三七原料2000吨左右。2015年，经省内有关专家论证，完善提高了我省三七饮片地方标准，增加了三七粉在心脑血管疾病防治、"三高"等慢病健康管理的适用范围，极大地推动了以三七粉（超细粉）为重点的全国三七饮片市场销售，成为销售收入增长最快的产品。同时，三七大健康产品系列中，云南白药牙膏销售收入达40亿元，位居全国牙膏市场前列，给三七品种多元化发展提供了典范。

（4）多层次三七市场流通渠道逐步形成　在文山州建成国内首个单药材品种"文山三七国际交易中心"的基础上，云南三七科技公司联合国内最大的医药物流配送企业九州通医药集团股份有限公司，整合文山本地的三七贸易大户组建三七销售公共平台，实现了与全国各大中药材市场和加工企业的链接。开辟了电子商务销售渠道，电商销售取得了良好成绩。加快专营连锁体系建设，云南三七科技公司以云三七品牌旗舰店，构建三七专营连锁体系，已进入全国17个中药材市场，并促推以万家县域连锁药店为目标的三七营销网络构建。鸿翔一心堂集团的全国连锁店也为三七产品销售开拓了新途径。

（5）三七研发体系逐步完善　三七作为名贵中药材，是国内首个获批成立的三七行业主管局、专业研究院、国家级工程研究中心的中药品种。经过多年发展，以本土研发机构为主体，联合国内外研发平台共同构建的开放性三七研发体系基本形成。拥有文山学院三七研究院、三七资源保护与利用技术国家地方联合工程研究中心、云南省三七农业技术重点实验室、三七可持续发展利用重点研究室、世界中医药联合会三七国际技术创新联盟等多个科研技术创新平台。目前，活跃在三七科研一线的高级科研人才2000余人，对三七规范化种植、药效物质基础、药理作用机制、临床应用及评价等开展了大量的基础研究工作。制定出台了三七有关标准 27 项，正在制定国家标准 1 项、行业标准 1 项，"三七药材""三七种子种苗" 2 项标准通过国际标准组织立项，有望成为我国第 1 项 ISO 国际中药材标准。

2. 存在问题

近 10 年来，特别是"十二五"期间我省三七产业取得了较快发展，但三七产业发展还存在很多困难和问题，主要有以下几点。

（1）三七基地发展无序现象突出　由于分散的三七种植还占很大比重，田间管理和采收加工仅靠传统经验和技术，加之市场利益驱动，社会资本大量进入，种植面积扩展过快，《三七种植技术规范》等规范种植措施得不到落实，管理粗放，重产量轻质量，滥用化肥、农药、生长调节剂现象较为普遍，绿色发展不到位，三七品质下降，也引发了三七供需市场严重失衡、价格大幅下降、库存增加等问题。三七连作障碍、缺乏新品种仍是三七种植的主要制约因素，导致三七种植越来越多地向文山主产地以外的州、市发展，三七道地药材的品质难以保障。

（2）三七产业发展潜力未充分挖掘　一是当前三七药品仍以传统产品为主，新品种开发投入不足，储备很少，同质化竞争突出，产品体系不丰富，多个药厂的产品仅为血塞通的剂型变化。二是大多数三七以原料形式在药材市场出售，三七粉、三七切片等初级产品缺乏品牌，附加值不高。三是三七保健品市场占有率较小，已开发的 66 个保健品未形成市场规模，针对含有大量皂苷成分的三七绒根、剪口、花、茎、叶、果梗相应产品的开发还处于低端，无法满足市场需求。保健品三七原料用量仅占 10%，还有很大的发展空间待挖掘。四是充分利用三七功效的日化产品单一，除白药牙膏外，其余的尚未形成规模效益。

（3）连作障碍等基础研究滞后　虽然我省三七的研发体系较完善，但力量分散，企业、院校、科研单位的持续合力作用不突出，制约三七产业发展的种质资源、连作障碍、作用机理机制等共性基础研究滞后，仍未取得突破性进展。同时应用基础研究与中医中药临床应用脱节，缺乏三七与中医证候相适应、开发"治未病"健康产品的应用基础研究。三七地下入药典部分药食同源的基础性研究不足，制约了有关工作的推进。

（二）机遇和挑战

1. 机遇

（1）消费升级拓展三七产品市场空间　随着我国新型工业化、城镇化快速发展，生活水平提高，以及人口老龄化进程加快，人民群众对健康产品的需求越来越旺盛。结合中医"治未病"和治病防病理念，发挥三七在高血压、冠心病、脑卒中、高脂血症、糖尿病血管病变、免疫功能低下等慢性病、老年病防治等方面的功效，开发满足市场需求的健康产品，发展潜力巨大。同时，我省毗邻南亚东南亚的区位优势，以及与这些国家和地区民族用药习惯相近或相似的历史传统，使三七饮片及其制剂在南亚东南亚国家享有较好声誉，为三七产品的国际化市场开拓奠定了基础。

（2）政策导向有利于三七产业发展　国家高度重视道地药材资源的保护和可持续

利用，明确指出：中医药作为我国独特的卫生资源、潜力巨大的经济资源、具有原创优势的科技资源、优秀的文化资源和重要的生态资源，在经济社会发展中发挥着重要作用。三七产业的发展符合国家中医药产业发展政策导向，是潜力巨大的经济资源。同时生物医药和大健康产业作为我省8大重点产业之一，将在政策等层面获得有力支持，而三七产业作为我省生物医药和大健康产业的重要组成部分，必将在更好的环境中进一步发挥支撑作用。

2. 挑战

（1）以药品为主的一元发展路径难以适应新要求　由于中西医不同的药理作用，中药作为医院治疗的辅助用药趋势明显，随着国家医药卫生体制改革的深入，医院将逐步控制辅助药比重，可能直接影响我省多年来增长率较高的三七饮片、血塞通系列等系列产品在医院渠道的使用。同时中药新药研发和保健品注册周期比较长，投资风险加大，导致三七新药从研发到生产的时间较长，限制了三七药品开发。而当前80%的三七原料用量仍为药品，三七药品市场进一步拓展形势严峻。

（2）三七进入食品市场还存在较大政策障碍　《中华人民共和国广告法》关于医疗、药品、医疗器械、保健食品广告有关规定，以及《药品广告管理办法》和《医疗器械广告管理办法》对处方药与非药食同源中药材、饮片的规定，限制了依靠大众媒体传播推广和普及三七健康知识，影响了市场营销力度。当前三七地上部分纳入地方特色食品管理范围，地下部分仅能作为药品、保健品开发，作为食品产品开发和销售存在政策障碍。

（三）总体要求

1. 发展思路

牢固树立创新、协调、绿色、开放、共享发展理念，按照创新型、开放型和绿色化、信息化、高端化发展要求，以培育大健康消费品产业为目标，以改革创新为动力，以标准、品牌、企业、招商引资为抓手，夯实道地药材资源优势，大力发展精深加工，努力扩大市场应用，全面提升资源价值，全面建成优势明显、特色突出、竞争力强的千亿元三七产业，成为我省特色优势医药资源开发的旗帜，为生物医药和大健康产业培育发展做出重要贡献。

2. 发展原则

（1）政府引导，市场主导　制定三七产业发展的配套政策措施，解决产业发展关键问题，营造激发各类市场主体创新创业活力的产业发展环境，引导企业根据市场需求，加快开发新产品、研发新技术、开拓新市场，让企业成为推动三七产业发展的决定性力量。

（2）科技支撑，创新驱动　发挥现有科研平台力量，加强三七关键共性技术研发，加快信息技术应用和推广，提高科技支撑三七产业发展能力。整合和利用全球资源，深入推进大众创业、万众创新。

（3）突出重点，聚集发展　构建三七全产业链，突出抓好质量标准建立和推广，大力开发新产品，全力开拓市场发展空间，加大品牌、龙头骨干企业培育，提高聚集发展能力。

（4）内培外引，开放发展　积极培育本土企业，做强做大优势骨干企业，加大招商引资力度，利用外资、外力加快三七产业发展，构建内外联动、互为支撑的产业开放合作新格局。

3. 发展目标

到 2020 年，三七产业实现综合销售收入 1000 亿元。三七产业发展政策体系基本完善，三七道地药材资源控制力明显提升，三七健康消费产品产业体系基本形成，龙头骨干企业成为三七产业发展的主导力量。

（四）发展重点

顺应消费需求变化和国家医疗体制改革总体要求，加快三七产业供给侧结构性改革，发展道地药材、饮片、药品、保健品以及其他衍生产品体系，不断满足中医药向"治未病"转型、个性化治疗和大众健康管理消费的需求，促进三七产业可持续发展。

1. 提升发展道地药材

提高三七药材产品质量。制定三七初加工操作规范和标准，促进三七原生药材产地加工，形成清洗、修剪、分级、干燥、分级包装、扫码溯源等规范化操作流程，提升文山三七道地药材资源品质和价值。培育面向高端群体的生态化三七药材产品。按照有机、无公害的种植方式，重点对接国际标准，培育发展林下三七、有机三七等产品，形成优质适量的三七药材高端产品。

2. 发展壮大三七饮片

做大做强三七粉产品。支持三七粉、超细粉加工技术集成和工艺创新，加速产业整合，培育三七粉大品牌。在巩固发展熟三七粉、三七超细粉等现有产品基础之上，积极开发易服用易携带的新产品，不断增强产品竞争力。

拓展三七切片产品市场。支持三七切片产品及其生产设备协同创新，推广新技术应用，发展易于长期储藏和长距离运输的三七切片产品。整合高校、院所和龙头企业的研发能力，有选择、分层次地发展三七茎叶和花的饮片产品。

3. 巩固发展三七中成药

巩固现有优势产品地位。借助"云南白药"等驰名商标优势，进一步扩大血塞通系列、气血康系列、丹参益心胶囊等市场基础好、销售范围广的国家基本药物、国家医保目录产品或独家品种的生产；引导药品围绕"治未病"进行市场定位调整，开拓在预防心脑血管疾病方面的应用。

强化上市品种二次开发和现代剂型开发。加强已上市品种质量标准提升、安全性评价、临床研究、循证医学研究，积极发掘新的临床适应证，不断巩固和提升三七中成药产品的市场地位；开发便于生产和贮存、市场前景广阔的中药新剂型，重点发展滴丸、口服液、软胶囊剂、栓剂、气雾剂、缓释与控释等制剂，提高现代剂型在三七中成药产品中的比重。

鼓励支持三七新药开发。进一步挖掘开发民间祖方、验方，重点选择经长期中医临床应用，验证疗效确切、药用安全、特色显著的三七经方、验方，加快推出一批作用机理明确、技术含量高、疗效可靠的新药物。支持三七系列产品发掘新的临床适应证和突破有效成分提取、分离与纯化技术的研究，鼓励三七系列产品研发，开发具有自主创新产品的新药。

4. 大力发展健康产品

积极开发保健食品。用好三七花、三七茎叶作为地方特色食品开发利用的政策，引导支持与国内外知名保健食品企业合资合作，研发以三七为主要原料的保健食品，三七保健茶、三七保健酒、三七功能性饮料等保健饮品，保健汤料、药膳、食品添加剂等餐饮辅料。

开发培育功能性保健品。鼓励整合三七健康药品批号资源，提升三七健康产品知识产权运用能力，培育辅助疾病预防和健康管理的具有相应功能的保健品体系。

加快发展天然日化品。加强与国内外化妆品企业及科研机构协作交流，以传统中医药学理论为基础，结合现代化科学技术，开展对三七功效日化品生产工艺的研究和开发，重点发展以解决牙菌斑、牙龈炎等口腔问题为主要方向的牙膏、漱口水等口腔清洁产品，以美白护肤为主要方向开发速效、高效、长效的三七系列护肤产品等。

5. 加快拓展衍生产品

拓展康复治疗服务。加强与知名体检中心、医院、养老、康复等机构的合作，发挥三七药物和保健品在心脑血管疾病、抗炎症、抗肿瘤等领域的辅助作用。

发展美食养生服务。加强与大型餐饮集团合作，综合利用三七不同部位开发多种新菜式，打造在国内具有影响力的三七宴品牌。加强与美容、保健按摩、康体养生等机构合作，拓展三七系列护肤品市场空间。

鼓励发展三七综合体验新模式。鼓励发展苗乡三七"订制农场"服务、圣火药业"杏林大观园"医药文化特色旅游、三七科技三七健康产业示范基地等集三七科技旅游、种植体验、文化博览、品牌建设、教育培训、健康服务为一体的新模式，促进三七产业一、二、三产融合发展。

加强衍生配套产品开发。围绕云南三七农业规范化发展，积极推动开发三七种植专用肥料、生物农药、种植基质、除草剂等产品；推动三七种植加工机械化进程，研发制造适用于三七播种育苗的半自动或全自动小型播种机，适用于三七清洗、干燥和加工的搓揉机械，专用于三七灌溉的微喷灌和滴灌系统等。

▰▰▰ 专栏　　　　　三七产业发展重点实施项目

> 1. 种植环节：重点实施七丹药业、苗乡三七等三七种植基地建设，三七研究院联合文山苗乡公司三七新品种选育培育研究，云南白药集团高品质三七原生药材种植基地及标准化中间体产业建设等项目。
>
> 2. 产品开发：重点实施三七科技公司三七系列药品及保健品生产线建设，南药三七产业有限公司与振祥三七销售有限公司的三七系列产品生产线建设、2000吨中药提取及三七总皂苷生产提取中心建设。
>
> 3. 综合园区和公共服务平台建设：重点实施文山市三七产业园区扩展区基础设施及孵化平台建设，华信三七药材标准化发展公共平台建设，三七资源保护与利用国家地方联合工程研究中心建设；文山三七药材物流中心；鸿翔一心堂集团万家连锁店三七产品公共销售服务平台建设等项目。

（五）主要任务

1. 加强种植基地建设

通过规划引导、标准建设、规模发展推进三七种植基地建设，以标准化种植基地建设为重点，不断提高三七标准化种植技术水平，促进三七种植业健康发展。

加强种植产业的规划引导。结合"云药之乡"认定工作，进一步制定三七种植区域规划，科学确定适应产区范围，合理布局三七种植区域。建立三七资源动态监测机制，定期发布三七药材种植和市场需求信息以及趋势预测。力争将三七种植面积优化控制在80万亩左右。

强化三七由种苗到药材全环节标准体系建设。制定三七种子种苗标准，加强对三七药材种植的科学引导；制定三七药材栽培、病虫害防治、采挖和储藏技术标准，推进三七生产先进适用技术转化和推广应用。根据三七饮片、保健品、药品等不同产品开发需求，制定不同质量等级三七初加工的操作规程，保障原料质量安全。推动 GAP 种植、有机三七种植、无公害绿色种植等基地认证以及有关国际标准认证。

提高三七种植规模化发展水平。按照现代生产要素和经营模式，推动专业大户、专业合作社发展，促进建立"协会+企业+专业合作社+农户"四位一体的中药材农业经营体系，提高三七药材生产组织化水平，实现三七药材从分散生产向组织化生产转变。鼓励中药生产企业向三七药材产地延伸产业链。探索推进三七立体设施栽培、工厂化仿生种植技术研究及配套生产机械开发。

2. 增强创新驱动能力

发挥三七产业有关企业、科研院校和创新平台作用，引导加大科研投入和新兴技术应用，积极开展三七基础应用研究以及产业支撑技术研发应用，进一步增强三七产业的核心竞争力。

加强三七产业基础研究。整合三七科技创新资源，推进三七种质资源分离、鉴定，建立三七资源数据库、植物组学基因库；深入开展三七生长发育特性、药效成分形成及其与环境条件的关联性研究，阐明三七道地性成因，完善三七基础理论。

加强创新平台建设。提升现有三七资源保护与综合利用国家地方工程中心、云南省药物研究所、文山三七科技示范园等技术创新平台能力水平，推进产学研合作，加强协同创新，开展产业共性、关键技术研究、集成和示范。

加强关键技术攻关。综合运用传统繁育方法与现代生物技术，突破三七良种的繁育瓶颈，推进三七良种扩繁推广工作，增强种源保障。深入研发三七病虫害绿色防治技术，着力突破三七连作障碍，发展三七精准作业。加强已上市产品二次开发，鼓励三七系列新产品研发。开展三七全株各部位功效的科学内涵研究，提升三七全株综合利用能力。

加强人才培养和引进。发挥文山学院、云南农业大学、云南大学、昆明理工大学、北京大学、清华大学、中科院植物研究所、深圳华大基因研究院等省内外高校和科研机构的"帮扶带"作用，建立高校、院所与企业之间的人才双向柔性流动机制，培育实用型创新人才，进一步提高三七产业技术队伍的素质和能力。

推进信息技术与三七产业的融合应用。加强电子商务交易及现代物流配送系统建设，引导产销双方无缝对接，推进三七流通体系标准化、现代化发展。落实"中国制造2025"，推进三七产品生产企业开展定制化生产，建设智能制造车间。探索"互联网+"模式，建设三七产业物联网平台，构建从三七种植到初加工、制剂及健康产品生产的全过程追溯体系，实现来源可查、去向可追、责任可究。以建立三七产品消费者健康管理数据库为载体，探索以"治未病"、功能康复、个性化适配为方向的三七大健康产品服用指导、效果评价、跟踪管理等为一体的互联网服务新模式。

3. 强化市场渠道建设

针对三七从药材、饮片到药品、保健品的用户需求，搭建各具特色满足不同环节要求的市场渠道，创造三七销售取得重大突破的条件。

加强三七交易平台建设。强化文山三七药材交易的地位，推动形成三七定价机制，提高我省对三七资源的掌控力和话语权。

建立以企业为主体的三七原料定制与长态储备制度。鼓励资金能力强、商业信用好、产业关联强的三七产业领军企业、省医药行业龙头企业开展三七收储工作，通过定制与储备对三七市场供需关系进行合理调节监管，以保障三七种植业合理有序健康发展。

做大做强现有三七市场销售与物流配送体系。鼓励生产企业、流通企业、医疗机构构建渠道管理型战略伙伴关系，加快推进一批市场影响力较弱但疗效显著的药品市场开拓。鼓励企业加强品牌规划，开发非处方药（OTC）产品，积极开拓非处方药（OTC）市场。

加强三七专营连锁店开拓。建设三七专营连锁店或在现有连锁药店体系搭建三七专柜。推进保健养生到药店，加强保健药品、保健食品销售渠道建设，开拓与旅游地结合的三七产品销售渠道。建设"线上+线下"三七网络销售平台。

4. 实施企业品牌战略

实施大企业集团品牌发展战略，发挥大企业集团和行业龙头骨干企业在品牌创建中的主导作用。

培育三七产品生产骨干龙头企业。到2020年末，重点打造云南白药、昆明制药、云南三七科技等年销售收入超过100亿元的三七产品生产领军企业，扶持发展昆明圣火药业、维和制药、苗乡三七等10-20户年销售收入超过10亿元的三七产品生产骨干企业。

打造涵盖三七全系列产品品牌体系。充分发挥"文山三七"地理标志产品标识和地理标志证明商标以及中国驰名商标的优势，巩固三七药品已有品牌优势，培育三七饮片、三七健康产品等新兴品牌，构建名医、名药、名方、名企、名店为支撑的品牌体系，全面提升三七系列产品的总体形象。

5. 稳步推进药食两用

在争取三七地上部分纳入地方特色食品开发利用工作基础上，加快推进三七地下部分进入《按照传统既是食品又是中药材物质目录》或《新食品原料目录》。

充实完善基础支撑材料。加强多部门衔接协调，推进有关科研机构以及三七重点企业合作，加强三七历史食用资料收集整理，以及三七食用安全性研究以及有关实验资料评价，充实《按照传统既是食品又是中药材物质目录》或《新食品原料目录》申报佐证材料。

深化省部战略合作。推进省人民政府与国家中医药管理局共建云南中医学院协议落实，将三七申报《按照传统既是食品又是中药材物质目录》或《新食品原料目录》有关科研任务作为重要合作内容；将三七申报《按照传统既是食品又是中药材物质目录》或《新食品原料目录》纳入与国家卫生计生委卫生战略合作计划。

6. 推动开放合作发展

提升三七产业"内引外联"发展能力，既要引入能够提升三七资源价值的大型企业，又要充分利用省外优质的创新资源，也要积极开拓三七产品国际市场。

加强招商引资精准性。围绕三七生物医药产业开展产业链招商，锁定重点地区、重点目标企业，盯住生物医药世界百强、中国百强和民营百强企业，开展"一对一、点对点"精准招商，特别是引入健康产品龙头企业加快推动我省三七资源多元化开发。

充分利用国际国内创新资源。鼓励三七领域龙头骨干企业和大型集团主动服务和融入"一带一路"建设以及南亚东南亚等区域经济合作，在境外设立研发机构或生产基地，实现技术产品升级、产业链完善、国际化经营。

推进三七健康产业国际化发展。巩固海外华人对三七产品使用市场需求，积极开发符合国际健康产业发展需求的三七健康产品，加快推动三七健康产业国际化发展。加强对欧美国家有关植物药产品监管政策研究，积极开发符合有关国家标准的植物药产品，拓展三七产品国际市场。鼓励企业参加国内外有关产业展会、产品交易会和学术会议，提高云南三七产品知名度。

（六）保障措施

1. 加强组织领导

将三七产业作为生物医药和大健康产业的重点产业，由省生物医药和大健康产业发展领导小组统筹推进三七产业发展，系统研究解决三七产业发展的重大问题。

加强省、州市和部门间协调配合，发挥省生物医药和大健康产业专家咨询委员会作用，建立政府、企业与国家中医药知名专家学者，国家基药、医保药品审评专家，国家药典委专家的沟通交流平台和相应的交流机制，形成发展合力。

2. 加大金融财政支持

云南省生物医药和大健康产业基金应加大对三七产业发展的支持力度，重点推进三七资源整合和企业重组的并购投资。鼓励和支持其他社会投资基金参与我省三七产业各环节的投资。加快发展三七科研成果研发和科技型中小企业的创业投资，积极支持基地建设、品牌打造、市场拓展。

加大三七关键共性技术研发、标准制定、药食同源基础研究、产品市场推广、三七市场原料收储贴息等财政资金支持力度。

鼓励金融机构积极开展三七药材抵押贷款创新以及针对三七种植户的小额信用贷

款等业务。

3. 优化产业发展环境

健全三七产业监管。加强部门间协调，共享信息资源，形成种植、生产、销售各环节联动执法和监管。强化三七生产和经营质量管理规范管理，严禁滥用农药、化肥、生长调节剂。加大三七品牌和商标保护力度，严厉打击查处制售假冒伪劣药材、掺杂使假等不法行为，规范三七交易市场秩序。

加大宣传力度。统筹推进云南三七公益宣传片拍摄和公益宣传资料发布工作，充分利用广播、电视、报刊、网络等宣传和舆论手段，定期组织开展有利于云南三七品牌宣传展示和拓展经营的展销会、博览会、洽谈会等经贸活动，树立三七在大健康领域的地位和形象，扩大三七市场品牌影响力。

强化政策执行。支持我省生产的三七有关药品品种进入国家基本药物目录和医保目录；在同等条件下，支持将我省生产的三七有关药品品种增补进我省医保和基本药物目录。加大对有关政策落实情况的检查，及时调整和纠正政策执行过程中存在的问题；建立相应的问责机制，提高政府有关职能部门工作人员的责任意识，确保政策的严肃性、权威性，真正发挥政府各项政策措施促进三七产业发展的重要作用。

建立统计体系。进一步完善三七产业统计调查制度和信息管理制度，重点加强三七服务和贸易数据统计，建立科学的统计调查方法和指标体系。促进三七产业统计信息交流，建立健全共享机制，提高统计数据的准确性和及时性。

4. 发挥中介组织作用

充分发挥行业协会在行业咨询、标准制定、行业自律、行业统计、人才培养和第三方评价等方面的重要作用，定期发布三七原料供求信息、产品研发动态，引导企业错位发展，建立高层次三七产业政企对话咨询机制，定期评估政策执行情况，提出制定和完善政策建议。

鼓励建立三七产业发展联盟，依托行业中介组织、龙头骨干企业和科研院所，强化协同创新，促进三七国际服务贸易发展，推进三七产业传承和创新、国际化发展。

领导讲话

一、全力推进文山三七产业转型升级跨越发展的讲话——纳杰

坚定信心　创新举措
全力推进文山三七产业转型升级跨越发展

——在文山三七产业发展大会上的讲话

（2015 年 5 月 5 日）

同志们：

为加快文山经济社会跨越发展步伐，经州委、州政府研究，今天召开文山三七产业发展大会。会议的主要任务是：回顾总结文山三七产业发展取得的成绩和经验，分析形势、找准问题、创新举措、坚定信心，全力推动文山三七产业转型升级、持续健康发展。刚才，会议对在文山三七产业发展中做出突出贡献的龙头企业、合作社、种植大户、先进单位、先进个人进行了表彰；文山市人民政府、文山市苗乡三七实业有限公司、云南白药集团文山七花有限公司、文山金华信三七专业合作社、文山三七研究院、文山三七产业协会 6 家单位和企业的领导、专家作了精彩的发言，大家谈创业、话业绩、找问题、提建议，听后很受感动、深受启发，对州委、州政府做好下步工作提供了有益的参考。

下面，我讲四点意见。

（一）坚定产业发展信心，充分认识文山三七产业对实现富民强州的重大意义

1. 文山三七产业是健康产业

三七是传统名贵药材，有"参中之王"的美誉，有极高的药用价值。在传统医学中，三七具有止血、活血化瘀、消肿定痛的功效。现代医学研究表明，三七含有皂苷、三七素、三七多糖、氨基酸等多种有效成分，对血液系统、心脑血管系统、中枢神经系统等方面疾病都具有独特的治疗保健作用，是维护人类健康不可多得的名贵药材。全国知名

的复方丹参片（滴丸）、血塞通系列、漳（zhāng）州片仔癀（huáng）等药品都以三七为主要原料，深受国内外病患者和消费者的信赖，得到了市场的充分认可。三七产业发展在国内传统医学和现代生物制药产业中具有举足轻重的地位，对促进人类健康、带动经济社会发展具有重要意义。

2. 文山三七产业是富民产业

州委、州政府自1992年就开始把三七产业列为全州首要支柱产业进行培育和发展，经过20多年的努力，产业发展取得了显著成效。2013年，全州三七产业实现总产值117.3亿元，销售收入170.6亿元，三七产业增加值占全州GDP比重达11.6%，达到了历史最高水平。2014年，在三七原料市场价格暴跌和持续低迷的情况下，全州三七产业仍实现总产值61.2亿元，销售收入85.2亿元，占全州工农业总产值的7.5%，占云南省医药工业产值的近1/3，三七产业增加值占全州GDP的5.4%。全州三七产业的发展，有效增加了七农的收入，增加了全州全社会对市场的有效需求，曾一度拉动了文山房地产、汽车等大宗消费，带动了服务业和其他相关产业的发展。

3. 文山三七产业是朝阳产业

三七是文山最具特色的优势生物资源，种植资源和技术比较优势特别明显，是云南乃至全国能够完全实施规模化、标准化人工种植的中药材品种，是全国最具产业化开发潜力的少数中药材品种之一。三七的根、叶、茎、花均可入药，据不完全统计，全国以三七为原料的中成药品种有360多种，药品批号3600多个，涉及制药企业1350多家，且多种药品被列入《国家基本药物目录》和《国家医保目录》，国内三七产品产值近千亿元，是全国全省发展生物医药产业的重要支撑，市场稳定，容量巨大。从产品开发的角度看，多数三七产品长期处于原料简单加工生产销售，科技含量和经济附加值低，三七资源的开发具有巨大的潜力和广阔的空间。经过多年的发展，"文山三七"已被评为中国100个最具综合价值的地理标志产品之一，在中药材地理标志产品中居于首位。三七产业不仅成为我州的支柱产业，也成为全省发展高原特色农业、打造"云药"产业的重要支柱产业，成为全国中医药行业规模化、标准化和产业化的试验示范基地，产业发展前景十分广阔。

4. 产业转型升级正当其时、适得其势

一直以来，历届州委、州政府高度重视三七产业发展，为推进产业化发展做了大量工作，先后获得了《文山三七》国家质量标准、文山三七地理标志产品、文山三七GAP基地认证、"文山三七"证明商标，颁布了《三七产业发展条例》，投入建设了三七产业园区、三七国际交易中心等一批产业重大支撑项目，有效促进了产业发展。苗乡、华信、高田等一批三七种植基地公司、合作社在长期的生产实践中日趋成熟，特安呐、云南白药七花公司、云南三七科技、七丹等一批生产企业不断发展壮大，将产业发展推向一个新的阶段，特别是在国家支持生物产业发展的政策导向下，文山三七产业园区登高片区初步建成，国内一大批知名制药企业即将入驻，使三七产业的转型升级发展不仅具备了条件，也迎来了最佳的时机。我们必须应势而谋、顺势而为、乘势而上，才能顺应全州各族群众增收致富的美好期待，才能把三七产业发展成为富民强州的重要支柱产业。

（二）正视产业发展问题，切实找准三七产业发展的攻坚点和突破口

1. 种植业面临严峻形势

近年来，受三七市场价格抬升带来的利益驱使，三七种植业发展极其迅猛，其中 2012 年至 2014 年，州内三七种植面积以每年平均净增 10 万亩的规模迅猛发展，三七种植盲目跟风现象突出，导致市场供求严重失衡，种植投入亏损风险集中暴发，市场价格暴跌，至今仍处于低迷状态。以 30 头三七为例，当前平均价格为 274 元/千克，比 2013 年下降 62%，价格不及 2013 年的一半，给三七种植户造成了严重损失，也严重影响了产业的健康发展。同时，随着州内三七种植用地的日趋紧缺，2006 年以后，三七种植逐步向文山周边地区发展，目前，除迪庆、怒江、丽江外，省内其他州市均种植三七，州外三七种植面积达到了 49.8 万亩，超过州内种植面积，对我们维护"文山三七"品牌优势和主产区地位带来了严峻的挑战。

2. 产业结构不合理

三七的种植、加工、市场等各环节发展不协调，产业发展链条不紧密，三七种植业（三七农业）占比过大，三七加工业（三七工业）和三七服务业（包括流通、技术服务等）占比太小，全州三七产业仍处于原料销售型发展阶段，调结构、促转型任重道远。

3. 科技创新能力不强

州内仅有文山三七研究院一家科研机构，科技支撑作用不明显，支持引导企业自主研发的体制机制尚未完善，连作障碍攻克尚未取得实效，食药同源申报工作进展缓慢，新产品开发寥寥无几，三七产品仍以商品三七为主，产品粗放、结构雷同，缺少高品质、高附加值的主打或拳头产品，制约产业发展的瓶颈仍然十分突出。

4. 营销宣传业态滞后

三七产业的营销模式基本上是传统的销售模式，经营业态僵化，新常态的电子商务发展十分滞后，不能适应市场发展的需要。三七广告宣传和策划投入不足、缺少创意，文山三七品牌的知名度和影响力还不够大。

5. 缺乏产业龙头带动

三七产业园区建设滞后，平台支撑作用和聚集效应还未充分显现，三七加工企业群体少、规模小、实力弱的格局仍未彻底改变，州内加工企业对三七原料的消化能力有限，产业发展缺乏大集团、大企业带动。

6. 行业管理作用发挥不够

从种植业面临的风险来看，市场对三七资源配置起决定性作用已经凸显，但政府的重要作用还没有充分发挥出来，州、县（市）行业主管部门和产业协会发挥作用不够，已经制定的《三七发展条例》没有得到有效贯彻，种质资源控制、种植规范普及、质量标准控制、地理标志产品和证明商标等一批已经取得的成果没有得到充分利用，保障三七产业持续健康发展的治理体系急需加快建立。

（三）突出产业发展重点，全力推动文山三七产业转型升级跨越发展

我们要明晰指导思想。就是要以邓小平理论、"三个代表"重要思想、科学发展观为指导，深入贯彻落实习近平总书记系列重要讲话特别是考察云南工作时的重要讲话精神，以"四个全面"为引领，立足资源优势，充分发挥市场在资源配置中的决定性作用，更好地发挥政府作用，以创新驱动为核心，以改革开放为动力，以转型升级为目标，以招商引资和项目实施为抓手，以园区建设为载体，以政策措施为保障，实施品牌战略，拓展国内外市场，努力闯出一条文山三七产业跨越式发展的新路子。

我们要理清发展思路。这就是坚持精深加工，延长产业链，提高产品附加值，努力实现产业结构由中低端向中高端转型，产品结构由低附加值产品向高附加值产品转变，产业发展方向由传统医药产业向大健康产业提升；优化产业布局，形成以优质原料基地为基础，骨干企业和产业集群为支撑，竞争优势明显的产业格局；加强知识产权保护，着力打造"文山三七"大品牌，提升文山三七产业的核心竞争力和整体实力。

我们要坚定发展目标。这就是以 2014 年为基期年，力争到"十三五"期末实现三七产业总产值、销售收入逐年有明显增长；产业结构进一步优化，种植业和加工业产值比重由 50:50 调整为 35:65；三七种植在地面积稳定在 25 万亩左右，标准化种植基地占80%以上，建设三七标准化种植和科技示范基地 50 个以上，使我州成为国际国内重要的三七标准化种植中心、产品加工中心、市场流通中心和科技研发中心，三七产业进入全面、持续、快速、健康发展的轨道。

我们要采取强有力的措施。就是要重点抓好六个方面的工作。

1. 扩大产业管理范畴，提升产业管理层次

积极向省委、省政府汇报，争取将三七产业纳入省级层面统筹规划开发和管理，成立省级层面的三七产业开发工作领导小组和专门机构，将我州《三七产业发展条例》上升为省级条例，设立省级三七产业发展资金，统筹协调解决全省三七产业发展中的困难和问题，推进全省三七产业全面、健康、持续发展。州生物三七局要充分发挥职能作用，会同州级有关部门，加强调研论证，提出三七产业纳入省级层面统筹规划开发和管理的具体意见建议，供州委、州政府向省委、省政府汇报争取时参考。

2. 规范三七基地建设，促进三七种植标准化组织化发展

一是优化提升三七种苗业。加快三七良种选育、繁育，力争"十三五"期末成功选育出 2～3 个三七优良品种，推进三七种子种苗优质化、标准化、品牌化工作，积极实施工厂化育苗，不断提高三七种苗质量和技术含量，牢牢把握三七种源、种苗的话语权。二是推广标准化种植。积极开展三七标准化种植技术培训，鼓励种植业主开展 GAP种植，建立能够获得国际国内权威认证的高端或标准化原料基地。加快推进三七种植适宜区的规划和区划工作，建立三七种植适宜区地理信息档案，保障三七种植业可持续发展用地。加强三七种植用药、肥料、生长调节剂等投入品用法、用量的规范管理。三是改进三七产地初加工方式。引导改变传统的三七采收方式，推行标准化产地初加工方法，保证三七原料品质。积极发展规范化三七初加工厂。四是推进种植业组织化

发展。扶持发展农民合作社、合作联社、行业协会等组织，发挥行业自律和引导作用。鼓励龙头企业与农民合作社、合作联社、种植户建立"信息交汇、相互渗透、利益共享、风险共担"利益联合体，推进三七种植组织化发展，使种植发展与加工需求和市场信息相协调。

3. 培育加工龙头企业，做大做强三七加工业

一是加快文山三七产业园区建设。将文山三七产业园区列为州市共建示范产业园区，进一步赋予园区管委会更多的园区开发管理权，积极创建国家级高新技术产业开发区、全国三七产业知名品牌示范区和国家级千亿级产业园区。认真落实文山三七产业园区建设与发展的实施意见，加大园区"五通一平"、标准化厂房等基础设施建设力度，完善入园优惠政策，创新招商引资方式，积极引进三七关联项目入园发展，真正发挥园区的辐射带动作用和集群效应。二是着力培育壮大龙头企业。制定龙头企业培育计划，在继续扶优扶强州内三七加工骨干企业的基础上，大力开展招商引资，重点按照产业链扩展要求引进中国医药百强、世界制药领军企业参与三七产业发展，培育规模以上企业60户以上，其中年产值过亿元的龙头企业20户以上，新上市企业1～3户，努力打造一批在国内外具有竞争力和对行业发展有较强引领作用的龙头企业。三是优化三七产品结构。积极推进三七作为新食品原料和进入《按照传统既是食品又是中药材的物质目录》的申报工作，争取三七进入食品领域，努力形成商品三七、饮片、提取物、中成药、三七食品（含保健食品、新食品原料）、日化产品的大健康产品结构。以方便服用为目标，鼓励支持三七粉二次开发，积极推动三七粉作为全国基本药物和医疗保险报销药品。四是鼓励支持小微企业发展。鼓励支持小微企业开发新剂型、新产品、新业态，主动适应个性化、多样化的消费趋势，适应生产小型化、智能化、专业化的产业组织新变化，形成大、中、小、微企业齐头并进的产业发展新态势。

4. 增强创新驱动，提升产业核心竞争力

一是加强三七研发和创新体系建设。大力支持有条件的企业建立企业技术中心和研发机构，鼓励企业与国内外高等院校、科研院所、重点实验室、高科技企业的合作与交流，支持组建以企业为主体、以科研单位和大专院校为依托、以科研项目为纽带的产业技术创新战略联盟，支持在云南省三七农业工程实验室的基础上组建国家地方联合工程研究中心，形成从三七基础研究、应用研究、实验开发到工程化应用的研发体系和由企业技术中心、工程研究中心、产业技术创新战略联盟等组成的三七科技创新支撑体系。二是加强三七基础研究和应用基础研究。鼓励支持开展三七新品种选育、种植连作障碍、病虫害综合防治、重金属和农药残留、专用肥料和专用农药、三七作用机理等重大科研项目攻关，在关键技术、加工工艺上取得突破，切实解决制约三七产业发展的瓶颈，破除产业发展的技术障碍。三是加快新产品和新剂型研发。鼓励企业、科研院所和高校等机构加大创新投入，积极开发具有自主知识产权的以三七组分为主导的创新药物、二次开发药物、提取物、饮片、化妆品等新产品和新剂型，努力突破一批关键技术，研制3个以上三七创新药物，培育5个以上以三七为主要原料的单方和复方中药品种，开发一批三七系列产品，争取三七食品开发，提高三七产品科

中国三七产业年度发展报告（2015）

技含量，增加附加值，增强国内外市场竞争力。四是搭建科技成果转化平台。鼓励通过科技市场、技术入股和科技要素参与分配等方式，积极推进三七科技成果产业化。支持符合条件的高新技术成果转化及产业化投资项目进入文山，鼓励州内企业购买重大科技成果。

5. 积极拓展市场，扩大国内外市场份额

一是加强流通贸易平台建设。以文山三七国际交易中心为核心，构建链接国内中药材专业交易市场、种植企业、加工企业的三七现代仓储物流体系。鼓励构建促进种植、流通、加工信息交流集成体系，逐步建立三七合理价格机制和原料供应体系，促进产业链各环节形成合力，协调发展。二是积极发展三七电子商务。充分发挥文山三七电子交易市场、文山三七网上商城和相关商品交易所的作用，引导并鼓励行业协会会员、合作社社员、生产者、经营者开展电子交易。三是鼓励企业开拓市场。鼓励和引导三七生产企业和销售企业加快 GMP 和 GSP 等认证，加强营销队伍建设，巩固已有的消费群体和市场，构建以"文山三七"大品牌塑造为主线的市场拓展，鼓励业态创新，以创新营销模式不断拓展新的消费群体和市场。积极组织企业参加全国性和国际性的商品交易会和展洽会，鼓励支持企业增加出口，不断扩大国际市场份额，逐步形成覆盖全国和国际市场的三七营销网络。四是加强监管，规范市场交易。及时修订《地理标志产品——文山三七》国家标准，积极研究申报国际标准，扩大保护范围。加快建立三七流通追溯体系，实现种植流通全程追溯和管理。借鉴其他地区质量检测体系建设的成功经验、模式和做法，创建国家级文山三七质量检测中心，开展三七及系列产品质量检测认定，切实服务产业发展。严厉查处假冒伪劣等违法案件，坚决纠正和制止违法违规经营行为，维护公平交易，保障消费者权益。建立健全三七产业统计制度，加强三七产业统计调查、市场价格监测和经济运行分析工作，掌握市场动态，为三七产业发展提供信息支撑。

6. 实施品牌战略，提高文山三七知名度

一是实施品牌创建工程。充分发挥"文山三七"地理标志产品标识和"文山三七"地理标志证明商标（驰名商标）的作用，聘请有实力的专业品牌开发团队，着力打造以"文山三七"大品牌为主，名医、名药、名方、名企、名店为支撑的品牌体系，全面提高三七及三七系列产品的总体形象。将品牌创建与三七文化相融合，通过动漫、演艺、影视、文学作品、旅游观光、城市品牌等多种形式演绎三七文化内涵，推动三七产业与文化、旅游业融合发展。二是加强知识产权保护。研究制定"文山三七"地理标志证明商标、"中国地理标志保护产品"专用标识的管理使用办法，加快"文山三七"证明商标的马德里注册及相关国家注册，完善我州三七产业知识产权保护体系，打击侵权行为，为拓展三七产品国内外市场、保护文山三七品牌和质量声誉打好基础。三是拓展宣传手段。把以政府为主的形象宣传和以企业为主的产品宣传结合起来，加强三七产业宣传的顶层设计和总体策划，形成宣传合力。要充分借助学术论坛、产品推介和国内外知名企业、专家学者、知名人士的影响力，通过建立院士工作站、博士后流动站、专家工作室、名人名医馆、专家访谈等多种途径提高三七宣传实效。加大宣传经费投入，在国内省市主流媒体策划播放三七健康养生节目，大幅度提升文山三七的知名度。

（四）加大产业扶持力度，为三七产业发展提供更加有力的保障

1. 设立三七产业发展专项资金

州级财政每年安排不低于 2000 万元的专项发展资金，并随经济发展逐年增加，专项用于支持科技创新、新产品研发、企业技术中心建设、品牌文化宣传、统计调查、技术培训推广、质量安全监测、市场监管体系等三七产业公共服务平台建设。

2. 积极拓宽融资渠道

建立以企业投入为主体，财政、信贷、社会资金等多渠道、全方位、宽领域的投融资体系。金融机构要创新信贷品种，放宽抵押资产范围，把支持三七产业做大做强作为信贷工作的重点之一，为三七企业提供多样化的金融服务。鼓励民间资本发起或参与设立三七产业投资基金。

3. 加大优惠政策扶持

各级各有关部门要积极落实国家、省、州现行的支持"三农"、民营经济、生物医药、科技创新、园区建设、龙头企业、专业合作社等方面的各项优惠政策。根据三七产业发展的需要，分类制定促进三七产业发展的具体措施和配套优惠政策、奖励政策。

4. 加强人才队伍建设

吸引国内外生物制药科技研发、经营管理、品牌文化宣传等资深专业人才到文山组建文山三七产业发展智囊团，为产业发展提供智力支持。加强职业七农的培养和管理，保障文山三七的种植核心技术和原料资源优势。

5. 健全完善领导机制

州三七支柱产业及生物资源开发建设领导小组要抓好三七产业发展的组织领导和督促落实，建立联席会议制度，适时召开联席会议研究三七产业发展工作。原则上每 5 年召开一次三七产业发展大会，同时申办三七产业发展论坛。

6. 加强督查督办

实行重点工作责任制，把目标任务分解细化到相关部门、单位，分年度制定工作推进方案，确定责任人和完成任务时限。加大督查力度，对成效显著的单位和个人给予表彰奖励，对未完成目标任务的进行严肃问责。

同志们，推动三七产业转型升级，是文山的优势所在和必然选择，是广大人民群众增收致富的强烈愿望，是我们各级领导干部的职责所在。全州上下一定要深入贯彻落实习近平总书记考察云南时的重要讲话精神，进一步振奋精神，解放思想，开拓进取，真抓实干，努力闯出一条三七产业跨越发展的新路子，为实现富民强州目标做出应有的贡献。

二、做大做强做优　文山三七产业的战略思考——曾立品

做大做强做优　文山三七产业的战略思考

——从"文山三七"到"中国参"的产业创新之路

文山三七产业协会会长　曾立品

（2015 年 5 月 5 日）

面对三七药材几十年来的大起大落，面对云南三七下游产业的空白和无力，我走访了文山绝大部分种植大户、全部生产企业和部分贸易商，大量的调研和数据反馈，确实让我既悲观又兴奋。

悲的是三七产业面临着严重的危机：

1. 三七种植业发展极为形势严峻。2014 年云南三七科技有限公司联合北京师范大学资源学院和省农业厅技术推广总站，进行了首次全省范围三七资源调查，结果显示三七种植盲目、无序发展导致当前所面临的发展形势极其严峻。

2. 中下游加工产业推动乏力。云南的三七一直以来仅只是作为农副产品、药材原料而存在，中下游产业未形成规模及优势，而且一直也未真正得到重视。现有中间体、小饮片厂和制剂企业，产品结构不均，药食同源没有根本解决，品种老化，市场推广乏力。据 2012 年全国三七产业数据统计，全国三七产业产值 749 亿元，云南三七产业占 234 亿元，占全国三七产业 31%，其中种植贸易 159 亿元，工业只有 75 亿元，仅占全国三七工业 10%。

3. 下游贸易市场竞争无力。小、散、弱的三七产业格局，个体农户及文山州内大多三七企业缺乏规模及必要责任感，小农意识浓重，无共赢意识。缺乏大型龙头企业带动，缺失明星重磅产品，缺乏销售通路，无战略部署，缺少品牌战略实施拉动。产业上游缺乏定价权和竞争力，下游市场无足轻重，毫无话语权。全国 95% 的三七药材产自云南，种植产业损失由云南省全部自行背负！而省外三七加工企业正零库存等待抄底，并争相压低供货价格。七农无销售渠道，且运营管理水平低，工业厂家产品品牌营销能力弱、市场份额小，市场竞争格局中亟待以产业链整合来提升竞争力。

4. 产品质量科技支撑不足。三七种植对土地资源透支使用，零售市场掺杂使假、以次充好时有发生以及重金属和农药残留等问题正在积累着产业信任危机爆发的风险，解决消费者的信任危机是三七产业长足发展的最大问题。

让我兴奋的是三七产业有着坚实的基础：

2012 年，全国三七产业产值 749 亿元，占整个中药产业产值 5156 亿元的 14.5%，三七产业在整个全国中药产业中属于重点支柱领域。

2013 年，云南省三七种植产值 117 亿元，占全省中药材种植产值 160 亿元的 73%；

三七工业产值 144.7 亿元，占全省医药工业产值 349.8 亿元的 41.37%；全省单品种销售超过亿元的品种 25 个，其中三七品种 15 个，占 60%；全省单品种销售超过 10 亿的品种 4 个，其中三七品种 3 个，占 75%。数据表明三七产业在云南医药产业中占有举足轻重的作用。

三七产业是我国中医药产业的典型代表，是打造云南生物医药产业的重要抓手，是服务人民最广泛的健康产业。95%的三七长在云南，近 100%的一年七在文山，它的稀缺性、独占性、排他性和唯一性最符合云南的特色产业，也是最有机会通过"云三七"的产业链竞争，逐步实现从三七提升到"云三七"再到"国药三七"最后到"中国参"的战略规划，让三七成为能够超越高丽参、花旗参的"国之瑰宝——中国参"，传播三七文化，让"云三七"代表中医药，成为一张国家特色产业名片。

同时，我充分说明了针对三七现状，应采取的措施：

1. 加强三七种植组织体系建设，"政府+协会+龙头企业+合作社"四位一体的三七农业种植组织体系。制订三七产业发展专项规划与管理条例，通过全产业链关键环节标准制订，严格市场准入，加强市场监管，规范市场，积极为三七产业营造一个良好的政策和法制环境。以云南三七科技、苗乡三七、华信三七合作社、荣发三七合作社等企业及合作社为核心，培养管理规范、技术力量强的种植大户，聚合小散户，加强产业统筹与规划，在协会引导下，开展科学化、标准化、有序化、规范化种植。

2. 以云南三七科技有限公司、云南白药、昆药、植物药业、文山九州通等骨干企业联盟为主体的三七战略收储管理体系，统一规划、统一收储、统一议价、统一销售。

要稳定三七市场，需要形成上游原料战略收储机制，发挥省内三七企业的积极性和主体地位作用，根据企业相关产能预估，形成领军企业、龙头企业、骨干企业引领的三七资源收储模式。同时，带动三七产业协会、三七种植合作社、三七种植大户共同参与三七战略收储体系建设，建立合理的三七价格调控机制，快速的稳定价格、保护市场、保障农民利益。

3. 加强三七文化传播和品牌建设，统一品牌、统一包装、统一标准，建立文山三七品牌传播体系，由政府、协会、企业聚合推动央视、卫视、新媒体的组合，推进全国媒体走近文山、走进三七，树立"文山三七"地理标志、道地保真药材品牌形象。邀请全国学术权威专家研究三七、讲解三七，丰富三七养生保健的科学内涵，提供三七保健适用方式，营造全民三七养生、预防、康复的文化氛围，形成三七大健康文化传播与消费热潮。云南三七科技有限公司今年就启动了"云三七"三七粉"共和国将军、部长喜欢的品牌"发布，深受欢迎。

4. 加强营销策划及销售渠道建设，强化市场推广力。做大做强现有三七市场销售与物流配送体系，加强三七终端销售市场及专卖店开拓。

建立以文山九州通电子商务有限公司为核心的三七专业仓储物流控制体系，引导七农合理避险，科学分销，创建大仓储，小宗贸易公平交易平台。

建立三七连锁专营体系。以三七科技为核心，在全国建立 500 家"云三七健康体验中心"，弘扬三七健康文化，设立体验服务中心。

在全国十七个中药专业市场推进"文山三七"品牌旗舰店建设。

建立电商平台，推动文山网销：B2B、O2O。全面扶持三七销售网络建设，鼓励三七饮片，三七制剂进店进院。

推动渤商交易所三七标准化、公平化、大宗现货贸易定价销售。

5. 加强质量标准及科技创新体系建设。以协同创新模式，推进一批产业共性科技攻关，扶持一批企业集群，技术升级，产品升级、品种创新、产业示范。

很欣慰在省科技厅支持下，今年《三七种子种苗》《三七药材》获得国际标准化组织中医药标准化技术委员会立项，未来有望形成三七国际标准。我们今年也积极推动了两件标准工作，一是和云南省食品药品检验所中药室共同推进 2015 版中国药典三七饮片标准增补；二是与国家中医药管理局现代资源中心推进文山三七 7S 道地保真中药材认证。另外，我们正与云南三七工程中心、文山学院、香港浸会大学联合，积极筹备具备国际化水平的第三方三七质量检验检测中心，希望进一步提升三七从种植到加工、贸易的品质分级评价与控制体系。

6. 加强三七产业规划和人才队伍建设，提高政策聚合力。积极制定云南三七省级统一规划发展、布局的政策，设立三七人才库及绿色通道。

7. 要让企业深度参与，"政产学研资"一体化推进"三七药食同源"等战略落地，我们期待省委、省政府主管领导出面，组成专项攻关组，寻求推动药食同源的机遇，增加花、茎、叶的使用量，同时拓展保健品的市场。

作为会长，我谨代表文山三七产业协会和广大七农，恳请省委、省政府和州委、州政府关注三七产业的发展，帮助我们应对危机、渡过难关；指导和推动我们加速实现三七产业发展战略构想，推动三七产业转型和升级，带领我们走出一条云南三七特色产业创新发展之路，真正实现从"文山三七"到"中国参"的产业创新之路！